JN324726

時代が求める後藤新平

【自治／公共／世界認識】

藤原書店編集部＝編

藤原書店

時代が求める後藤新平　目次

天　後藤新平の思想

先覚者・後藤新平

自治の思想と都市の構想

世界認識

地　後藤新平の仕事

後藤新平の〝流儀〟

内政・公共の精神

外交・植民地経営

震災復興・都市計画

医療・衛生

人材育成

人　後藤新平を生み育てた人と風土

ふるさと（水沢・須賀川）

家族・親族

後藤新平の魅力

ゆかりの同時代人

実業家との交流

時代が求める後藤新平

自治／公共／世界認識

・本書は『環』29号（二〇〇七年春）および『機』リレー連載（二〇〇四―一四年）への寄稿をまとめたものである。
・各原稿冒頭の執筆者の肩書き、原稿内容は執筆当時のもので、現在異なる場合は現在の肩書き等を原稿の末尾に記載した。
・各原稿冒頭の執筆者名横の年月は文章の発表時期を示す。

はしがき

元東京都副知事　**青山　佾**

本書は、『時代が求める後藤新平――自治／公共／世界認識』と題し、第一次世界大戦百年を機に出版するものである。各界の現代人が後藤新平を中軸に据えて近代化過程の日本を語ることにより、現代日本を論じ、これからの日本を考える縁《よすが》を提供することを目的としている。

現代人が後藤新平を語るとき、そのジャンルは、政治・外交・経済・都市・衛生・防災から文化・文明さらには人生・リーダーシップ論まで多岐にわたる。後藤新平を語る人たちの専門分野もまた、市民活動家・実業家・政治家・ジャーナリスト・作家・学者そのほか広汎にわたる。

後藤新平は、日本が日清・日露戦争を経て産業革命を果たし、本格的な近代化への道を歩んだ時期に、台湾総督府民政長官、満鉄総裁、逓信大臣、内務・外務大臣、東京市長、帝都復興院総裁、東京放送（現NHK）初代総裁などを務めて常にその最前線に身を置いて活躍した。

経済のグローバル化や貧困問題、領土問題、安全保障のあり方など、日本の社会や進路をめぐって難しい問題が山積し議論が混迷しているかのように見える今だからこそ、日清・日露戦争、関東大震災、対ソ連外交、世界不況、植民地紛争など国難に正面から対処した後藤新平を論じることは日本の未来を論じることにつながっていく。

明治維新後しばらくの間、日本の国家としての基本路線は、殖産興業と富国強兵のバランスをどうとるかというところに路線対立があったという切り口でみると、この時代の対立軸がわかりやすい。大久保利通は殖産興業に重点をおき、西郷隆盛は富国強兵に力を入れていた。後藤新平は専ら殖産興業路線であり、それ故に台湾でも満鉄でも軍部とはしばしば対立した。

後藤新平は生涯を通じて自治・公共・世界認識を説いた。この場合の自治とは、自分たちのことは自分たちで責任をもって処理するということである。公共とは、後藤新平の言葉によれば、他人のお世話をするということでもある。そして日本は世界の中で常に微妙な位置に置かれている。この点は百年前も今も変わらない。日本人には、ほかの国の人以上に、世界を強く意識して生きていくことが求められている。この教えはそのまま現代に通用する。

殖産興業の立場を貫いた後藤新平の交流は広い。原敬・桂太郎など政治家や児玉源太郎・山本権兵衛など軍人に限らず渋沢栄一・安田善次郎・大倉喜八郎・浅野総一郎・益田孝ら経済人、さらにはチャールズ・A・ビーアドや新渡戸稲造ら学者など幅広い分野の人たちと連携しながら仕事をした。

海外にも後藤新平の足跡は残されている。今日、台北では日本の統治時代に使っていた総督府がそのまま総統府として使用されている。台湾の書店で売られている一般書物にも、日本統治時代に上下水道施設が完備されていたことが写真入りで紹介されている。台湾南部の高雄市立博物館は近年大改修されたが、後藤新平らの業績を展示する部屋が新たに設けられた。

中国の大連市中心部にある旧満鉄本社ビルは現在、大連市交通局が使っているが、後藤が使っていた満鉄総裁室が秘書室等を含めて当時のままに展示されている。歴代総裁の写真も当時のままに掲示されていて、総裁室の横には日の丸が掲げられている。

後藤新平の足跡を辿っていく作業は同時代に生きた人々の事跡を調べることにもなり日本の近代史全体に及ぶだけでなく、当時の世界史にまで視野が広がっていく。

日本は後藤新平が生きた時代に欧米の文化・文明をキャッチアップしつつ、独自の文化・文明を発展させた。成熟段階に達した日本は、日本人自身が感じている以上に世界各国の中で特色ある社会を形成している。現代日本を考えるとき、近代史の現場にいた後藤新平の殖産興業路線の軌跡をひとつの軸に据え、その延長線上に現代があると考えるとわかりやすい。

私たちはいま、高度経済成長時代につくった日本の社会のさまざまな仕組みを、成熟社会に適合したものにつくり変えていかなければならない場面に遭遇している。政治、経済、社会、行政といった仕組みを変えるために私たち自身の意識や生活様式も自己改革を迫られている。

成熟社会は低成長・人口減少・高齢少子化といったマイナス面があるが、一方で個人生活の尊重というプラス面もある。後藤新平が生きた時代の日本の人口は五千万人台だった。私が生まれた頃の日本の人口は七千万人くらいだった。数十年後に一億人割れすると言って大騒ぎしている現代人を見て、日本の近代に生きた人たちは何と思うだろうか。

後藤新平はソ連外交を自分がやるほかないと言って東京市長を辞職した。しかし関東大震災の発生によりソ連外交を担うことができなかった。今日の日本は近隣諸国との外交関係に様々な問題を抱えている。後藤新平は東京を近代都市にすると言って震災復興計画をつくった。しかし予算が大幅に削減されて、幹線道路の一部しか実現せず、住宅地おける生活道路をつくることができなかった。結果として現代の私たちは、住宅密集地の改善という課題をかかえている。後藤新平がやり残したことは現代人が取り組むほかはない。

後藤新平が生きた時代は日本が成長する時代だった。私たちは日本が成熟しようとする時代に生きている。だから後藤新平のやり方とは違うやり方が求められているが、そのためにも、後藤新平と同時代の人たちがどのようなやり方で社会の変革を乗り切って来たかを学ぶことに意義がある。本書はそのために編まれた。

（あおやま・やすし／明治大学教授）

序

「石をくほます水滴《しだたり》も」

社会学者　**鶴見和子**
2004. 12

わたしが五歳のとき、祖父後藤新平は「和子嬢もとめに」として「正直あたまに神やとる　人は第一しんばふよ　石をくほます水滴《シダタリ》も」という書を書いてくれた。表装されたこの書が、わたしの勉部屋にいつもかけてあった。正直であること、忍耐して困難を乗り切り志をつらぬくこと。これを、後藤新平は自分の生涯を通して実行し、それを自分の子孫にたたきこんでおきたいと考えたのであろう。

アジア経綸

後藤新平のアジア経綸は、一九〇七年九月、伊藤博文と厳島の宿で三晩にわたって語り合った「厳島夜話」に始まる。新大陸アメリカが今後、非常に強い国になることを見通していた後藤は、ドイツ人の書いた「新旧大陸対峙論」[*1]から、日本が旧大陸の中国とロシア、さらにロシアを通じてヨーロッパと固く結び、アメリカに対峙することがアジアの平和につながると考えた。そこで伊藤に、日本とロシアを結ぶ仲介をしてほしいと説得したのである。熱意に動かされた伊藤は一九〇九年、ハルビンでロシア宰相ココフツォフと会見するが、そこで暗殺される。それに後藤は非常に強い責任を負った

＊1 **ドイツ人の書いた「新旧大陸対峙論」**　1905年刊行のE・シャルクの著『諸民族の競争』で、米国の強大化が説かれ、仏独同盟を提唱。

ことになる。一八年に寺内内閣が倒れると後藤も外相を辞して野に下るが、二三年には個人の資格でソ連の極東全権大使ヨッフェを自費で日本に招び、日ソ平和への段取りをつけようとした。亡くなる二年前の二七年にも、個人の資格でスターリンに会うためにモスクワに赴いた。既に二度も脳溢血に倒れていた後藤は周囲から強く引き止められたが、死を覚悟の上でモスクワに向かったのである。

「公共」と「自治」

もうひとつ、後藤が生涯を貫いて考えたのは「公共」と「自治」ということであった。若き日に後藤が医学を学ぶことができたのは、横井小楠[*2]門下の四天王の一人、安場保和[*3]に見出されたおかげである。それまで日本において「公《おおやけ》」とは「大きい家」、つまり「天皇家」を指すと考えられていた。これに対して小楠は、庶民と庶民がつながって国家に対して抵抗するための主体という意味での「公共《パブリック》」の概念を初めて見出した。後藤は安場を通じて小楠の「公共」の概念をうけついだ。概念としてうけついだだけではない。後藤は医学を学ぶなかで「衛生」ということを考えていた。個人が病気にかかると、それは個人を超えて感染し、多くの人々に影響を与える。西南戦争や日清戦争後の兵士の検疫にも従事した後藤は、医学の実際の面から、人びとの生を衛《まも》ること（「衛生」）を考えていた。また「衛生」は国を超える概念でもある。たとえば現在、欧米でＢＳＥが生じれば、またアフリカでエイズが生じれば、ただちに世界に波及する。それを防ぐための主体として「公共」を考えたのである。

アメリカ哲学を学んだわたしには、ジョン・デューイが *The Public and its Problems*（1927）（邦訳『現代

＊2 **横井小楠**（1809–1869）幕末の思想家・政治家。熊本藩士。福井藩に招かれ改革を指導。維新後、暗殺された。著に『国是三論』。
＊3 **安場保和**（1835–1899）横井小楠門下の地方行政家。胆沢県大参事の時、後藤を見出す。後に阿川光裕に預けた。二女が後藤夫人。

政治の基礎――公衆とその諸問題』)で論じた「公共」が強く印象づけられていた。デューイはこの本で、人間同士が切り離された近代において、地域において顔の見える人と人とが結びつく(「公共」)ことで、上からの支配をはねのける「自治」を実現することを論じている。それでわたしは「公共」とは欧米の考え方だと思っていたが、そうではなかった。既に幕末の横井小楠が考えた「公共」を安場保和を通してうけつぎ、明治以後の日本の政治の中で実現しようとしたのが後藤だった。「衛生」にとりくみ、また晩年には「政治の倫理化」運動で国民の主体的な政治参加を説いた後藤は、「公共」と「自治」の実践を志していたのである。後藤の「石をくほます水滴」には、人間は一人では小さな水滴であっても、人と人とが結びつけば石に穴を穿つこともできるという思いも込められていたのかもしれない。

「石をくほます」二つの志

「アジア経綸」、「公共」と「自治」――後藤はこの二つの志を若い時代に抱き、一度は挫折したようではあるが、困難を乗り越えて最後までつらぬいた。それは後藤の「石をくほます水滴も」という処世訓につながっている。後藤のこの二つの志は、今こそ重要になっているとわたしは考える。

(つるみ・かずこ/故人)

天

後藤新平の思想

先覚者・後藤新平

文明の創造者

評論家　**粕谷一希**
2007.4

私にとって後藤新平とは、『エヂソン』や『豊田佐吉』と同レベルの偉人伝の中の人物である。かつての『少年倶楽部』は日本から朝鮮半島、満洲を通ってヨーロッパに至る汽車として、いずれ弾丸列車が製造されるだろうことを報道していた。その構想の主として後藤新平の名前は自然、子供たちの記憶に刻印されたのである。

大人になってから、後藤新平が都市問題の権威で、震災後の帝都復興、昭和通りの計画者だったことを知った。特に東京都と関係ができて以降、東京都庁という組織のなかに後藤新平の具体的影響力が脈々として生きていることを実感したのだった。

後藤新平にとっては台湾や満洲での経験も、植民地経営であると同時に都市建設であり、その土地柄にあった統治の在り方の模索であった。こうした後藤新平の豊かな構想力を生み出す頭脳は政治家というより文明全体を考える歴史の創造者だった。しかし、彼の行動様式は政党政治家の常識を越えており、同時代の原敬[*1]は「脇が甘い」と嘲笑し、池辺三山[*2]は「気印《じる》し」だと評した。同時代の人間がいかに後藤のような規格をはみ出した人間を理解しにくいかが解る。

後藤新平の第二の偉さは人材の登用にある。台湾では新渡戸稲造、満鉄では中村是公[*3]に始まり、左

＊1 **原敬**→68頁。
＊2 **池辺三山**（1864–1912）新聞人。熊本出身。パリに留学。帰国後、大阪・東京『朝日新聞』の主筆となり、夏目漱石らの人材を集めた。
＊3 **中村是公**（1867–1927）官吏。第二代満鉄総裁、鉄道院総裁、貴族院議員。台湾で後藤の信頼を得る。満鉄では後藤の方針を忠実実行。

からも右からも多くの人材を登用し現地の民族学的、人類学的調査とセットになって、科学的統治に具体性と持続性を与えた。人材養成（エリート教育）とは今日も叫ばれるスローガンだが、人材はあくまで材であって、それを登用し、活用するためには、眼識と権力が要る。東京に関しても、後藤新平は、永田秀次郎[*4]や前田多門[*5]といった内務省の秀才を引き抜いた。後藤新平の名前がながく語りつがれる所以であろう。学校秀才はそれだけでは真のエリートにはならない。よき舞台を与え、権限を与えなければ腕を振るえない。

横井小楠仕込みの医者であった後藤新平は人世の機微に通じ、公衆衛生という官僚としての出発点が、独自の発想法を養ったのであろう。

第三の偉さは、世界文明についての独自の文明観をもち、その世界構想を外交戦略として打ち出したことである。アメリカに対しては、チャールズ・ビーアド[*6]という歴史家兼都市行政家を通して、政治家や役人の次元を越えた関係をつくり上げることに成功し、ビーアドの影響は日本の各所に広い影響をもったのである。

また外相としてシベリア出兵を決断した後藤は、革命前後のロシアに対しても徹底したリサーチをしたのであろう。革命政権での当時の外相ヨッフェとの間に、個人的信頼関係をつくり出し、革命後のソ連とのパイプをも取りつけている。

今日、日本は先進文明国として、第二次大戦の敗戦国として、多くの外交経験と教訓をもっている。新しい世代は「美しい日本」、「自由と繁栄の弧」を打ち出してきている。その場合、大久保利通、原敬、吉田茂といった外政家の伝統も大切だが、規格をはみ出した文明の創造者後藤新平こそ学ぶべき

＊4 **永田秀次郎**（1876–1943）官吏、政治家。後藤の後を継ぎ東京市長になり、関東大震災後の復興に尽力。第四代拓大学長に。
＊5 **前田多門**（1884–1962）文相、内務行政官。内相秘書官などを経て、東京市第三助役に。ILO 政府側委員、朝日論説委員などを歴任。
＊6 **チャールズ・ビーアド**→ 220 頁。

先人の価値の体現であるといえよう。

（かすや・かずき／故人）

二十一世紀にこそ求められる真のリーダー、後藤新平

岩手県知事　**増田寛也**

2005. 11

この十年ほどの間に、中央政府・地方政府を問わず、求められるリーダー像が変容してきた、と感じている。

〝事実前提〟から〝価値前提〟へ

二十世紀は、〝大量生産・大量消費・大量廃棄の時代〟と言われているが、右肩上がりの経済成長の中で、行政においても、予算総額が毎年度増えていき、その増加分をいかに公平に配分していくかが重要な仕事であった。そのため、関係する諸団体から、丁寧に意見や要望を聴いて、様々な利害を上手に調整していくことが何よりも大切であって、そういう時代には「利害調整型」のリーダーが必要とされた。そして、端的に言うとボトムアップ方式により政策決定がなされていた。

これに対して、二十一世紀は、〝有限な資源〟、〝環境重視〟、〝人口減少・少子高齢化社会〟、〝ハー

ドからソフトへ〟などがキーワードの時代である。予算も、増額分をどう配分するかではなく、まず「何かを削る」ことが前提で、それにより財源を生み出し、重要な政策課題に充てることが必要となってくる。極言すれば、実現すべき価値をゼロベースで見直し、一から予算を組み立てることまで考えなければならない時代である。

まさにシステムの根本的な大変革が求められており、こうした時代には、いかに新しい価値を創造していくかが問われてくる。以前は、〝事実前提〟つまり前例に従って物事を決めていくのが行政の典型的な手法であったが、それが今では、〝価値前提〟即ち、どのような価値を実現しようとするのかが問いかけられてくるのである。

後藤の先見性と実行力

このような時代には、〝理念〟や〝目標〟、〝新たな価値〟といったものを自ら提示して、「先導するトップダウン型」のリーダーが求められてくる。

今、日本は、山積する国内外の諸課題に対し、迅速かつ有効な手立てを打ち出せず、〝立ち往生〟しているかのごとき状態にある。言い換えると、現在の我が国は、社会経済情勢の変化に対応不能の〝制度疲労〟状態にあって、まさに国家として存立しうるか否かの瀬戸際にあると言えるのではないか。

この日本の危機的状況を克服するためには、既存システムの綻びを取り繕うだけではなく、新しい価値を提案しながら、社会システム全体を根本的に変革していく必要があり、これなくしては、日本は立ち行かない状況にあると考えている。

国民に新しい「この国のかたち」を纏めた鳥瞰図・ビジョンを示し、国民をリードしていくのが政治家の役割である。こういうときにこそ、高邁な理想に燃えて、遠大なビジョンを掲げ、新しい価値を創造していくリーダー、まさに後藤新平のような人物が、我が国には求められている。

今こそ、〝時代の先覚者〟後藤の先見性と実行力に学ぶ必要があると考える所以である。

地方自治の基本精神

二〇〇七年は、後藤の生誕一五〇年目の節目の年に当たる。これを契機に、私は、後藤の足跡を改めて振り返るべく、関係著作を読み直しているところである。彼の残した有名な言葉に「自治三訣」がある。この言葉は、〝自立した個人〟をベースにした〝自助・互助・共助〟の精神とも言い換えられるもので、在るべき地方自治の基本精神を端的に示している。

行政がある意味で〝自助・互助・共助〟の領域にまで足を踏み入れて、その守備範囲が際限なく拡大しつつある現在、私自身、地方自治に携わる者のひとりとして、「自治三訣」の持つ今日的な意味を改めて自らに問い直し、常に地方自治の原点に立ち返りながら、一歩一歩着実に岩手の地域経営を進めていかなければならないと考えているところである。

『自治三訣』

人のお世話にならぬよう
人のお世話をするよう
そして酬《むくい》をもとめぬよう

後藤新平

（ますだ・ひろや／野村総合研究所顧問）

現実を踏まえた構想力

早稲田大学教授　**榊原英資**
2007.4

もう十年以上も前はじめて大連を訪れた時、昔のまま保存されているヤマト・ホテル[*1]や旧満鉄ビルを見て何か大変懐しい思いがした。戦前、戦中、満洲に住んだ訳でもないのだが、戦前の日本の夢と野望が渾然としたこの地は今でもそうした思いを多くの日本人に抱かせるのであろう。

この満洲に壮大な構想を馳せ、その中心に満鉄を据えたのが児玉源太郎[*2]と後藤新平であった。衆知のように満鉄は単なる鉄道会社ではなく日本の東インド会社[*3]とでもいうべき満洲経営の中心的存在であった。初代満鉄総裁であった後藤新平は、国内外の勢力が拮抗するなか、東亜経済調査局[*4]、中央試験所[*5]、そして世界水準のシンクタンクであった満鉄調査部[*6]を設立し、満洲経営の中心に据えたのである。

後藤が素晴しいのは、一方で厳島夜話[*7]での伊藤博文との対論で示されるように当時としては稀有で壮大な国際問題に対する経験とビジョンを持ちながら、他方で行政官として、台湾・満洲で実際にそ

＊1 **ヤマト・ホテル**　後藤満鉄総裁の発案で、鉄道沿線都市に建設。大連で1907年小規模で開始、後に大きな大連ヤマト・ホテルに変貌。
＊2 **児玉源太郎**→70頁。
＊3 **東インド会社**　17世紀初頭に東洋貿易と植民活動を目的に設立された西欧各国の独占的特許会社。

のビジョンを実現すべく具体的な施策を展開していることであろう。後藤の大風呂敷等としばしば言われるが、ただ大言壮語するだけではなく、その時その時のポストにあって少しずつでもそのビジョンを実現している点はまことに見事である。美しい国とか何とか、抽象的かつ曖昧な言葉を振り撒くばかりで全く実行力のない昨今の政治家達にも学んでほしい後藤の実行力である。

又、後藤が魅力的なのは、彼が単なる行政官ではなく一流のインテリゲンチュアであったという点であろう。しかも単なるアカデミックな空論ではなく、その現実を踏まえた構想力は極めて印象的である。厳島夜話での彼の新旧大陸対峙論は、明治後半で既に後藤が新興国アメリカの実力を充分洞察していたことを示している。伊藤博文はこの後藤の新旧大陸対峙論に激しく反発するが、結局は後藤に説得され、ロシア宰相ココフツォフ[*8]と会見した後、ハルビンで凶弾に倒れるのである。

当時の政治家達がこうした知的なかつ激しい議論をしながら日本の外交政策を決めていたというのは何かすがすがしい思いがする。イデオロギー的かつ硬直的に外交を進める傾向が強くなったのは昭和に入ってからであるが、今日も又、政治や言論の世界でその傾向が強くなっているようだ。外交に必要なのは透徹したリアリズムと不確実な将来に向けて様々な手を打つ柔軟性である。そしてこうしたプロフェショナルなスタンスは必ずしも大衆の好むところではない。小泉政権から安倍政権においては急速に外交のポピュリズム化が進んでいる。対中、対韓、対朝外交が硬直化し、次第に日本が追い込まれ、孤立化していると感じているのは決して筆者だけではないであろう。

今まさに我々は後藤新平的な壮大なビジョンと透徹したリアリズムを必要としているのであろう。後藤の時代からほぼ百年、世界の状況は大きく変っているが、後藤のいう「大アジア主義」が次第に

＊4 **東亜経済調査局**　後藤満鉄総裁が発案し、京都帝大民法学者・岡松参太郎を登用し、局長に。1908年9月、満鉄東京支社内に実現。

＊5 **中央試験所**　1907年、大連に設置。09年、満鉄に移管。翌々年、拡張と組織変革。その事業は、石炭・鉄鉱の分析と試験など多種多様。

＊6 **満鉄調査部**→123頁。＊7 **厳島夜話**→180頁。

＊8 **ココツフォフ**→382頁。

現実のアジェンダとして浮上してきている。アジアの経済統合が市場主導で進むなか、政治的協調はあまり進んでいないが、中国問題が極めて重要だという点では後藤の時代も現在も同様である。後藤新平から石原莞爾[*9]へと戦前のアジア主義は急速に偏狭なナショナリズムに傾き失敗してしまうが、再び我々はこの課題に挑まざるをえないのだろう。グローバルなコンテクストのなかでのアジアを考え、アメリカとアジアの二者択一という硬直したアプローチを捨て、後藤的な柔軟な発想で日本のアジア外交を考えるべき時期がきている。そして今、後藤新平の全仕事をレビューするということは、この意味からも大変時宜を得たことであろう。

（さかきばら・えいすけ／青山学院大学教授）

構想力が求められる時代

毎日新聞特別顧問　**岩見隆夫**
2006. 8

昭和通り[*1]と首都高速道路における先見性の大差

東京の昭和通りを横切るたびに、後藤新平は偉かったとしみじみ思う。後藤が第二次山本権兵衛内閣の内相兼帝都復興院総裁の時、関東大震災後の東京復興計画の一環として作られたものだ。

＊9 **石原莞爾**（1889–1949）陸軍軍人。関東軍参謀として満州事変に関与し、満州国創設を推進。のち東条英機と対立。東亜連盟の指導者。
＊1 **昭和通り**→ 135 頁。

八十年余も前に、こんな幅員の広い道路を計画したことが驚異である。いまも悠々と車の列が走っている。あれから数十年を経て作り始めた首都高速道路は、ほどなく慢性渋滞に見舞われた。この先見性の大差はどこからきたのか。

「東京改造計画」と「日本列島改造計画」

私は後藤新平の研究者ではないから、後藤を論じる資格はない。ただ、異色の政治家として漠然としたイメージがあり、私が一政治記者として取材した佐藤栄作から小泉純一郎まで十八人の歴代首相の実像と重ね合わせてみると、いろいろと想像が広がる。

後藤は抜群の構想力をみせて国民的な人気が高く、第一次大戦後に首相の有力候補になったことがあった。「後藤首相」が誕生しておれば、田中角栄首相に似ていた、と私は思う。田中の日本列島改造論は、後藤が東京市長時代に練り上げた東京改造計画と構想力において同列である。

田中の改造計画は土地暴騰を誘発して挫折し、後藤の改造計画は震災が契機になって活かされた。だが、計画の成否はともあれ、いつの時代のリーダーにも求められる構想力とは何か、というテーマを考えるうえで、二人の対比は有益かもしれない。

後藤の構想力を支える調査にもとづく計画性

二人には明らかに違いもあった。私が岩手県水沢（現奥州市）の後藤新平記念館を訪ねたのは六年前の春である。水沢市には幕末の開明的な蘭学者、高野長英[*2]、二・二六事件で殺害された斎藤実[*3]元首相

＊2 **高野長英**（1804–1850）蘭学者。水沢出身。シーボルトの鳴滝塾で学び、のち渡辺崋山らと尚歯会を組織。幕政批判で投獄。脱走自殺。

＊3 **斎藤実**（1858–1936）海軍軍人・政治家。水沢出身。後藤の幼友達。日露戦争後、五内閣の海相。1932年に組閣。2・26事件で殺された。

の記念館もあり、「水沢の三先人」と呼ばれていた。後藤は斎藤の前年に生まれ、二人は竹馬の友だったという。この時、菊池健治館長が、

「もともと医学校出身だから、調査、計画が手堅く、先の見通しがきく人です。大風呂敷ではない」

と簡潔に後藤を語ったのが印象に残っている。

調査にもとづく計画性が、後藤の構想力を支えていた。田中の改造論を組み立てるのには有能な官僚が動員されたが、田中の直感的な才覚がベースになった。この違いは、割合重要である。

いま求められる指導者の構想力

後藤が生きた幕末から昭和初頭の七十年余は近代国家が形成されていく動乱の時期、戦後の六十年も敗戦から経済大国への道のりをたどるやはり激動の日々だった。だが、後藤にみられるスケールの構想力が戦後リーダーには乏しい。

せいぜい田中レベルである。あとの歴代首相は敷かれたレールの上をひたすら安全運転したにすぎない。目下、ポスト小泉の政争本番だが、候補者たちを眺めながら、

「人材がいないなぁ」

という溜息が政界から日常的に洩れてくる始末だ。「落日の日本」が国際常識になってきたいまほど、指導者の構想力が必要な時はない。

いかにして教育のなかに「昭和通り」を作るか

構想力といっても、何を主要テーマに構想を練るかが肝心である。それは教育をおいてほかにない。人材育成のための教育ではなく、荒廃しつつある日本社会を正常な姿に戻すため、教育のなかにいかにして昭和通りを作るか。後藤研究は教育改革を深く考える支えになるに違いない。

（いわみ・たかお／故人）

後藤新平、大人の魅力

東洋大学総長・元財務大臣　**塩川正十郎**

2006. 11

外交についての円熟した意見

後藤新平は、東京をヨーロッパ等の都市に相当する近代的で風格の都市にしようと壮大な計画を創作したが、当時の農村社会の日本では理解されなかった。また、封建思想から脱却した鋭い政治感覚を持ち、その発想と識見は今でも論文として、または書簡として要路に披露している。卓越した政治家でありながら政党政治を厳しく批判していたので、政界で真価が認められていない。

特に原敬首相とは、同郷であるにもかかわらず、信念として正論を述べて権力の笠を使うことなく、是々非々を明確にしていた。

特に私が大きい関心を持ったのは、日露戦争後のポーツマス条約[*1]の談判に際して対露交渉が難儀な事態になっているとき、彼が「わが国の要求を貫徹することは重要な使命であるが、賠償の要求に拘わってすべてを白紙にしてはならぬ。この交渉は、まとめることの方が重大である。もし談判が決裂すれば米国大統領ルーズベルトの面子をつぶすことになり、それによってうけるわが国の損失は計り知れない」と主張していることである。外交についての円熟した意見に敬意を表したい。私の後藤新平に関する知識はこの程度であるが、かねてから魅力のある人物だと尊敬していた。

都市計画研究者も高く評価

本年五月、藤原書店社長藤原良雄氏から平成十九年は後藤新平生誕百五十周年に当たり、それに向けてシンポジウムを開催するので、パネラーとして出席してほしいと要請があった。良い機会だと思って伝記や書簡集を手当たり次第読んでみた。あらゆる部門に精通したすごいマルチな英傑で、現代に生きていたならば、わが国のみならず、現代の世界に必要な人物であった筈である。

東京の都市改造、特に大震災後の復興も素晴らしいものである。山手線の内側では何処からでも皇居の緑が見えるようにして、官庁や大学を配置して公園化する。一方山手線の各駅を拠点に住宅やビジネスセンターを分散させ、その間を縦横に幹線道路を交差させる。将来の東京の膨張を考えた構想である。雄大で創造的な計画を二度提案したが、その計画案は未来志向型で理想を追求したものであっ

*1 **ポーツマス条約** 1905年9月に調印された日露戦争の講和条約。ルーズベルト大統領の仲介で、小村寿太郎とウィッテが全権代表。

たことと、当時のわが国の経済や財政力にとって余りにも負担が大きいことから、現在われわれが活用している昭和通りの建設以外は採用されなかった。

しかしながら、現在の都市計画研究者が、後藤新平の計画に大きい関心を持ち、東京という都市の機能と環境を考えた都市造成研究の資料として、高く評価していることは事実である。

科学者であり行政官

後藤先生の出自は医者であるから、科学の理解者であると同時に行政官としての経験もあるので、住民の生活や習慣を把握することに正確であった。

台湾統治で行政に住民の風俗、習慣を採用して同化に務め、合理的な政策を同化姿勢で執行することによって、住民を納得させて信頼を得ていた。満鉄総裁として未開地の行政を指揮したのもこの理念にもとづくもので、満州の経済開発の基盤づくりに成功している。

要するに、行政の対象となる住民や土地柄もよく識って、その潜在能力を活用したのである。かかる政治姿勢は役人の卓上プランでは発想されない住民との深い体当たりの接触があってのことであり、また体験を政策として措置するのに独創的な能力を駆使したことによるものと思う。役人のペーパーだけで仕事をした人ではない。いまの行政官の仕事は、国民の生活実態を把握して行っているものではない。卓上プラン、この継続である。

いま後藤新平が生存しておれば政治の着眼は変わっているであろうし、想像力豊かに改善を進め、世の中が変わっているかもしれないと空想し、期待している。

（しおかわ・まさじゅうろう）

渇望される卓越した指導力

（株）ジェムコ日本経営特別顧問　**大星公二**
2007.4

私が後藤新平に関心をもつようになったのは、昨年（株）NTTドコモをリタイアして「東北地域経済開発研究所会長」と「岩手県政策アドバイザー」になったためである。岩手県は多くの逸材を輩出しているが、見聞してみると群を抜いて傑出しているのは後藤新平であることを、あらためて知った次第である。

激動の時代における後藤新平の卓越した指導力について考察することは、時宜を得た今日的意義があると思う由縁は、現在わが国がおかれている内外多事多難の時機に、山積する課題を迅速果敢に措置するには、政治・経済・社会・産業・教育等多くの分野に、優れた指導者が必要渇望されているためである。とくにグローバルに環境変化の激しい時代に、潜在的能力を持ちながら、それを発揮して「自ら変わる」ことに遅れをとっていることは、既に国際的にもIMD等で厳しく指摘されているところである。

その点、新平の変化に対するクイック・リスポンスと更にビジョンナブルに変化を先取りする行動力には驚嘆させられる。

後藤新平は一八五七年水沢に生まれた時、父は寺子屋で子供たちに読み書きを教えており、母は医者の娘で和歌・謡曲・和漢に親しむ才人であった。つまり恵まれた教育的環境で高い知的素養が育まれていた。七四年医学校に入り物理・化学・生理学・内科・外科と広範な知識をマスターし、一年七カ月で五等医に合格するほど有能かつ努力家で、八一年には二十五歳で愛知医学校長兼病院長となり、八三年には内務省衛生局に転出して行政に携わることとなった。九〇年には、在官のままドイツ留学し二年余の間に、ビスマルク時代のドイツから「国家の在り方と政治」を学び、医学博士の論文も「衛生制度」に関するもので、「日本を衛生面の先進国」にしたいというビジョンを描き全国行脚に出たことは、既に国家的視点で挑戦する責務を抱き始めていたと考えられる。

日清戦争の帰還兵の検疫[*1]という大仕事をやり遂げた直後、伊藤博文[*2]総理に面談の機会を得て「世界は次々と戦争が発生する。日本は社会政策を充実しないと社会不安が起こる」と進言し、台湾総督府民政長官として本格的に政治・行政の道へ進むこととなった。ここでは占領軍的支配から、民意・風俗・習慣に従った政策で台湾経済の活性化に尽し、日露戦争の勝利で満鉄管理権を得た内閣から、新平は「南満洲鉄道総裁」を託された。明治三十九年満鉄発足に当り明治天皇の「南満洲鉄道の事業は困難にして、その関係するところ重大なり。十分尽力せむことを望む」というお言葉に新平は感激したが、天皇も新平の高い志に共感されていたものと推察される。新平の構想は常に総合的かつ長期的で高邁なバックボーンを持ち「満鉄の駅を中心に満洲の都市計画を進める」として環境整備・住宅建設・五十メートル道路などインフラの先行投資をした。新平の掲げた満鉄の理想について、明治四十年の万国キリスト教学生大会で「満洲は東西文明の相交わる地点であり、列国相互の利益をもたらす地域で、お互いが平和の中で開発に当るべきだ」と発言し、これは満洲を植民地にして富を搾取せん

＊1 **日清戦争の帰還兵の検疫** 1895年、児玉源太郎部長の下、後藤は臨時陸軍検疫部事務官長となり、検疫所を建設。コレラの猛威を封じた。

＊2 **伊藤博文**（1841–1909）政治家。帝国憲法の制定に尽力。初代首相・枢密院議長・立憲政友会総裁などを歴任。初代韓国統監。暗殺。

とする軍部に対する警告でもあった。

明治四十一年桂内閣の時、新平は逓信大臣兼鉄道院総裁となり、大正九年には乞われて東京市長として国際都市を目指し重要街路の新設・上下水道整備・学校拡充・港湾河川改修・公園新設等に尽力した。このあと東京放送局総裁・拓殖大学長と多彩に活躍を続けたが、世は次第に軍部の独走が始まり、新平の理想から離れていく中、昭和四年七十三歳の生涯を終えるに至ったのであった。

後藤新平の生涯をたどると、驚嘆するのは傑出した天賦の才能とそれを活かして、国家社会の改革発展のためチャレンジし続けたビジョンナブルな指導力である。これこそ現下の日本各界に求められるリーダー像である。すべからく後藤新平の軌跡を反芻し、政治・経済・社会・産業・教育等多くの分野で渇望される指導力の発現を切望するものである。


（おおぼし・こうじ）

後藤新平の遠眼鏡

人間文化研究機構国文学研究資料館助教　**加藤聖文**
2007.4

近年、後藤新平の評価が鰻登りで、いささかバブルのような気がしないでもない。本特集は、まさにそのような流れのなかの頂点ともいえるので、ここであえて水を差すのは少々気が引けるが、礼賛ばかりの人物評では、偉人の伝記や独裁者の神話と同じくちっとも面白くない。人間というものは完全なものではないし、弱さや欠点があってこそ面白いのであって、いつの時代も賢愚や善悪や損得では測れない生々しい人間臭さを持つ者が多くの人を魅了するものなので、ここではあえて辛口の後藤評をしてみよう。

後藤新平といえば大風呂敷と呼ばれたように、とかく豪放磊落で気宇壮大といったイメージがつきものだが、果たしてその華やかさのみを語るだけでよいのだろうか。

私が後藤新平をはじめて生身の人間として感じたのは、水沢の後藤新平記念館で後藤新平の写真を見たときであった。多くの本でおなじみの鼻眼鏡をかけて髭を蓄えた晩年の写真だが、拡大された写真の眼鏡の奥を覗き込むと、大きな顔と比べて意外と小さな瞳に気づかされる。その目は、一言では言い表せないが少し悲しそうだったのを今でも覚えている。

この水沢での後藤との「邂逅」以降、私は後藤新平に対する手放しの評価には懐疑の念を抱くようになった。後藤が考えたこと、語ったこと、実行したことに果たして後藤は満足していたのだろうかと。

後藤新平の最大の評価は、台湾統治であり、その後の満鉄経営であるというのはよくいわれるところである。ただ、後藤の功績は幾分割り引いて考えるべきではなかろうか。台湾や満洲では、既得権者が皆無という恵まれた政治環境にあったことを忘れてはならない。さらに、台湾統治の功績については、前任者である乃木希典[*1]総督の失政、政府・軍の要職を兼ねていたためほとんど台湾を不在にしていた総督の児玉源太郎が後藤に行政を任せっきりだったという事情も無視できない。また、満鉄に

＊1 **乃木希典**→ 71 頁。
＊2 **祝辰巳**（1865–1908）官吏。1896 年台湾総督府殖産局長に。後藤の後、佐久間総督の下に民政長官となり、後藤の計画を忠実に実現。

おける「後藤神話」は創業期からあったものではなく昭和期になって創られていったものであった。

実は、台湾・満鉄の歴史を見ると、いずれも草創期である後藤時代よりも後の時代が、統治や経営を軌道に乗せたという点で重要な意味を持っていた。にもかかわらず後藤時代が突出してクローズアップされ評価されている要因は、後藤以後の人物（台湾では祝辰巳[*2]・大島久満次[*3]・佐久間左馬太・安東貞美ら、満鉄では中村是公[*4]・国沢新兵衛・野村龍太郎ら）の個人史料が決定的に欠落しているため充分な歴史的検証が今なお進まないということが挙げられる。その結果として、圧倒的に豊富な史料を誇る後藤を中心にした歴史研究になっている。「後藤ブーム」の背景にはこうした史料をめぐる問題も横たわっている。ちなみに、台湾統治における後藤の評価は近年台湾でも見られるが、台湾アイデンティティーを思想的背景とする現在の複雑な中台関係の影響を受けたものであって、決して日本人が考えているような単純な理由ではない。

恵まれた政治環境にあった台湾や満洲で自分が考えたことを思い通りに実現できたということは、逆の面から見れば、既得権者との対立と妥協のなかで政治能力に磨きをかけるという経験に恵まれなかったことを意味する。それが、国内に戻ってからの政治家としての限界――ビジョンはあっても思い通りに実現できない――に繋がったといえる。

後藤が考え語った壮大な世界観に基づいた構想と実現したものとのギャップは、こうした後藤の政治経歴に起因する。また、後藤自身も構想と現実とのギャップのなかで最後までもがき続けていたのではなかろうか。

＊3 **大島久満次**（1865–1918）官僚・政治家。1896 年台湾総督府民政局参事官に。1908 年には民政長官に。台湾での国勢調査にも尽力。

＊4 **中村是公**→ 24 頁。

遠眼鏡ひとりもつなら罪つくり

後藤が台湾時代に詠んだこの狂句は、先を見通す能力が人並み外れて秀でていた後藤の自信を表しているが、それと同時に周りの人々から理解されない孤独感を後藤本人が人一倍感じていたことも滲ませている。

水沢で見た彼の目は、遠眼鏡のように遙か遠くを見渡せても、自分の周りをじっくり観察する顕微鏡ではなかった。

世界に目を転ずれば後藤レベルの政治家はいくらでもいるのに、日本において後藤のような政治家は稀少である。昨今、後藤が再評価されているのも皮肉な見方をすれば日本政治の貧困さの裏返しともいえる。

これまでの日本の優れた政治家とは、遠眼鏡ではなく顕微鏡のように限られた狭い世界を緻密に観察し利害を調整できる能力を持った者であった。しかし、そろそろ遠眼鏡を持った政治家が主流とならなければなるまい。

願わくば後藤新平のようなタイプは当たり前のようになって、特段に騒がれることがなくなるような時代が来ることを望む。そうなってこそ日本の政治レベルが世界レベルになったといえるのだから。

（かとう・きよふみ）

国家経営者《ステイツマン》のモデルとしての後藤新平

東京大学名誉教授　**三谷太一郎**
2007. 4

後藤は職業政治家《ポリティシャン》であるよりは、国家経営者であった。彼は得票によってリーダーシップの獲得を競う民主政治に固有の意味の職業政治家ではなかった。それが典型的な職業政治家であった原敬[*1]との決定的な違いである。したがって選挙を通して選び出される職業政治家の最も重要な能力である「人間の指揮操縦《ハンドリング・オブ・メン》」能力においては、原に及ばなかった。

しかし後藤は二十世紀初頭の日本にも影響を及ぼした科学的経営管理の能力をもつ数少ない政治家であった。その点に伊藤博文[*2]や桂太郎[*3]らとは異なる国家経営者としての新しさがあった。おそらく後藤がソ連との国交樹立に意欲をもったのは、ソ連の打ち出した「計画」の時代への感応でもあったであろう。もし今日職業政治家と区別される国家経営者が求められているとすれば、その一つのモデルは後藤にある。

（みたに・たいちろう）

＊1 **原敬**→ 68 頁。
＊2 **伊藤博文**→ 38 頁。
＊3 **桂太郎**→ 71 頁。

「大きな絵」と「後藤流〝政治力〟」

慶應義塾大学教授
竹中平蔵
2012. 5

あらためて注目される二つの要因

東日本大震災をきっかけに、あらためて後藤新平が語られる機会が増えている。関東大震災直後、帝都復興院総裁として活躍した後藤については、これまでも多くのことが語られてきた。それ以前には、台湾の経営を成功させ、南満州鉄道の初代総裁・東京市長として活躍したことでも知られる。その後藤新平という人物に、あらためてかくも注目が集まるのはなぜなのか？　多くの要因の中から、敢えて二つの点を指摘しよう。「大きな絵」と「後藤流〝政治力〟」である。

高い理想と明確なビジョン

後藤の幅広い業績に共通して見られる重要なポイントがある。それは、常に高い理想と明確なビジョン、つまり「大きな絵」をもっていたことだ。全体の姿を描きそれを示していたからこそ、その政策には説得力があり、多くの人々を惹きつけた。その典型が、大震災後の復興ビジョンだ。

一九二三（大正十二）年九月一日、山本権兵衛内閣の組閣中に関東大震災が発生。内務大臣を打診されていた後藤は直ちに入閣を決意し、復興省の創設を構想した。そして後藤案が骨子となった帝都復興院の総裁に就任する。この時後藤は、四〇億円の復興プランを公表した。しかし当時の経済規模などから考えて、これは今の約二〇〇兆円に相当するという金額だ。震災を機に、パリに匹敵するような荘厳な都市の建設をぶち上げたのである。現在価値で二〇〇兆円と書いたが、これは先般の東日本大震災にかかる復興費用が約一九兆円であることに比べれば、いかに壮大なものであったかが分かる。

もっとも、こうしたビジョンが一般人の想像を超えるスケールのものであったため、「大風呂敷」という批判を受けることになる。現実に、壮大な復興計画は、最終的に約八分の一の規模に削減された。しかしそれでも、こうした大風呂敷があったからこそ、長期的に見て大きな功績をこの国に残した。例えば、昭和通りなど今日の東京の骨格は、この後藤のプランによって実現したのである。また隅田川に架けられた橋のいくつかは、構造物として芸術的価値の高いセーヌ川の橋を意識して作られたものである。

最高権力者の支援を引き出す

後藤新平に今あらためて注目が集まるもう一つの理由は、後藤流〝政治力〟にある。政治主導が叫ばれながらそれが空転している現状に、それはどのような示唆を与えるのか。

後藤新平が政策面で多くの業績を残せたのは、いうまでもなくそれを実現する政治力が存在したからだ。しかし彼自身は、内閣総理大臣というトップの座にすわることはなかった。つまり後藤の政治的力は、決して後藤自身のものではなく、常に強い政治力を持つ上司いわば政治的なパトロンを有していたのだ。

例えば後藤が台湾の民政局長（長官）として活躍した時代、総督として児玉源太郎[*1]が君臨（一八九八―一九〇六）していた。その後は、桂太郎[*2]（第一一、一三、一五代内閣総理大臣）、寺内正毅[*3]（第一八代内閣総理大臣）らが後藤の後ろ盾となった。共通するのは、スケールの大きな軍人政治家であったことだ。後藤は児玉らから厚い信任を受けていたが、一方で後藤自身こうした上司との関係に細心の注意を払ったと言われている。つまり後藤自身は高い専門性を有する専門家、いわばテクノクラートであり、彼の力の源は最高権力者の支持・支援を引き出す〝政治力〟であった。

政治の最高権力者に政策の専門家であることを期待するのは、現実問題として困難だ。政治の権力者は、専門家を正しく選別する能力を持ち、専門家は政治家と一体となって問題を解決するために全力を尽くす……。政策問題が複雑化する時代の「政治主導」とは、こうした形でなければならないのだろう。

専門家ではない政治家で全てを取り仕切ろうとして失態を繰り返した近年の経験を踏まえれば、後藤新平の活躍ぶりは実に眩しく映るのである。


（たけなか・へいぞう）

＊1 **児玉源太郎**→ 70 頁。
＊2 **桂太郎**→ 71 頁。
＊3 **寺内正毅**→ 162 頁。

鶴見祐輔[*1]による「幻」の後藤新平論

早稲田大学台湾研究所
春山明哲

2013.11

「鶴見祐輔の後藤新平論」

『後藤新平』。ただ名前だけの単純な、それでいて存在感のある書名を持つ「後藤新平伝」全四巻の刊行が完結したのが一九三八(昭和十三)年七月のことである。鶴見祐輔の編著になるこの浩瀚な書物は、明治維新一〇〇年の近代日本の評価・検証の気運の中で、一九六五〜一九六七年に復刻刊行された(勁草書房版)。そして、鶴見祐輔著・一海知義校訂『〈決定版〉正伝 後藤新平』全八巻(藤原書店)の最後の「「政治の倫理化」時代 一九二三〜二九年」が刊行されたのが二〇〇六年であるから、原著の刊行後ほぼ四〇年ごとに『後藤新平』が世に出たことになる。

ところで、戦時下の一九四三(昭和十八)年五月の『後藤新平伝 台湾統治篇上』を皮切りに、『後藤新平』の「普及版」全一二冊が分冊刊行されたことは余り知られていないのではなかろうか。このシリーズの第二分冊にあたる『後藤新平伝 台湾統治篇下』に鶴見祐輔の手になる「附記 伯の台湾統治と大東亜共栄圏の建設」と題された文章が掲載されている(同書三五一〜三六五頁)。なお、この普及版は原著から資料的部分を中心にかなり改変されているほか、分冊によっては「序」が書き下ろさ

*1 **鶴見祐輔**(1885–1973)岡山出身。内閣拓殖局を経て鉄道院勤務。後藤の長女と結婚。24年渡米、排日感情鎮静の遊説。議員当選4回。

れているので、留意する必要がある。

さて、各種の「正伝」に収録されていないこの「附記」は、「時局便乗もの」のような感を与えなくもないが、むしろ「鶴見祐輔の後藤新平論」として興味深く読めるものである。鶴見の筆致は、後藤の「最も得意とする創造の才」が「僅かに台湾の一孤島と、戦後満洲の一局部に揮《ふる》はれたに過ぎなかった。」とあるように、嘆息の調子を帯びている。

鶴見祐輔（1885-1972）
（鶴見俊輔氏提供）

後藤が「中央政界に入るや、資本主義制度は既に内地に於いて固定し、官僚政治は漸く硬化し、政党政治は爛熟期に入っていた。」このゆえに「伯はその奇闢独創の才を用いんとして当時の保守的勢力と衝突し、その精力の大半はかかる摩擦と妨害との克服調和の為めに消耗せられ、その積極的才能を十二分に発揮するの機会を得なかった。」と鶴見は続ける。彼が事例として挙げているのは、広軌鉄道案、支那財政確立案、沿海州借地開拓案、大調査機関設立案、そして、帝都復興計画である。

かくて世間は後藤に対して「大風呂敷」と「脱線」という綽名を与えたのだが、今、大東亜共栄圏建設のときにあたり、後藤の台湾統治は多くの示唆と教訓を与える、と鶴見は論調を転換する。鶴見が挙げているのは五項目ある。一、異民族統治方針としての生物学的原則の主張、二、近代科学の基礎の上に政治を実行しようとしたこと、三、将来の世界的日本を想像し、その一部としての台湾を作ろうとしたこと、四、人材の養成、五、東西文明の調和、の五点である。鶴見の後藤観として簡潔に

＊2 **平野義太郎**（1897–1980）マルクス主義法学者。野呂栄太郎らと『日本資本主義発達史講座』を編集。その中核を占めた。
＊3 **関嘉彦**（1912–2006）社会思想史家。河合栄治郎に師事。1960年、民社党発足に参加。西欧型の民主社会主義を提唱し、同党を支えた。

まとめられて分かりやすいばかりでなく、「全部と一部の関係」としての項目「三」などは吟味に値する見解である。

太平洋協会

鶴見は後藤が「大きい見透《とお》し」を持っていたことを、「一つの美しい幻を描くこと」と表現する。そして「大いなる幻を描くことなしには、大東亜共栄圏の建設といふことは完成できない」とするのである。うっかりすると「大東亜共栄圏の幻」と読みそうな箇所である。

一二冊の『後藤新平伝』を分冊刊行したのは、太平洋協会「出版部」であった。太平洋協会は一九三八（昭和十三）年五月、すなわち『後藤新平』刊行完結の年に鶴見を実質的な主宰者として発足した調査機関で、末次信正内相・海軍大将、芳沢謙吉元外相、芦田均衆院議員らの有力者多数列席のもとに発会式が行われたという（石塚義夫「太平洋協会について」『環』八号、二〇〇二年一月）。この協会には、平野義太郎[*2]、関嘉彦[*3]、都留重人[*4]、鶴見和子[*5]など、多くの学者が関係している。日米開戦の回避を念願した鶴見の戦略的仕掛けでもあったようだ。

太平洋協会「出版部」は日比谷公園の市政会館にあった。戦後は太平洋出版社となり、『後藤新平伝』最後の二分冊を刊行した。新生日本に対して、鶴見はどのような「幻」を描こうとしたのだろうか。

（はるやま・めいてつ／早稲田大学非常勤講師）

＊4 **都留重人**（1912–2006）経済学者。戦前に渡米、戦後は経済安定本部にて経済復興政策に関係。一橋大学長、朝日論説顧問など歴任。
＊5 **鶴見和子**（1918–2006）社会学者。米国留学で哲学専攻。戦後、思想の科学研究会や生活記録運動などで活躍。69–89 年上智大教授。

「開発支援」に生きる後藤新平の思想

JICA理事長　**緒方貞子**
2012. 02

後藤新平の孫、鶴見和子さんとの親交から

粕谷一希代表幹事（後藤新平の会）、藤原良雄社長（藤原書店）初め「後藤新平の会」の会員の皆様、後藤新平賞選考委員の皆様、御来賓、御来場の皆様、このたびは第三回後藤新平賞受賞の栄誉にあずかり、深く御礼申し上げます。

私自身全く思いがけない光栄に浴したということで、大変恐縮いたしております。後藤新平というまれに見るスケールの大きさで知られた歴史上の大人物と私との間には、ほとんど接点がないと考えておりました。ただ一つ、後藤新平の孫娘でいらっしゃる鶴見和子さんと、上智大学国際関係研究所の同僚として一〇年間、大変親しく私的交友関係を持ったことから来る親近感があるというのが、本当のところでございます。その鶴見先生が退職され、京都ゆうゆうの里で療養中でいらした二〇〇五年の一月、藤原社長の御仲介で久々に再会させていただき、日本外交、日本社会等について語り合ったことが今も大変懐かしく思い出されます。その際、後藤新平の業績を集中的に研究し、その功績、遺産を継承していくための事業を始められていると伺ったことがございました。それが今日につな

がったと考えております。

今回、大変立派な賞をいただきまして、後藤新平の足跡、業績を改めて振り返ってみますと、大変大規模な行政の実績に深い感銘を受けたわけでございます。一八九〇年の衛生行政に始まりまして、一八九八年には台湾民政長官として台湾の都市開発、一九〇六年には南満州鉄道初代総裁として北東中国地域の開発行政にも携わられました。さらにその後、東京市長、内務大臣兼帝都復興院総裁として、道路網を初めとする首都東京の都市開発計画策定や関東大震災後の首都再建などに本当に大きく貢献されたということでございます。後藤新平は数十年先を見通した中長期的な視点を持ち、特定の専門知識に拘泥されない総合的な発想に卓越された人物でございました。

ＪＩＣＡの試みと後藤新平の「自治」の思想

現在私は独立行政法人国際協力機構（ＪＩＣＡ）の理事長として、開発途上国の経済、社会開発に取り組んでおります。今回の受賞は、開発に携わる者としてとても励みになるものと考えております。ＪＩＣＡは、昨年の十月、国際協力銀行（ＪＢＩＣ）の有償資金協力、つまり円借款部門を統合しまして、この結果、技術協力、無償資金協力、円借款、ボランティア派遣を一体的に運用し、人々の生活改善から人材の育成、政策、制度改善、インフラの整備までを包括的に支援することが可能になりました。開発途上国の持続的な発展、ひいては貧困削減及び公正な経済成長を実現するために、こちらから提案する形で非常にアクティブな支援が可能になったわけではありますが、最終的にはやはり開発途上国自身のオーナーシップの意識の強化が一番大事なことだと専ら最近は考えている次第でございます。開発途上国自身が何をどうやってやったらいいかということがわかる形で、私どもは外からの支援を行っていくのだと。つまり、政策レベルでの組織の強化や制度の整備——インスティテューション・ビルディングと呼ばれているものですが——、そういうことにもっともっと配慮していかなければならない。

そのために、何が大事か。そこでまた、後藤新平が東京市長の時代に、「東京市民の中に自治がある」という、大変な名言を残しておられるのです。そしてその言葉どおりに実際に自治を実現するために、市の職員に対して自治思想や計画行政を教えるための、その当時の言葉で言えば「吏員講習所」[*1]、このごろの言葉で言えば職員研修所を設立されたと承知しております。つまり、人材の育成を通じて行政機構の能力向上を最重視されたわけです。

昨年、皆様のお目にも止まったかと思いますが、第四回アフリカ開発会議（ＴＩＣＡＤ）というものが横浜で開かれまして、アフリカの国々の多くの指導者たちがＴＩＣＡＤの場でいろいろな議論をされました。その中から一つ、私どもとして非常に大事に受け止めたのは、「アジアの経済成長の経験から、私たちは学びたい」というアフリカ側の非常に強い希望でございました。アジアの経験を自分たちの参考にしようとするその姿勢、その大変熱心な態度を、私はしっかりと受け止めていかなければならないと感じました。日本の経験とかアジアの経験をそのままアフリカに活用するような押しつけではなく、あるいは外からの提案ではなく、私どもとしては現場のニーズを正確に把握、理解し、そしてそれに適した形でいろいろな計画を進めていかなければならない。それと同時に、相手側がこれをどのように見ているのか、吸収していけるのかをきちんと考えていかなければならないと改めて

＊1「**吏員講習所**」→ 208 頁＊ 1 **職員研修**を参照。

感じたわけです。

ちょうど後藤新平が台湾や満州での植民地経営をなさるに当たって、事業実施に先立って徹底的な調査を行い、「人々の慣習を重んじる行政」をもっとも重視されたことに見習うべき点が多いと思いました。JICAでも現場重視の方針を立てており、東京の本部に重点的に配置されていた職員を在外に移すことに非常に努力してまいりましたし、権限につきましても東京の本部から在外の事務所に大幅に移す努力を進めております。そしてそれが何故必要かというと、途上国の人々とよく話しながら、彼らが最もやろうとしていることに合った形で計画を策定し、それを実現するということだと思うのです。

途上国開発問題と「内発的発展論」

昨年、JBIC円借款部門を統合して新しいJICAがスタートしましたときに、JICAにも研究所というものを設置しました。さまざまな国、地域、コミュニティでの開発の現場で得られた知見を集約し、経済だけではなくて政治にも、また社会習慣にも十分に注目した調査、研究を実施するための研究所をつくったのです。ちょうど後藤新平の満鉄調査部[*2]、東京市の――このすぐお向かいにあります――市政調査会[*3]にはとても及ぶようなものではございませんが、刻一刻と移り変わる世界の中で国際社会が直面する課題の解決に向けて、開発問題を切り口に、知的な発信、貢献も行いたいと思っております。

一九六〇年代からアフリカ諸国の独立、国際場裡におけるアフリカ諸国の発言の増大等々によって、

＊2 **満鉄調査部**→ 123 頁。
＊3 **東京市政調査会**→ニューヨーク市政調査会を範とした財政的・人事的に自主独立の市政の研究機関として、銀行家・安田善次郎の 350 万円の寄付を受けて後藤新平が 1922 年 2 月 24 日に創立。

日本の中でも途上国の開発問題に対する関心が大きくなってきたと思います。そしてまた、各種の開発理論も展開されてきました。そうした理論を私自身受け止めることで思い出しますのは、私の尊敬する鶴見和子先生のことです。先生は一九七六年ごろから各社会固有の意識構造、社会関係、技術の上に他の社会の意識構造、社会関係、技術を統合して新たな社会を創造していくのが開発であり、発展への道だということを強く言われ、「内発的発展論」という理論を展開していかれたのです。私自身、当時よくわかりませんでした。内発的発展論が理論としても、また効果としてもどういうことになるのか。それは、西洋の発展、近代化が開発の単一のモデルとなっていたことに対して、途上国における既存の社会構造を重視し、多様な開発モデルの可能性に注目されたという点で、当時から高い評価を得ておられていたのですが、私としましては、今、開発援助を行うに当たっても、この内発的発展論というものをもう一度見据え直したいという気持ちを強く持っております。この内発的発展論はやはり後藤新平の開発哲学の流れをくむものでして、JICAが現在実践する開発手法にも生かされているとは思いますが、より強く生かされなければならないものと考えているわけでございます。援助国と被援助国との関係、すなわち私どもはもっともっと被援助国の主体性のもとに持続的な発展を手伝っていくのだと。そういう仕事が今JICAに与えられている仕事であり、戦後目覚しい発展を遂げ、立派な業績を残してきた日本の使命であると考えております。

本日は後藤新平の会の皆様、また後藤新平ファンの皆様方にこういうお話を申し上げるのは大変僭越なような気がいたしましたが、国内外の動揺が続き、日本の進路もいま一つ明確に定まらないのではないかと感じることが多い昨今でございますので、改めて後藤新平のように国境も越えて、広大なビジョンを考える発想が、まさにいま日本に求められていることではないかと。そして改めて後藤新平の生き方や考え方から、多くの示唆を得るための努力をするときではなかろうかと感じますだけに、私としましてはこのような賞にあずかりましたことを大変ありがたく思います。皆様方には引き続きこういう考え方を持った大先駆者の意向に沿った形で、日本を主導していっていただきたいとお願いする次第でございます。今日は本当にこのような賞にあずかりまして、ありがとうございました。

（二〇〇九年七月十八日「第三回　後藤新平賞」受賞講演、於・日本プレスセンターAホール）

（おがた・さだこ／二〇一二年退任）

自治の思想と都市の構想

「自治三訣」の心

富士電機ホールディングス相談役　**加藤丈夫**
2005. 10

後藤新平を知っているか？

正直に告白すると、粕谷一希さんから「藤原書店が『後藤新平の全仕事』という企画に取り組んでいるが、その応援団に参加しないか」というお誘いがあったとき、私は後藤新平という人物をほとんど知らなかった。

もちろん、台湾の民政長官や満鉄の総裁として大きな業績を残したこと、いくつかの大臣を歴任する中で関東大震災後の復興総裁として東京の再開発に取り組んだこと、更に陰では〝大風呂敷〟と呼ばれていたことなどは断片的に承知していたが、後藤新平に関する知識は、日本の近代史において政治行政面でユニークな活躍をした人物という程度だった。

多分、それは戦後の教育を受けた私（一九三八〔昭和十三〕年生）と同世代以降の人間にとって共通のものではないかと思う。

粕谷さんは、そんな私の無知を承知で誘われたに違いないが、それから約半年間、定期的に刊行される「後藤新平の全仕事」やそれに関連した資料を読み続けるうちに、彼が「桁外れの大人物」であることを実感するようになった。

後藤新平の「自治三訣」

まだ勉強中なので当たっているかどうかの自信はないが、私なりに後藤新平の流儀を考えてみると、先ず仕事に取り組むに当たって「現実を直視する目が確かだった」ことは間違いないだろう。

その中で、いま最も大きな問題は何かを見極め、その解決にのみ直進したように思う。直進に伴う摩擦はあったろうし、マイナスもあったろうが、まず最も大きな問題に集中することによって、結果として最大の成果を上げることができたのではないだろうか。

そして、施策の成果については普通の人より「はるかに長いスパンで考えていた」ように思う。関東大震災後の東京復興計画[*1]などが良い例だ。

後藤新平は、何故そんなことができたのだろうか?

もちろん、優れた頭脳や大胆な性格という天賦の才能はあったのだが、彼の最も秀でた資質は〝私心がない〟ことのように思われる。私利私欲がなければ現実の姿も良く見えるし、確かな先の見通しも立つということなのだ。

そんな生き方を端的に示したのが例の「自治三訣」である。

人のお世話にならぬよう
人のお世話をするよう
そしてむくいをもとめぬよう

＊1 **東京復興計画**　大震災非常事態下、後藤は山本内閣内相となり、復興院を創設、自ら総裁となる。復興都市計画案を作成、提出。

リーダー待望論に応えるために

現在の政治家も経営者も小粒になったと言われるが、残念ながらそれは事実として認めなければならないだろう。

目先の利害得失にばかり囚われて、大局的な判断ができないということだが、そこにこそ私たちが後藤新平の生き方に学ぶ点があるように思う。

現在のわが国は、政治経済をはじめあらゆる分野で出口のない閉塞状態に陥っており、それを打破する優れたリーダーを待望する声が強まっている。

グローバリゼーションが進展する中で、国際的な信頼を得る見識と実行力を持ったリーダーの育成は国家的な課題といってよいが、とりわけ「アジアの人たちから尊敬されるリーダー」は今後の日本にとって最も大切な存在となるだろう。特に国際的に事業を展開する企業経営者はそうであってほしいと思う。

「今、なぜ後藤新平か」という問いかけに対する答えはそこにあるし、それは私がこれから後輩たちに後藤新平という人物を広めていきたいと考える所以でもあるのだ。

（かとう・たけお／国立公文書館館長）

熊沢蕃山と後藤新平

哲学者 鈴木一策
2013.4

時・所・位《くらい》に応じた実学思想

後藤新平の愛読書のひとつに、江戸初期の思想家・熊沢蕃山（一六一九—一六九一）の『集義和書』がある。後藤は「読書と活社会」という小文に、「我輩の愛読書はたった三つしかない。（…）集義和書と、西国立志編と、徒然草である。（…）集義和書は、熊沢蕃山先生の一代の経済を書いたもので、陽明の倫理説と、蕃山先生一派の経済観とを合したものである。此書は吾輩に、大なる経済観道徳観を与へて居る。」と書いている。蕃山は荻生徂徠[*1]・藤田幽谷[*2]・横井小楠[*3]らに高く評価され、江戸の傑出した思想家であった。

『集義和書』では、蕃山が浪人（牢人）となる前、岡山藩に出仕し治水事業に携わった若き日の体験が語られている。土地の人民も褒めている治水の秘訣は何かとの問いに、「私は治水の術を知らないから腕利きの者に工事を任せただけで、後になって人に問い見習い教えられ少しは功をなすようにもなった」と答えている。そして、「大仕事に当る者は、己を捨てて、例えば山のことは山に暮らす人、川のことは川辺の者に尋ねて談合し、天下の才知を用い衆人がとことん工夫するようにならなければ、

＊1 **荻生徂徠**（1616–1728）江戸中期の儒学者。朱子学を学んで、後に古文辞学を提唱。柳沢吉保・徳川吉宗に重用された。著『弁道』他。
＊2 **藤田幽谷**（1774–1826）江戸後期の儒学者。水戸の商家出身で、水戸学の確立者。彰考館総裁。著に『正名論』。
＊3 **横井小楠**→ 18 頁。

熊沢蕃山（1619-1691）

成功することはできない」と結んでいる（『和書』巻十五）。これぞ、時と所と位《くらい》（身分制の地位ではなく、品格のこと）に応じ、天と地と人に学び調査を徹底しようとする実学思想だ。

台湾民政長官時代の後藤は、蕃山が唱えた時・所・位に応ずる『大学』の道に呼応するように「旧慣調査」に乗り出す。多様で複雑な民族と言語の織り成す台湾の慣習を、京都大学の民法学者岡松参太郎を筆頭に多数の専門学者によって系統的・組織的に調査研究しようというのである。植民地台湾に日本の法律をあてはめることは当然で、現地調査は学者の暇つぶしとする日本の世論を向こうに回しての英断だった。だから後藤は、台湾に日本の法律を当てはめようとすることは、頭の一方についているヒラメの目を鯛の目のように頭の両側につけようとするようなものだと皮肉った。インフラを整備し台湾を近代化させた「科学的政治家」とされる後藤は、蕃山の思想を根源から学び取っていたのだ。

蕃山の思想の根本は、「自治」

徳川幕府は蕃山の根源的な思想に長年怯え、蟄居を命ずるにいたる。蕃山は武士でありながら、幕藩体制の末端の役人の非道を次々と指弾することで、体制そのものを批判した。

例えば、賄賂をとらぬことを自慢する代官は、世間から「清直」と褒められ出世しながら、実は高い年貢を一律に取り立て、村里を荒廃させている。同じ田で米と麦を収穫する二毛作の村里は高い年貢に耐えるので、代官は麦が不作の時にも同じ年貢をかけた。百姓は借金し、借金がかさむと田を手放し乞食のようになってしまった。山が荒れ、土砂の流出により川が浅くなり、水害に悩み始めた為政者たちは山の盗伐を禁止したが、食べ物や薪を得るため、打ち首覚悟で山に入る者が跡を絶たない（『和書』巻十六）。

この人情を深く考慮したものが蕃山の植林の提言だった。その道に精しい者に杉や檜を植えさせ、そうした雑木が多くなれば山々に神気が満ち夕立が起こり干害が少なくなり、山から土砂が流れにくくなって川も深くなり水害を防ぐことができる（『大学或問』）という。逆に、財政の建て直ししか眼中になく、山を荒れるにまかせる国には、神気がうせ、おごりが生じ乱世となるという。「山川《さんせん》は天下の源なり」と常に主張した蕃山の提言はエコロジーというより、民草とともに悶えるなかから出てきたものだ。

仁政の根本を農において、中世の「惣」（郷村の自治組織）の談合を重視し、士農工商の身分制などお構いなく「志を同じくして心を友とする時は、双方の尊卑など忘れる」（『和書』巻八）蕃山の心根は、平等思想の類ではない。人情の機微に触れお世話をするという、いわば自治の思想だった。後藤の自治三訣「人のお世話にならぬよう、人のお世話をするよう、そして報いを求めぬよう」には、蕃山の思想が息づいている。後藤による関東大震災の帝都復興の大事業にモダニズムを、台湾や満州の経営に植民地主義しか見なかった戦後日本は、その根底に蕃山の思想があったことなぞ考える余地さえなかったのだ。

（すずき・いっさく）

〝公〟の人、後藤新平

評論家　**大宅映子**

2007.7

世界にも類のない画期的な都市計画

私が後藤新平に興味を持った最初は、都市計画についてであった。

一九六六年初めての海外旅行をした。ハワイからアメリカを西から東へ、ヨーロッパに渡って、アジアを経由する、ほぼ世界一周の旅であった。

当時、日本の高速道路は第三京浜とワンマン道路しかなく、LAからラスベガスへ真直ぐ続くハイウェイには度肝をぬかれた。NYのわかりやすさや、パリの街並みの美しさに感動した。

アジアに入ると、道幅は狭く、くねくねしていて、ゴチャゴチャ。日本ってこんなじゃないよネ、と夫といいながら、東京に入ると、東京はまさしくゴチャゴチャのアジアそのものだった。

すっきりきれいなのは街じゃない、あのゴチャゴチャこそが人間の営みで、活力だ、と主張する人もいるけれど、あまりのゴチャゴチャには、どうにかならなかったのか、と腹が立つ。高層ビルから東京を見下すと、瓦礫の山だ、地震があったら生き残れまい、と思う。

今まで都市計画を考えた人間は居なかったのか、と憤慨していたら、ある人が、実は関東大震災のあとに、十年から十五年間で四十億かけて環状線をめぐらし公園を配すべし、と主張した政治家がいた、と聞かされた。

後藤新平、といえば大風呂敷、という認識しかなかった私だが、調べてみて驚いた。新平の計画通りに東京が出来上っていたら、世界にも類のない画期的なものであったという。

日本人にもそういう発想が出来る人間がいたのだと嬉しかったが、結局現実としてはつぶされてしまうのか……残念の極みだ。

仕事のために権力を使う人

もう一つは台湾統治での後藤新平だ。中嶋嶺雄先生に誘っていただいて、アジアオープン・フォーラムに参加して、何度か台湾を訪ねるチャンスを得た。もともと日本に好意的な台湾が好きで、その理由は何なのだろう、と思っていたのだが、奇美産業の会社の玄関には後藤新平の胸像が建っていた。オーナーの許文龍さんは、ご自宅に招待して下さって、自身のバイオリンで、日本の唱歌を次から次へと歌声喫茶よろしく、歌うのだ。歌詞カードもちゃんと用意してある。植民地の指導者がここまで愛されるのは、どういうことなのか。

先日、第一回の後藤新平賞の受賞者、李登輝前総統のスピーチを聞いた。総統は、後藤新平との時間的接点は無いけれど、私の台湾の民主化は、後藤新平の築いた礎《いしずえ》の上にある、とおっしゃった。衛生、教育、通信、地方分権、専売法などなど、目先のことではない、百年先を見据えた施策を実施した後藤新平を称えた。彼は私欲のためではなく、仕事のために権力を使った人だ、とも。

私の父が新平のことをどう見ていたのか、と調べてみたが、長い記述は残念ながらなかったが、〝才人で献言癖があり、天才的なアイデアマンであった〟としている。

〝公〟はどこへ行ったのか

私は彼こそ本当の〝公〟に立った人であったと思う。公とは官ではない。

昨今の政治状況をみると、政策論争は即政局にされてしまい、二〇〇六～七年にかけてはすべてが参院選挙に結びつけられてしまう。この矮小化傾向には憤りを通り越して情けないと思う。公はどこへ行ったのか。

発展途上の時代とは違うとはいえ、台湾のあとは満鉄、拓殖大学、NHKラジオからボーイスカウトまで偉大な足跡を残した新平のようなリーダーが〝今〟ほしい、とつくづく思う。

（おおや・えいこ／（公財）大宅壮一文庫理事長）

科学的精緻と宗教的情熱の人

読売新聞特別編集委員　**橋本五郎**

2007.2

「狂瀾怒濤奔逸する現代日本に送る」

今から十年前のことである。東京・世田谷にある馴染みの古本屋で、鶴見祐輔著『後藤新平傳』を見つけた。発行所は太平洋協会出版部。昭和十二年から刊行された大部の『後藤新平』の普及版として、昭和十八年から出されたものだった。店にあったのは「台湾統治篇」の上下と「満州経営篇」上下、そして「国民指導者時代」上下の六冊だったが、一冊が何と五十円。随分得をしたような気分になった。

「装幀　恩地孝四郎」とあるが、手に入れた六冊にはカバーがない。きっと魅力的な作りになっているだろうと残念だが、「台湾統治篇」上に載っている著者による「序」を読んで釘付けになってしまった。

そこには「この一書（『後藤新平』）を、狂瀾怒濤奔逸する現代日本に送り、大東亜戦争完遂の一助に資せんと欲する」という時局的な文章もある。しかし、今なぜ後藤新平の生涯を振り返らなければならないか、その理由を明快に述べ、後藤新平の魅力を余すところなく伝えているのである。

「後藤伯の一生は殆んど、新意新想の連続であり、その生涯は新工夫新事業の累積であつたといふも過言ではない」

「科学者的精緻と、宗教家的情熱こそは後藤新平伯の一生を貫き流れたる情操であつたのである。そしてそれが最も遺憾なく発揮せられたのが、台湾民政長官時代であつた」

冷徹なる科学的思考を持ちながら、溢れるばかりの情熱をもって国民に訴えかけてゆく。それが政治指導者のあるべき姿ではないのか。日頃そう考えている政治記者として、「科学者的精緻」と「宗教的情熱」を合わせ持つことのできた人物がいたという指摘は一種の〝天啓〟のようなものだった。

「倫理としての政治」

後藤新平の名前を最初に深く刻み付けられたのは、大学時代に読んだ丸山眞男「政治学」においてだった。一九四九年に出版された『社会科学入門』（みすず書房）に収められ、政治とは何かを、初めて政治学を学ぶものにとっても実にわかりやすく説明してくれている。

この中で丸山は、政治における三つの側面を、戦後日本の代表的な政治家の言葉を通して鮮やかに浮かび上がらせた。初の平民宰相である原敬[*1]の「政治は力である」という言葉から「権力としての政治」を、床次竹二郎[*2]の「政治は妥協である」から「技術としての政治」を、そして「政治は倫理である」という後藤新平の言葉から「倫理としての政治」を説き起こし、政治の倫理的側面をこう説明している。

なぜ倫理が大切なのか。それは「いかなる万能の政治権力もその前に頭を垂れなければならない客

＊1 **原敬**（1856–1921）政治家。新聞記者・外交官を経て大阪毎日社長。逓相・内相を務め、政友会総裁に。内閣を組織するも、暗殺さる。

＊2 **床次竹二郎**（1866–1935）政治家。原・高橋内閣の内相、岡田内閣の逓相を歴任。政党遍歴や新党結成をくり返した。

観的な倫理価値があり、それを全く無視して存続することは不可能」だからである。「現実の政治は一方の足を権力に、他方の足を倫理に下ろしつつ、その両極の不断の緊張の上に、進展していく」からなのだ。

「政治は人なり」

後藤新平についてはさまざまな光の当て方があろう。私にとっては、政治に不可欠な「倫理」と「科学」と「情熱」を体現する存在ゆえに限りない魅力を感じるのである。そして、後藤新平には「政治は人なり」という思いが常にあったのだろう。だからこそ、ドイツ留学時代に会った鉄血宰相、ビスマルク[*3]の言葉を引きながら、「青年訓」でこう書いたのだろう。深い共感を覚えずにいられない。

ビスマルクはいえり
「一も金、二も金、三も金」と、
予はいわん
「一も人、二も人、三も人」と

（はしもと・ごろう）

*3 **ビスマルク**（1815–1898）ドイツの政治家。軍備拡張を強行し、普墺・普仏戦争に勝ち、71年ドイツを統一し宰相に。

中央に頼らぬ「自治」の精神

静岡県知事　**川勝平太**
2014. 3

李登輝・台湾総統との会談で

『台湾――四百年の歴史と展望』（中公新書）という名著がある。著者は伊藤潔であるが、本名は劉明修、台湾・宜蘭県出身のれっきとした台湾人で、台湾愛国者であり、東京大学で博士論文「台湾統治と阿片問題」をものした立派な学者であった（今は故人）。面識はなかったが、拙著『文明の海洋史観』に感動したとの連絡があり、「李登輝総統（当時）に紹介したい」と言われ、すべての手配を、劉さんがなさり、台湾に同行した。

李登輝総統と総統室で一時間ほど密度の濃い歓談をした。席上、私は「大陸アジア（中国）」とは異なる「海洋アジア（日本・台湾・東南アジア）」の歴史を踏まえた「西太平洋津々浦々連合構想」を話した。李総統は高い関心を示されたが、力説されたのは、後藤新平の台湾への貢献であった。「蒋介石の像の代わりに、後藤新平の像を建てたい」と言われ、返す言葉に躊躇した。というのも、会見は中国流で「コの形」に座り、中央正面に総統と私が並んで語らい、両脇には国民党政府の幹部が縦列に居並んで聞いていたからである。私の懸念を払拭するように、総統は言われた――「彼らには日本語は

＊1　**児玉源太郎**（1852–1906）陸軍軍人。徳山藩出身。陸軍大将。陸軍大学校長・台湾総督・陸相などを経て、日露戦争で満州軍総参謀長。
＊2　**樺山資紀**（1837–1922）軍人・政治家。鹿児島県出身。戊辰戦争で各地を転戦。藩閥政治擁護の立場に立つ。初代台湾総督。

台湾時代（前列左より２人目が後藤）

わからないので、心配ありません！」

後藤新平の台湾への貢献

後藤新平が政治家としての力量を最初に発揮したのは台湾であった。彼は以後、初代満鉄総裁、逓相兼鉄道院総裁、内相、外相、東京市長、内相兼帝都復興院総裁、少年団総裁、拓殖大学学長、東京放送局初代総裁などを歴任した。その原点が、児玉源太郎[*1]が台湾総督として赴任する際、抜擢されて台湾民政局長（のち民政長官）となったときである。

台湾は、日清戦争後、日本の植民地になった。樺山資紀[*2]、桂太郎[*3]、乃木希典[*4]の初期三代総督は、台湾の住民を「土匪《どひ》」「匪徒《ひと》」と呼んで制圧しようとしたが、困難をきわめた。引き継いだ児玉は第四代総督の八年間（一八九八〜一九〇六）に陸相、内相、文相、参謀本部次長、満州軍総参謀長などを兼務したため、「留守総督」といわれた。

丸八年以上にわたり、台湾を実質的に統治したのは

＊3 **桂太郎**（1847–1913）政治家・陸軍大将。長州藩出身。陸軍建設に尽力。三度組閣し、日英同盟締結・日露戦争・韓国併合などに当る。
＊4 **乃木希典**（1849–1912）陸軍軍人。大将。長州の人。日清戦争に従軍。日露戦争では第三軍司令官で旅順を攻略。大葬の日夫妻で殉死。

後藤新平その人である。その統治法は「生物学的植民地経営」として知られる。医者の経験を生かし、台湾という「病人」を科学的に分析し、土地・戸籍・慣習など現地の徹底調査、治療法「治台三策」を定め、新渡戸稲造などの逸材を招き、財政を独立させ、インフラを整備し、台湾銀行を設立し、製糖業を振興し、本国日本に対して輸出超過になるまで経済を発展させた。台湾は後藤新平の統治で自治自立できる存在にまでなった。

「富士の国」の自治をめざして

後藤新平は勲一等伯爵になり位人臣を極めたが、自ら栄達を望むような野卑なところはまったくなかった。後藤新平の「自治三訣」にいう——

人のお世話にならぬよう
人のお世話をするよう
そしてむくいを求めぬよう

また、ボーイスカウト[*5]への遺言——

金を残して死ぬ者は下
仕事を残して死ぬ者は中
人を残して死ぬ者は上

後藤新平の人生哲学は生涯一貫している。今の日本に求められているのは、ビジョンと実行力を備えた後藤新平のような大政治家であろう。だが、それにもまして、世のため人のために尽くす後藤新

＊5 **ボーイスカウト**　1908年英国のベーデン=パウエルが少年の心身鍛練を目的に創立した団体。1922年、日本でも創設された。

平のごとき倫理規範、器量、品格における最高の人ではないか。静岡県を知事として預かる私は後藤新平の「自治三訣」の精神を引き継ぎ「公人三則」を定め、実行している――

来る者は拒まず
助力は惜しまず
見返りは求めず

台湾の自治の基盤を整え、輝かしい仕事をした後藤新平の遥か後塵を拝し、小県ながらも、東京に頼らない「富士の国（静岡県）」の自立をめざしての姿勢である。

（かわかつ・へいた）

「本能」としての自治

津田塾大学教授・疫学　**三砂ちづる**
2009.6

本能は楽しい

後藤新平は、「自治は本能である」という。後藤の「自治生活の新精神」[*1]という文章はまさに、「人間には自治の本能がある」から始まっている。自治とは、自らの生命をまもろうとするすべての生物

＊1 **「自治生活の新精神」** 1919年刊。自治は国家の有機的組織の根本原則で、国家憲政の建立は健全な自治生活を基礎とすべきと説く。

に共通する生存本能と言うべきものから発する意識であり、だからこそ人間は集団を作り、社会を作って相互の生存をまもる。そういう人間が作る共同体は、よって、「自律的」なものであるはずである。共同体は「自律的」であるべきで、その「手段」として自治がある、というのではない。自治は本能であり、自律的な共同体が本能の自然な帰結なのである。

何が、人間にとって本能か。それを論じることはこの近代社会にあって、たいへん難しい。「女性にとって母性は本能ではない」と言う議論も、ずいぶん長いこととされている。本当に、母性が本能か、あるいは、社会的に女性におしつけられた次世代を育てるための「手段」か、答えを出すことはとても難しく、その方法論だけでもっと長く議論しなければならないだろう。時間がかかりすぎる。次々と育てるべき子どもは生まれてくるというのに。そうならば、とりあえず、「本人が本能と思うか思わないか、どちらのほうが本人も子どもも、ご機嫌よく、にこにこと暮らせる可能性があるか」を基準に考えてみるのはどうか、と思う。きちんと議論している方には、叱られそうではあるが。母性が本能ではない、と思えば、母たる役割を誰が担うのか、と言う「手段」の議論になるが、それは本人にも、ましてや育てられる子どもには、気分のいい話であるはずがない。あなたが子どもなら、「自分を育てることが手段、と思われている」ということはうれしいことだろうか？　私が子どもなら、母がただ、「本能的に子どもってかわいい」と自律的に思いながら育ててくれるほうがうれしい。そのほうが楽しい。

気持のよい共同体

自治も、同じことではないだろうか。自治が本能ではないのなら、自治を共同体創生の「手段」として、役割を分担し、仕事、として進めねばならぬ。本能だ、というのならば、本来楽しいことであるはずだから、楽しいと思う人たちが集まって、好きなようにすればするほど、その集団は自律的に動く。

自律的な共同体とは何か。おそらくは、自らの利益と公共の福利というものが、ほぼ同じようにたちあがってくる場所のことだろう。簡単に言えば、「自分は好きなようにとても気持ちよく動いているのだけれど、自分がそのように自然にしていることが、また、自分と場を共有している人にとって心地よく感じられている。またその人たち一人ひとりも自分自身がいい状態である」ということだろう。

そんな共同体はあるのか、といわれるだろう。そんなものはあるはずがない、と思う人たちは、それこそただの「大風呂敷」である、とまともにとりあわないだろう。しかし少なくとも、そのように信じている、おそらくは大変に明るい人であった後藤新平、と言う人のまわりは、きっと心地よい、気持ちのよい空間だったのではないか。まちがっているかもしれない。しかし、そんなに大きく外れてはいない、と思う。なぜなら、すべての卓越した仕事の核には、かならずやそういう「気持ちのよい小さな共同体」があるからである。おそらくは、衛生局でも、台湾民政局でも、満鉄でも、東京市のオフィスでも、後藤のまわりは闊達で、生き生きと動いていたことだろう。彼自身が、自治は本能だ、と信じていたからである。信じるほうが、おそらく、楽しかったから、である。あらためて、信じてみようではないか、と思う。自治は本能である、と。

（みさご・ちづる）

「生活」こそすべての基本

生命誌研究者　**中村桂子**

2013. 12

社会づくりの基盤は公衆衛生と教育

一九八〇年代、たまたまアフリカで仕事をする機会を得た。「熱帯農業研究所」の理事として八年間、年に二回ナイジェリアを訪れたのである。

空腹の子どもには食べ物を送りたくなるが、自律性を尊重するなら農業技術の改善をするべきだと考えての活動である。とても困難だが楽しい仕事だった。しかし、アフリカの日常に接しているうちに、よりよい暮らしに向けてのお手伝いは、公衆衛生（public health）と人を育てること（education）に尽きると思うようになった。人間、食べるためにはなんとか努力するが、公衆衛生や教育にはなかなか眼が向かない。実はこの二つこそが社会づくりの基盤であり、ここに集中したお手伝いが生活改善の鍵だと強く思ったのである。

ここで後藤新平である。後藤を象徴する言葉は「衛生」と「自治」。まさに核心をついている。衛生は生を衛《まも》ることであり生活の基本である。そしてすべての人が関わる公共である。自治は本能であり、共同体は本来自律的なものである。これが後藤の考えだ。私はこれを「人間が生きものとしての生きる力によって自律的に生きていくこと」の重要性の指摘と受けとめる。このリレー連載でも、多くの方が「衛生」と「自治」を後藤新平の基本としてとりあげているが、その関心は主として、この考え方を基本に何をしたかに向けられている。医療・交通・通信・都市計画・外交……多くの分野での活躍の根っこに「衛生」、「自治」があると指摘しているのである。もちろんそれは重要である。

後藤の自治の思想とは

しかし、「今、なぜ後藤新平か」を問うなら、本当に大事なのは行動以前の後藤の考え方そのものをもっとていねいに見ることなのではないだろうか。なぜそのように考えたのか、具体的には何を重視しているのかという問題である。後藤は、自分が生きた時代を「世界人類の歴史があって以来、今日のように、文明の急激な転換期に遭遇したことはない」と捉え、「最も自然な最も健全な新しい文明を創ろう」としたのだ。そして、そのためには「何よりもまず、世界人類の生活的自覚が必要」と言っているのである。転換期の文明創造という大きな課題を意識しながら、そのためには一人一人の人間がどのような自覚をもち、どう暮らすかが基本だと言っているのだ。

「自治」について語る文の標題は、「自治生活の新精神」[*1]であり、どのページにも「生活」という言

＊1「**自治生活の新精神**」→ 73 頁。

葉が頻出する。男性、しかも明治時代の日本男性で、生活に根を置いて考える人がいることにまず驚く。「生活」など女・子供の関わることとされていたであろう中での、この発想はすごい。私は現在を「文明の転換期」と考え、「自然で健全な文明を創りたい」と思っているので、そのために考えるべき個所に印をつけていったら印だらけになってしまった。

あたりまえを見直す

後藤の考えを追おう。人間は自己の生活を向上させる権利があるが、単独で生存できる人はいない。そこで、自己の利益と社会の利益とが一致するような組織をつくり、生活を公共的に広げるのが政治(含む地方自治)の役割である。自治は人類の本能であるのに、現代は生活を官治に委ねる傾向があり、生活の向上に関して世界共通の煩悶に陥っている。更なる向上には、自治生活の新精神が必要である。

ここで言われているのはあたりまえのことばかりだが、実は、これほど難しいことはないとも言える。もう一度あたりまえを見つめ直すことが今最も必要とされているのだ。後藤は、「最も多くを期待するのは、一日の仕事を終えた夕方皆が集まって放論談笑の間に、各自の生活や気分を相互に理解し合うこと」と言っている。

(なかむら・けいこ/JT生命誌研究館館長)

東京の未来と後藤新平

元・NIRA理事長・国土事務次官　**下河辺　淳**

2007.4

後藤新平は私にとって偉大な人間として見えてきます。私は何かあるといつでも後藤新平に尋ねることにしています。こんなとき後藤新平ならどのように考えるのか、どのように受け取るのか、どのように行動するのかと考えます。

二十世紀の産業革命を受けて、人々は皆狭い分野の専門家になり、社会的貢献をしてきました。全人間的な思慮には欠けていました。

後藤新平には専門はありません。台湾や満洲で活動しても、台湾や満洲の専門家ではありません。まして鉄道、通信などの専門家でもありません。震災復興の専門家でもありません。そして、それらの課題に取り組んでも、政治家や行政官ではありません。

明治維新で江戸が東京になりましたが、江戸と東京は水と油でしかありません。徳川時代に成立した江戸に、明治維新により新しい日本の首都が置かれ、京都から天皇及び公家一族全てが移り住みました。

東京を占居して新日本を創立したのは、薩長土肥のエリート達であり、彼らは徳川時代のエリートとは戦の仲でありました。

後藤新平はこのような江戸から東京への展開を受けて、ノマドなエリート達の活動とその意義を知っていました。

二十世紀から二十一世紀への新たな展開について考えなければならない我々にとって、十九世紀から二十世紀への展開について述べている後藤新平の発言から学ぶことがたくさんあります。後藤新平をあらためて研究してみる意義は極めて大きいと思います。

民族も異なり、宗教も異なり、思想も異なる人々が居住する都市を考える時代になってきましたが、中でも東京とは何かを考えなければなりません。

東京は日本の首都であり、全国の中心的役割を果たしており、全国から青年たちが東京を目指して集合してきました。たまたま高進学率の時代に入り、高等教育を受ける若者が東京に集中してきました。

しかし今日では、首都移転から大学移転まで地方分散が課題となり、特に科学技術の研究実験は地方分散型になりました。

東京は首都でもなく、教育の場でもなく、大企業の本社機能のビジネスセンターでもなく、むしろ世界的な文化交流の都市として評価される時代が来たように思います。

このような時代に後藤新平がいたら、どのように評価し行動を起こしたでしょうか。

あらためて藤原書店の「後藤新平」の仕事に感動しています。未来の日本の創造は後藤新平論から始まるといってよいと思います。


（しもこうべ・あつし）

後藤新平の自治論と都市論

明治大学大学院教授
青山 佾
2010. 2

真の「自治」とは何か

「自治は市民の中にある」――真の自治とは、どこかから何かをもってくるのではなく、自分たちのことは自分たちで決めて実行することだ、という当たり前のことを、後藤新平は九〇年も前、東京市長のとき、宣言した。小気味のいい言葉である。

のちに孫である鶴見和子が社会学者の立場から内発的発展論を唱えたのも、全国一律の政策でなくその地域ならではの特性を伸ばしていくことこそ発展をもたらすという確信からであった。

これは私たちの人生にも通じる考え方である。他人の意見を聞くだけでなく自分の内心に繰り返し問うてみることによって初めて悔いのない判断をすることができる。自己の生活実感、仕事実感にこそ真理があることに気がつくと、ずいぶんと精神が自由になる。

後藤の都市計画と復興計画

後藤は大正九（一九二〇）年十二月に東京市長に就任した後、「東京市政要綱」を発表する。内容は、道路・ごみ・し尿・福祉・教育・上下水道・住宅・電気ガス・港湾・河川・公園・葬祭場・市場・公会堂など、市政全般にわたる。計画期間は「十年ないし十五年」、財政規模は八億円で、当時の東京市の予算が一億三千万円程度にすぎなかったので、「後藤の大風呂敷」と言われた。

この計画が実現されないうちに、後藤は大正十二(一九二三)年四月、社会主義国ソ連との交渉のため市長を辞任する。そして九月一日、後藤は山本権兵衛内閣で外務大臣に就任するはずだった。そこに関東大震災が発生して、震災復興を担う内務大臣に就任した。親任式のあと後藤は「遷都はしない。復興費用は三十億円。最新の都市計画を採用し、新都を建設する。地主には断固たる態度で臨む」とメモに書いた。

九月六日の閣議で早速、「東京は日本の首都であり国家政治の中心、国民文化の根源である。その復興は日本の発展、国民生活の根本問題だ。理想的な都市を建設するには絶好の機会だ」として「帝都復興の議」を提案した。

そして「日本には地震は何度もくる。今後、大きな被害を出さないため、公園と道路をつくれ」と主張し、東京市長時代の八億円プランを下敷きとする帝都復興計画を作成した。

後藤の復興計画は大幅に縮小され、予算も十分の一に削られたが、東京は復興し一挙に膨張して大東京が成立した。

未完の環状道路整備

このときの後藤の都市論で注目すべきは、環状一号線から環状八号線に至る環状の道路構造計画だ。

右から井上（蔵相）、後藤（内相）、財部（海相）、田中（陸相）、牧野（宮内）、犬養（逓信・文相兼任）、田（農商務・司法相兼任）、山之内（鉄相）。（国立公文書館の特殊保存第七類 災害関係一の「関東大震火災関係書類」no.19）

世界の大都市では、中国の諸都市やマンハッタン、あるいは京都に見られるように、格子状の道路構造が主流であった。

荷車や徒歩の人はともかく、自動車にとっては、格子状の道路構造は交差点でいちいち信号ストップして効率が悪い。格子状道路と立体交差してスムーズに走れる環状道路が効率的だ。北京はオリンピック開催を機に数本の立体環状道路をつくり、交通混雑に対応した。

後藤はあたかも、工業化時代のあとには情報化時代が到来し、人と物の流通が飛躍的に増大することを見越していたかのようだ。都市の構造は道路計画で決まる。後藤の計画は幾何学的にも美しく、環状メガロポリス構想ともいうべきものである。

後藤の先駆性はこの時代には理解されなかった。伊藤博文[*2]は「生まれるのが早すぎた」と評した。優れた自治論、都市論をもつ後藤が首相として腕をふるうことがなかったのは残念だが、今日の東京は後藤新平がつくった。

問題は、九十年前につくった後藤の計画のうち、私たちが完成させたのはまだ環七、環八の二本だけ、ということであ

＊2 **伊藤博文**→ 38 頁。

る。環状道路を完成して初めて東京は二十一世紀都市となる。

（あおやま・やすし）

細部に宿る後藤新平の精神

青山学院大学教授　**鈴木博之**

2010.3

細部に宿る後藤の精神

後藤新平の仕事のうち、震災復興に関するものはその中核のひとつといってよいであろう。「大風呂敷」といわれ、それでも現在の東京の骨格を作り上げたと評される。南北に延びる「昭和通り」と東西に延びる「靖国通り」[*1]は、古代ローマの都市の骨格として建設された、南北軸の「カルド」と東西軸である「デクマヌス」を、東京に与えるものであったと見ることもできる。規模縮小を余儀なくされたにせよ、このときの東京の道路網が、現在も機能しつづけている。

しかしながら東京を改造したこの大事業は、それまでの近世的な情緒をとどめたこの都市から、江戸的要素をぬぐい去ってしまったとも批判される。ちょうどパリの大改造を行ったオスマン男爵が、パリから中世的な要素を消し去ってしまったように。けれどもこの見方は一面的なのかもしれないと、

＊1 **昭和通り・靖国通り**→ 135 頁。

絵葉書「大東京の十六大橋」

最近考えた。それは来日した都市史の大家フランソワーズ・ショエさんと話をしていたときだった。彼女はオスマンはパリの歴史性に敬意を払っていたというのだ。それは都市の結節点に歴史遺産をハイライトのように据えたという計画手法に現れている、と。後藤新平にとって、皇居外苑前の日比谷通り周辺の整備などは、江戸から東京への変化の願いを込めたものだったかもしれない。

けれども、都市はひとりで造れるものではない。多くの才能を結集してはじめて、都市は生まれるのである。復興計画の実現のためには、様々な人びとが集められた。彼自身、「金を残して死ぬのは下、仕事を残して死ぬのは中、人を残して死ぬのは上」といった意味のことを言い残している。

土木技師の直木倫太郎、建築構造学者の

佐野利器[*2]、さらには建築設計者である山口文象や山田守といったひとびとが、都市の骨格から細部にいたるまで、さまざまな部分を作り上げていった。そこに、おそらくは何らかのかたちで後藤新平の精神が宿ったに違いない。

聖橋の未来派的造形

ここから話は突然、ささやかなものになる。しかしながら鮮明なものにもなるように思う。それは復興計画の精神が現れる現場だ。具体的にいうなら、山田守が設計した、お茶の水の聖橋《ひじりばし》のすがたである。放物線を多用した、東京の真ん中に架けられたコンクリート・アーチ橋である。わたくしは聖橋を見るたびに、復興計画の精神がもっていた夢と希望と未来への信頼がそこに込められているように思ったのだった。あるいは隅田川に架けられた多くの鉄橋を思い浮かべても良かったのかもしれない。しかしながら東京の西北部に住むわたくしにとって、隅田川は意外に遠い世界だった。隅田川に架けられた橋梁群を意識するようになるのはずっと後のことだ。

聖橋が目に入ったのは、偶然なのだろう。しかしそれでも聖橋は輝いて見えた。お茶の水駅の脇に高々と架かる聖橋は特別な存在のように見えた。調べてみるとこの時期、後藤新平は「水道橋から後楽園方面に坂をおりて、秋葉原に向かって坂を上る途中、昭和第一高校の前の公園」の場所に屋敷を構えていたという。ならば、聖橋は毎日見る存在だったはずではないか。設計した山田守もそれを意識して、全力を尽くしてデザインしたのではなかったか。そこに、わたくしは後藤新平の精神の細部の輝きを感じる。こうした細部があってこそ、都市の骨格に命が宿るのであろうと。

*2 **佐野利器**→ 150 頁。

だがいま、聖橋は改修されて伝統的な組積造アーチ風にされてしまっている。未来派的な造形は失われてしまった。後藤新平の精神の継承はそれほど、難しいことなのかもしれない。

（すずき・ひろゆき／故人）

後藤の複眼的「ものの見方」

建築史家、名古屋大学環境学研究科准教授　**西澤泰彦**

2010.7

後藤の複眼的思考

私が感じる後藤新平の魅力は、彼が絶えず複眼的にものごとを考え、見ていたことだ。それは、彼が医者でありながら行政官となったことや、今も昔も日本の行政官には知識の総合性が求められることに起因するものであろう。

後藤が持っていた複眼的視点の一つを示してみよう。先日刊行された『都市デザイン』（藤原書店）にも記したが、満鉄創業時における鉄道附属地[*1]での都市建設にそれが表れている。奉天や長春などの鉄道附属地における都市建設では、格子状を基本とした街路をつくり、その要所に円形広場を配し、駅や広場を広幅員街路で結ぶという方法がとられた。それは、列強が東アジアに建設した都市に対抗

＊1 **鉄道附属地**　日露戦争の結果、日本が獲得した中国東北部の鉄道沿線地域。満鉄が行政権を持った。

するだけでなく、ロンドン、パリ、ベルリンといった欧州の都市に伍する都市を造ることを念頭に置いたものだった。したがって、満鉄の土木技師たちが、東京の市区改正計画を参考にして計画した幹線街路の幅員をさらに広げさせ、その重要性を技師たちに認識させるため、土木課長であった加藤与之吉を欧州に派遣して、実態を視察させた。

ところが、同時に、後藤は鉄道附属地の経済的繁栄には、隣接する中国の都市との経済活動での連携が必要なことを理解していた。そのため、加藤が全面的に反対していた中国式荷馬車の鉄道附属地内での通行を部分的に認めさせた。

すなわち、後藤は、大連に居て、左目でロンドン、パリ、ベルリンといった欧州の大都市を見ながら、右目で奉天、長春など中国東北地方の都市を見ていた。ここで重要なのは、後藤が日本を振り返っていないことである。

「満鉄建築」の源

その後藤と同じ視野を持っていた人物の集団が、満鉄の建築組織だった。その総帥だった小野木孝治は、一九〇二年から満鉄創業時まで台湾総督府に所属した建築家であり、後藤の台湾総督府から満鉄への異動に合わせるかのように、満鉄に入社した人物であった。後藤と満鉄土木課の技師たちによって造られた鉄道附属地に建てられる公的施設や社宅の設計を担ったのが、小野木を筆頭とした満鉄本社建築係（建築課）であった。彼らは、煉瓦造の洋風建築であり、用途・機能や設備のことも含めて先進性のある建物を次々と設計していった。それらを「満鉄建築」と呼ぶが、それらは、満鉄沿線に

1916 年頃の奉天鉄道附属地。正面は奉天駅（1910 年竣工）。中央は後藤の指示によって幅 20 間となった瀋陽大街（『南満洲写真帳』1917 年）。

住む日本人に高水準の生活を保障しながら、隣接して住む中国人に対して支配者としての威厳を示すものであった。「満鉄建築」の源は、小野木たちが大連に居て身近に見ることのできた中国各地の列強支配地での建築であり、それを通して吸収した欧米の先進的な建築の情報であった。また、奉天などに建つ建物との比較において、支配者としての威厳を確保しようとした。奉天駅はその代表例であった。

私は、三〇年前、小野木のように母国ではない土地に拠点を置いて活動した建築家のことを「海を渡った建築家」と命名したが、彼らが海を渡ったところで見たものは、日本国内では見ることのできなかった先進的な建築、あるいは質の高い建築であり、また、中国の伝統的な建築であった。言い換えれば、小野木たちは海を渡った結果、さらにその向こうに広がっていた世界を見た。彼らは、大連に居て、左目でハルビン、天津、青島、上海など中国の都市に建つ先進的な建築を見ながら、それらの源となった欧州の先進的で質の高い建築をその先に見通し、右目で奉天や長春など中国東北地方の都市に建つ建物を見ていた。後藤が示した複眼的な「ものの見方」なくして、満鉄の造った都市と建築は語れない。

（にしざわ・やすひこ／名古屋大学環境学研究科教授）

文明の素養をもった政治家

武蔵野美術大学教授
松葉一清
2012.8

文化都市パリを甦らせた政策

一九八一年にフランス大統領に就任したフランソワ・ミッテランは、押し寄せる米国文化のあおりを受け、世界の文化首都から転落しかかっていたパリを、文化施設整備の都市政策「グラン・プロジェ」によって甦らせた。目標に据えたのは一九八九年の「フランス革命二百年」。この年の七月十四日、パリ祭に居合わせたわたしは、街頭を埋めつくす市民の熱気に酔った。秀逸な都市政策がひとをいかに昂揚させ、結束させるかという証を目の当たりにしたからである。

「ルーブル美術館」をガラスのピラミッドで一新し、閉鎖されていた鉄道駅を印象派のための「オルセー美術館」に仕立て直すなど、十指にあまる文化施設の再生・新築が、パリを世界の文化人の関心の中心に押し戻した。二〇一二年の夏もパリ祭の現場にいたが、四半世紀近くを経ても、ミッテランのパリは維持され、文化施設は大賑わいだった。

革命二百年のパリ祭の日、バブル真っ只中の日本を思いながら、わたしは嘆いていた。日本には都市と建築、つまり文明に対しての歴史的素養と現代感覚を併せ持った政治家はいないのかと。そして、その嘆息は、海外で際立った都市政策の現場に出くわすたびに胸中から発せられ、後藤新平の存在まで遡って、しばし憂いが解けるということを繰り返してきた。やれば出来るのではないか、日本の政治家も。そういう政治家を日本の土壌でも育てることは可能なのではないかと。

後藤を育てた明治の指導者たち

東北に生まれた後藤が、多くの明治の指導者層の「意図」のもとに育っていった軌跡をたどると、ひとりの前途有為の人材をまるでリレーでもするかのように育成した「集団意志」に驚嘆させられる。ミュンヘンでの医学博士号取得、台湾で公衆衛生に目覚めさせ、満州で都市造営・運営の実地経験を積ませ……。どうみても不作為とは思えない綿密なプログラムのもとで、後藤はやがて自ら東京市長となる道を選択、力量をたのまれて帝都復興院総裁となった。

明治の開国と迫り来る欧米列強への危機感がそうさせたのだろうか。児玉源太郎にしても、必ずしもフランス流の「ノブレス・オブリージュ」が身につく出自ではなかったが、後藤を抜擢起用して都市と建築に造詣の深い不世出の政治家に育て上げた。それはやはり明治という時代が持っていた国家意識や国家のための人材のあり方などの「見識」が、後藤の一身に注がれた結果と見なせよう。

後藤を信頼した市民

ヨーロッパなら次代を担う上級階層の子弟が「グランドツアー」と称して、ローマに滞在して、文明とはなんたるかを学ぶ社会的習慣がある。そんな用意のない明治の日本は、国家とその担い手たちが、後藤を留学させ、外地で指導者として経験を積ませて「都市と建築の素養を誇る政治家」をつくり上げた。

その人的投資が、関東大震災の復興事業で見事に役に立った。そして、もうひとつすばらしいことは、その後藤に対して市民もまた「都市と建築のエキスパート」として敬愛の念を抱いていたことだ。添田さつき[*1]の演歌「復興節」の次の歌詞を口ずさむ度に、わたしは戦前という時代のある種の「行儀のよさ」を再認識する。それぞれの階層が相互信頼のもとに全力を発揮し得た社会こそが、後藤の指導の下に関東大震災からの復興をなし遂げた原動力だった。

銀座街頭　泥の海
種を蒔こうといふたも夢よ　アラマ　オヤマ
帝都復興善後策
路もよくなろ街もよくなろ電車も安くなろ
新平さんに頼めば　エーゾエーゾ

（まつば・かずきよ）

＊1 **添田さつき（知道）**（1902–1980）演歌師・作詞家・小説家。著書に『演歌の明治大正史』『香具師の生活』など。

世界認識

国際関係の先駆者、後藤新平

首都大学東京学長　**西澤潤一**
2006.3

台湾からの墓参り

中国の一貫した日本の残虐行為が異常に多かったとする主張、そして韓国のそれに頭を痛める中で、台湾からの岩手県水沢市（現・奥州市）にある後藤新平のお墓参り団の来訪は、全く心暖まるお話である。

そして、旅順にも似た話がある。旅順港を望む古戦場の砲台群を背に海岸に向かって緩やかな傾斜が海岸に接するあたりに、丸く大きくコンクリートフェンスに囲まれた世界平和大公園なる建築があった。そのフェンスの上には世界の国々の指導者五十人余の銅像が建っていた。そのほぼ中央には何と今上天皇の像が飾られていたのだ。これには驚いた。「もし天皇がこの地を訪問したいと言われたらあなた方どうしますか」と聞いたら、全く一瞬のおくれもない、予想以上の返事「いやそれはいい考えです。是非お願いします。」が返ってきた。ドームの室内には、ほぼ中央にセロを弾く天皇とハープを奏する皇后の像が油彩で描かれていた。

「文装的武備」

台湾の民政局長に任ぜられた後藤新平は、湿地を干拓し風土病を絶滅させ、砂糖黍《きび》の栽培を奨励して農業収入を挙げさせ、結果として、中国本土の中国人に「化外の民」と蔑視されていた台湾住民は、経済的にも遥かに優位に立つこととなった。日本本土と同じ教育施策は文盲の民をなくし、すべての台湾人が字が読め数を算えることが出来るようになったのである。その結果、第二次世界大戦後の中国への返還を潔しとしない島民や、禁止された日本語を使いつづけて斬首された高砂族[*1]酋長が居たことなど、悲しくなるような色々の実話があった。

大連にも似たことが多くあったと聞いているが、いずれも後藤新平が、民政局長あるいは満鉄総裁として働いたところで、民生レベルの向上や該地の文化の尊重に大きな貢献のあったところである。

かつて大連の星ヶ浦公園に立っていた
後藤新平像

もし、一桁上のこういう考えを持った人がいたとしたら、今日の中国や韓国との国際関係は全く違ったものになっていたのではなかったろうか。

「王道楽土」の実現

一部の人はこれを以てか、侵略主義の手先と呼ぶ人がいる。しかし、このような場合に本質

＊1 **高砂族**　台湾の原住の民族に対する日本統治時代の呼称。1930年霧社地区の高砂族が抗日蜂起し、軍隊が出動した霧社事件が起こる。

的侵略主義などと言われる理由は全くない。当時理想とされた王道楽土を現実としたと言ってよさそうである。

この後藤新平の土地の人々に対する愛情と文化の尊重は、元の宗主国のそれと比較しても多くなったと言われても少なくなったと言われることはあるまい。それを、敢えて侵略主義の手先などと言うのは、その批評家の心の中が対外関係を侵略という観念で捉えることしか出来ないという偏狭さに占められていることを示すことになるのではないか。批評とは、他を自らの心の鏡に映してみせることだと考えている。このような自分勝手で浅薄な批評をする人間の心は、自分勝手で浅薄であることを示していると言われても致し方あるまい。

「和の哲学」の発信

今、日本は新しい国際関係を建てることを求められている。このままゆけば、日本は東洋鬼としての汚名を冠りつづけることになるであろう。後藤新平は、百年以上前から大変な先見の明を以て、あるべき海外政策を樹立し実践して来たことになるのではないだろうか。まさに新しい国際関係の先覚者だった訳で、教えを受けた新渡戸稲造が、国際連盟が設立された際に功績者の一人となったのもむべなる哉と言うべきではないか。

そして、イラク問題に象徴される国際関係を見るにつけ、後藤新平によって実施された、相手のことをよく理解して方針を決めて勇敢に実行する、同じ岩手出身の宮沢賢治の文学によっても象徴されるような「和の哲学」は、北アジアに独特のものであり、第三の文明として世界に向けて発信すべき

＊2 **新渡戸稲造**→ 151 頁。

ものだと考える。

（にしざわ・じゅんいち／東北大学名誉教授）

〝国際開発学の父〟としての後藤新平

拓殖大学総長　**渡辺利夫**
2006. 12

武断型統治とは一線を画す経営思想

樺山資紀《すけのり》*1、桂太郎*2、乃木希典《まれすけ》*3の台湾統治初期三代の最大の課題は、住民の抵抗を抑え込んで台湾の治安をいかに図るかにあった。「武断政治」の時期である。にもかかわらず統治に難渋するこの地をもてあまし、台湾売却論*4が日本国内で論じられたほどであった。「土匪《どひ》」を鎮圧する武断の時期を経て、着実な植民地経営が始まったのは、第四代総督として陸軍中将児玉源太郎*5が一八九八年に着任して以降のことであった。

総督を補佐する民政部門の最高長官が後藤新平であった。後藤は一九〇六年に満鉄総裁として転出するまでの十年近く、効率的な台湾経営を求めてその辣腕をふるった。後藤の台湾経営の哲学は「生物学的植民地論」として知られる。個々の生物の生育にはそれぞれ固有の生態的条件が必要であるか

＊1　**樺山資紀**→ 70 頁。
＊2　**桂太郎**→ 71 頁。
＊3　**乃木希典**→ 71 頁。
＊4　**台湾売却論**　台湾統治の至難さから、朝野の間に「フランスに一億円で台湾を売り渡すべし」との論あり。児玉・後藤赴任の頃である。

ら、一国の生物をそのまま他国に移植しようとしてもうまくいかない。移植のためには、その地のことを徹底的に調べ上げ、その地の生態に見合うよう改良を加えなければならない。本国日本の慣行、組織、制度を台湾のそれに適応するよう工夫しながら彼の地の経営がなされるべきだ、概略そういう主旨である。武断型統治とは一線を画する経営思想であった。

近代的にして本格的な基礎調査と多様な社会間接資本の整備

後藤の刮目すべき成果は、日本の統治以前、清国の統治下で初代巡撫（知事）を勤めた劉銘伝《りゅうめいでん》*6によって試みられ未完に終わっていた土地・人口調査事業の完遂であった。後藤はこの事業をもって経営さるべく託された台湾の現状を徹底的に調べ尽くした。土地調査事業の着手は一八九八年九月であり、後藤の着任後わずか半年後のことであった。調査を通じて全土の耕地面積・地形が確定され、地租徴収の基盤が整えられた。

土地調査事業につづいて林野調査事業を開始し、山林の面積・地形、ならびにその所有関係を確定した。一九〇三年には「戸籍調査令」を発令し、これにもとづき人口調査を行った。台湾の歴史に例をみない近代的にして本格的な調査事業であった。

台湾銀行の設立は、後藤の着任の翌一八九九年のことであり、台湾銀行券の発行が開始されたのは一九〇四年であった。これにより台湾の貨幣が統一され、社会間接資本の建設に要する資金が同銀行の事業公債により調達された。土地・林野・人口などの基礎調査事業と並行して、多様な社会間接資本が整備されたのである。

＊5　**児玉源太郎**→ 70 頁。

＊6　**劉銘伝**（1836–1896）台湾巡撫。清朝は 1875 年、福建巡撫の当人を台湾統治に用いた。しかし諸施策に対し、島民の反抗を受け難行した。

国際開発学の父、後藤新平

台湾の社会間接資本は往時の他の植民地に類例をみない充実ぶりであったが、ほとんどが後藤の時代に着手されたものであった。列記すれば、基隆《キールン》から高雄《カオシュン》にいたる縦貫鉄道[*7]の建設、この鉄道の起点に位置する基隆・高雄港の拡充、さらに縦貫鉄道に連結する道路の建設・拡充を通じての陸上・海上運輸能力強化、飛行場建設などであった。電話網の密度は当時の日本のそれに比べても遜色ないものであった。

後藤の「生物学的植民地論」とは、現代開発論の用語法にこれを翻案すれば「適正技術移転論」であり、土地・人口調査事業とは「開発初期条件」調査に他ならない。そのいずれを欠いても開発途上国の経済近代化は始動しない。それゆえ私は、後藤を日本における〝国際開発学の父〟として位置づけているのである。

（わたなべ・としお）

＊7 **縦貫鉄道**　台湾統治の鍵となる事業。1899年後藤は鉄道部長に。実務を谷川謹介に任せ、臨時軍事費からも支出。1908年に正式に開通。

後藤新平の衛生国家思想

岡山大学教授・日本近代史　**姜克實**
2010. 12

衛生は行政全体である

近代の日本で、最初に社会政策の設計図を引いたのが、後藤新平であったことは、今広く知られる。しかし、なぜ衛生官僚だった後藤が社会政策に興味を示したか、それを支えた代表作『国家衛生原理』[*1]（一八八九）とは一体どんな思想なのか。

後藤の国家衛生思想には、

一、衛生は国家行政の中心であるという「広義衛生」の思想
二、衛生の目的は人間の「生理的円満」の達成という人生幸福論、
三、行政の調節機能を重視する国家有機体論

という三つの特徴があると指摘される。

「広義衛生」思想の源流は、名古屋時代の読書や、外国人教師のローレッツの影響によって形成された、ドイツ流のザニテーツ・ポリツァイ（＝**衛生行政**の意）概念理解にあった。衛生は行政全体であり、衛生は国家そのものである、という。この新鮮な概念に啓発され、医師だった若き後藤は初めて医事・

＊1**『国家衛生原理』**　1889年刊。後藤の人生観・科学的世界観・国家観の基調を表現。生物学的進化論を社会に適用した重要な論著。

医療という限定された領域を突破し、国家・国政全体の範囲で衛生を見渡すようになり、後さらにL・v・シュタインの「広義衛生」思想による醇化をへて、衛生中心の国家論を生み出すにいたる。

これまで、後藤が用いた「衛生警察《ポリツァイ》」という言葉は、研究者の間で多くの誤解を招いたが、その真意は、ドイツ流の解釈にある、衛生のための行政《ポリツァイ》であった。

「生理的円満」の達成

また後藤が衛生国家論の中核に据えた原理は、ドイツ人医学者パッペンハイムの「生理的円満」の理解である。衛生と国家は人生の幸福（＝生理的円満）のための道具だ、という。後藤にとって、国家は結局人間の生理的円満を実現させるための「衛生的団体」に過ぎず、国政、衛生制度の良否の判断も、人間の社会生活における幸福度の如何にあった。この理論を支えたのはダーウィンの生物進化論に見る経験論、唯物論的科学の方法であるが、科学者であり、医師であった後藤にとって馴染みやすいものでもあった。しかし、原理的には、当時政府が構築中の明治憲法、またその基礎理論を提供しているシュタインの観念論的ドイツ国家学説とは対極した内容と言わなければならない。

ローレンツ・フォン・シュタイン
（1815-1890）

後藤の国家有機体論

こうした自らの衛生国家論に正当性をもたせ、経験論と

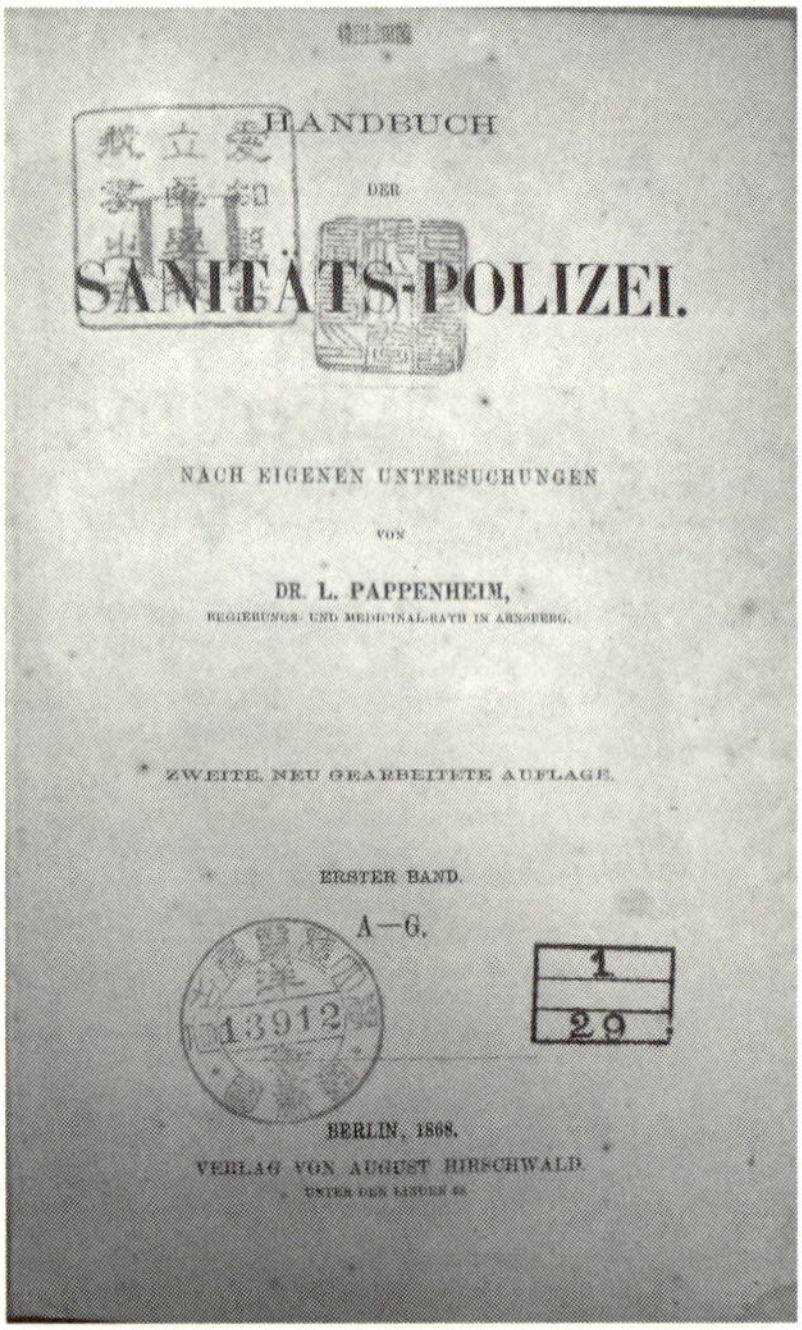

パッペンハイムの著書『衛生行政（警察）必携』第二版（名古屋大学医学部図書館蔵）。

観念論、国家道具論と国家至上論の対決をさけるため、後藤は、当時最も流行したシュタインの国家有機体説をも批判的に導入し、自らの「生理的円満」の理論に接木し、両者の調和を図った。

シュタインの有機体説は人体の意識構造に着眼し、人の「頭脳」（我）を国家の「元首」、「意思」を国家の「立法」、「行為」を国家の「司法」に喩える理論で、元首（＝主権者、天皇）は国家の最高主権者という理解にその特徴があった。これに対して、後藤は、社会生活の機能に力点をおき、国家有機体における、一個人と国家全体の有機的関係、あるいは衛生事務と衛生警察の有機的関係を説き、国家の運営機能を中心に自らの国家有機体論を展開するにいたったのである。

社会進化論[*2]の方法のみ用いては、ややもすれば加藤弘之流の「適者生存」「優勝劣敗」の結論に陥りかねないが、後藤はこの国家有機体の解釈を通じて、個人の生存動機、目的を衛生思想の原点に据えながら、同時に国家による個人の制約、道徳による欲望の規制も重視する、バランスの良い社会生活有機体論を創出することに成功したのである。

後藤の社会政策思想はすなわち、こうした衛生中心論、人生幸福論および社会生活有機体論の理解

＊2 **社会進化論**　ダーウィンの生物進化論を、社会的諸関係に適用した理論。代表論者に英国哲学者・社会学者のＨ・スペンサーがいる。

に基づいて、生まれたのである。

（ジャン・クウシー）

闘争と調和——後藤新平の国家観と国際秩序観

東京大学教授　苅部　直
2008. 9

政治とはどういう営みか。国家とはいかなるものか。こうした、政治思想の根本問題について、後藤新平はどう考えていたのだろうか。

それを探るには、『国家衛生原理』（一八八九年）や『日本膨脹論』（一九一六年）といった、後藤自身の書いた著書を読み解くのが、まず王道だろう。その内容については、すでに『時代の先覚者・後藤新平　一八五七―一九二九』（藤原書店）に一文を草させていただいた。後藤の考えでは、闘争性と親和性との二重の性格が、人間性には備わっているのであり、人間どうしも、また国家どうしも、生存競争をくりひろげながら、その過程でしだいに究極の平和へとむかってゆく。そうした考えから、激しい利害対立の現実と、共存の理想との間に均衡をはかってゆく、後藤の政治観が生まれた。

しかし、これを明らかにしただけでは、政治という人間の営みについて、後藤の考えていた内容が、はっきりとは見えてこない。そこで、後藤その人が書いた著書だけではなく、訳書にまで手を広げて検討することを思いついた。

後藤の名を訳者として冠した書物はいくつかあるが、その一つに、フリードリッヒ・パウルゼンの『政党と代議制』（冨山房、一九一二年）がある。後藤自身の手になる序文によれば、実際に訳したのは、台湾総督府時代にその部下であった森孝三[*1]であった。この前年に、やはり森が訳し、後藤の訳者名で同じ版元から刊行された、ヨゼフ・オルツェウスキー[*2]『官僚政治』は、後藤が原書を読んで感銘を受け、「友人」たちとともに勉強しようと考え、全訳を森に依頼したものであった。『政党と代議制』も、同じ経緯でできた本なのだろう。

フリードリッヒ・パウルゼン（一八四六—一九〇八）は、ベルリン大学で哲学・教育学の教授を務めた人物である。『政党と代議制』は、その現実政治に関する評論もしくは講演を三篇、後藤が独自に選んで編んだものと思われる。潮木守一『ドイツの大学』（講談社学術文庫、一九九二年）によれば、パウルゼンはそのジャーナリズムでの活躍を、大学の同僚たちから白い目で見られ、教授への昇任も遅れたという。収められた三篇も、そうした仕事の一部だったのかもしれない。

ここでパウルゼンは、文明化の恵みによって、国内の諸勢力の闘争も、国家どうしの戦争も、しだいに穏和なものに変わってきた、十九世紀ヨーロッパの現実を指摘する。政治を動かしているのは、国家の生存欲と政治家による打算であっても、最終的に全体の秩序は、自然法にしたがった調和へと向かってゆく。そうした、闘争と調和の均衡をみごとに体現したのが、首相ビスマルクによるプロイセンの外交だと言うのである。

後藤自身もまた、ドイツ留学中にビスマルクに心酔したことが知られている。パウルゼンの著書へ

＊1 **森孝三**（1874– 没年未詳）ドイツで学び、市政調査会参事、昭和金鉱取締となる。後藤や駐日ドイツ大使ゾルフらと日独協会を再興。

＊2 **ヨゼフ・オルツェウスキー『官僚政治』** 1911 年邦訳刊。後藤在台の頃、森孝三に訳させたもの。書評が新聞雑誌を賑わせた。

の共感は、それが単に政治家個人への賛嘆にとどまらず、ビスマルクが完成させた、ヨーロッパの古典外交の世界への憧れを背景としていたことを示している。

平和を究極の理想としながら、他国との取引や競争を通じて、国益を追求してゆく権力者たち。十九世紀には、彼らの政治技術が、争いあう主権国家のあいだに一つの秩序を作りあげていた。それはやがて崩壊に向かうものだったにせよ、そうした現実を目のあたりにし、深く信頼をよせたこと。そうした経験が、のちまで後藤の政治像を支え、堅い確信で満たしていたのだろう。

（かるべ・ただし）

アジア観の転換のために

国際交流基金理事長／元フランス・韓国大使　**小倉和夫**

2011. 1

セコハンのアジア観

セコハンのアジア観を捨てる。

後藤新平は、日本人のアジア観をセコハン、すなわち、使い古しの二番煎じの見方と断じて、それを捨てて、新しいアジア観を確立すべきことを訴えた。

セコハンのアジア観とは何か。

それは、欧米のアジア観の焼直しのアジア観である。

明治の「開国」以来、日本は、欧米から学び、自己の近代化を進める過程で、知らず知らずのうちに、欧米のアジア観を、そのまま自分のアジア観にしてしまったのではないか——後藤新平はそう考えている。

事実、中東、近東、極東といった言葉遣いから、アメリカ大陸の「発見」という表現や「太平洋戦争」などという呼称まで、振り返ってみれば、日本の地理的、あるいは歴史的立ち位置からすると奇妙な言葉及表現を、日本人はさしたる抵抗もなく使い続けてきた。そして、そうした言葉遣いの裏には、欧米のアジア観と思想がびっしりとつめこまれていた。

しかも、他のアジア諸国と比べれば近代化の先がけとなり、日露戦争に勝ち、国際連盟の常任理事国となって、「列強」の一員となった日本は、欧米のアジア観を自らのものとすることに、ためらうどころか、むしろそれを誇りとする気配さえあった。

そして第二次大戦後、その傾向は、日本社会の「アメリカ化」と共にさらに進展した。

アメリカ製の眼鏡をかけたアジア観——それが日本のアジア観となってきた。

こうしたセコハンのアジア観は、依然流行している。

セコハンの日本観

しかし、事態はそこで終っていない。

支那南方使節と後藤新平

セコハンのアジア観は、実は、セコハンの日本観を伴なっていることだ。日本の生き方や方針について、あたかも、アメリカや欧米の人々の考えをほとんどそのまま代弁して「国際人」を装っている人物は今でもあとを絶たない。

アジア観と共に日本自身を見る見方自体も、セコハン化してきた。

その背景を、（後藤が今日生きていたら）次のように分析するのではあるまいか。

すなわち、なにより日本自身に確固たる思想と信念がなく、しかもそうした思想および信念を世界の人々と真剣に分ち合おうする姿勢がとぼしいことである。

後藤が、世界との知的対話や、（今日の言葉でいえば）パブリック・ディプロマシィを重視し、新渡戸稲造[*1]を重用したことなどを見れば、この点は明らかである。

極めて冷徹なリアリスト

しかし後藤は信念の人であると共に、極めて冷徹なリアリスト、現実主義者でもあった。

だからこそ、日本のセコハンのアジア観や日本観の背後には、日本の力不足、実力の欠如があって、いわば、仕方なくそれに落ちこんできた面があることを、後藤は必ずや見抜くであろう。

実力を蓄えることなくしては、国際社会で信念を貫き通すことはできない。

実力と信念の双方を強固なものにしてこそ、日本はセコハンのアジア観とセコハンの日本観から脱却することができよう。

そのために第一になすべきことは、日本人のアジア観と日本観が、ややもすると、欧米の中古品で

＊1 **新渡戸稲造**→ 151 頁。

あること自体に深く思いをいたすことではあるまいか。

（おぐら・かずお／二〇一一年退任）

後藤新平の高い知性と広大な視野

明治大学名誉教授　**三宅正樹**
2007.5

後藤新平の東亜経済同盟構想

後藤新平は、一九一六年十月、内務大臣として寺内内閣に入閣した。実質上の副総理であった。後藤は、十一月二十一日付の覚書によって、新内閣の対中国政策が、東亜経済同盟建設をめざすものであることを明らかにした。後藤はこの覚書の中で、第一に中欧経済同盟、第二に連合国経済同盟、第三に米国の経済財政という「世界経済政策の三要素」に対抗して、東亜経済同盟を設立すべしと主張している（鶴見祐輔著『〈決定版〉正伝・後藤新平』「第六巻 寺内内閣時代」藤原書店、二〇〇五年、六九〜七〇頁）。

後藤はこの覚書で、欧州大戦の結果、日本の輸出超過による正貨蓄積が増加したが、この余剰財源によって東亜経済同盟の基礎を固めるべきであり、具体的には中国に有効な投資をすべきであると述べている（同書、七六頁）。このような構想の上に立つ後藤は、西原亀三が中心となった段祺瑞《だんきずい》政権への西原借款[*1]に対して初めは賛成していた。しかし、一九一八年七月に外務大臣に転じて、北京駐在の公使林権助《はやしごんすけ》[*2]からその実態を知らされると、後藤は借款の停止に動く。西原借款は放漫な浪費に終わったが、後藤が停止を働きかけなければ、財政の出血はさらに厖大になっていたであろう。ここで印象的なのは、第一次世界大戦のさなかにドイツ、オーストリア＝ハンガリーの間で企画された中欧経済同盟への動きを、後藤がいち早く的確に把握していたという事実である。

ナウマンの中欧経済同盟構想

一九一五年十月、ドイツの政治家であり思想家でもあったフリードリッヒ・ナウマンは『中欧論《ミッテルオイローパ》』を刊行して、ドイツとオーストリア＝ハンガリーが大戦終了後に中欧経済同盟を結成すべきことを説いた。同書は、両国の戦争目的を宣言したものとして英仏でも注目され、ただちに英訳、仏訳が出現した。ナウマンは同書で、大英帝国、米国、ロシアがそれぞれ、ロンドン、ニューヨーク、モスクワを中心とする巨大な経済単位となろうとしている情勢の中で、ドイツとオーストリア＝ハンガリーが大戦後、それぞれ単独で対抗するのはもはや不可能であろうから、中欧経済同盟を結成してこの情勢に対抗しなければならず、このことが大戦で共に戦ったことの結果とならなければならない、と説いている。

世界全体への目配り

無類の読書家でたえずドイツ語の原書に親しんでいた後藤は、ナウマンの本を読んでいたのではな

＊1 **西原借款**　1917–18年、寺内内閣が北京の軍閥段祺瑞に供与した借款。総額1億4500万円に至ったが、段派の権力失墜から回収不能に。

＊2 **林権助**（1860–1939）外交官。1899年駐韓公使に。対露強硬論を提唱。北京公使の時、西原借款問題発生、後藤外相と共に中止させた。

いかと思われる。後藤の愛読書であり、後藤がそこから新旧大陸対峙論の着想を得たエミール・シャルク[*3]の『諸民族の競争』は、独仏両国が抗争をやめて中欧国家連合の中核を形成し、巨大化する米露に対抗すべきことを説いていたから、ナウマンの発想も後藤にとって全く未知のものではなかったはずである。ドイツ側の敗北によって中欧経済同盟は一抹の夢と消え去り、後藤の東亜経済同盟も具体化はしなかった。

後藤の東亜経済同盟構想との間に直接の因果関係はないけれども、このような発想は少し形を変えて、一九三六年に創設された昭和研究会[*4]の中心となる哲学者三木清の東亜協同体論[*5]にも、哲学者廣松渉が亡くなる直前の一九九四年三月に『朝日新聞』夕刊に寄稿した東亜新体制論にも発現している。

東亜経済同盟論の評価には慎重さが必要で肯定的に扱うのは至難である。にもかかわらず、当時の政治家の水準をはるかに超えた後藤の高い知性と世界全体に目配りしていたともいうべき視野の広さだけは、ここにも十分にうかがわれるのである。

（みやけ・まさき）

＊3　**エミール・シャルク**→ドイツ人の書いた「新旧大陸対峙論」（17 頁）
＊4　**昭和研究会**　1936 年創設の国策研究団体。近衛文麿のブレーンとして知識人が多く参画。政策の調査・立案に従事。40 年に解散した。
＊5　**東亜協同体論**　昭和研究会が唱えた理論。中国の反日感情への策としての協同主義の主張。やがて大東亜共栄圏主張に飲まれる。

地

後藤新平の仕事

後藤新平の〝流儀〟

後藤新平のミッションに学ぶ

慶應義塾大学大学院教授・前鳥取県知事　**片山善博**
2007.8

ミッション感覚に優れる

後藤新平の特徴の一つは、ミッション感覚に優れているということだ。ミッションとは、使命ないし真の任務をいう。後藤はどんなポストに就くときでも、常に明確な使命感を持って臨んでいる。例えば、台湾総督府民政長官に就任したときの彼のミッションは、民生の安定である。鎌倉時代に「所領安堵」が重要であったように、台湾においても民生の安定には土地所有権を明確にすることが欠かせない。そこで実施したのが、それまで雑然としていた地籍を調査し、整理することである。これは土地所有者の権利を保障する効果だけでなく、土地から得られる税収を増大させ、財政基盤を確立することにもつながっている。

満鉄総裁になったときには、単に一つの鉄道会社を順調に経営することが彼のミッションではなかった。今日における歴史の評価は別にして、彼が考えていたのは、満鉄を日本の大陸経営の強固な基礎にしたてあげることであった。そのためには、北から迫ってくるロシアとの関係を安定的なものにしておかなければならない。彼の対ロ外交、その後の対ソ外交を重視する姿勢はここに始まってい

震災復興内閣の面々（中央が後藤）

る。

組織の長が自らミッションを示すことは実に大切なことである。それは、その長の下にある部下職員に目標と行動の指針を正しく伝えることになる。特に、その組織が政府やその機関である場合にはことのほか大きな意味を持っている。政治がいかなる理念と目的のもとに進行しているかを、国民がクリアーに理解することができるからだ。

ポストが重要なのではなく、何をやるかが重要

今日のわが国において、指導者がミッションを示すことはまれである。近年選挙を重ねるごとにマニフェストがもてはやされるようになった。しかし、その中からは施策項目の羅列や断片的な数値目標などを知ることができたとしても、国家の将来像や現下の政治課題を解決に導く理念や政策の大要を読み取ることは至難の業である。しかも、このマニフェストに羅列した項目でさえ、変化する有権者の反応を見てこれを取り替えることで支持率が上がると判断すれば、いとも簡単にすげ替えられるのである。マニフェストとは、溢れ出ずる政治的心情を激白し表出するものではなく、単にポストを得んがために見栄えだけ良くしたレッテルの如きものでしかない。ポストに就くことが主で、政策や理念はたとえ書いていたとしても従たる存在なのである。

後藤はそのキャリアの中で数多くのポストに就いているが、決してポストに就くこと自体を目的にはしていない。そうではなく、ポストに就いてから何をやるかを常に重要視している。逆に言えば、やることがなくなったり、他にやるべきことが生じたりした場合には、顕官であろうとあっさりとこ

れを去っている。ソ連の高官ヨッフェ[*1]との接触が急務ととらえ、東京市長を辞したのはその一例だろう。

今、後藤新平から学ぶこと

これも翻って今日、さしてやることもなさそうなのに、もっと言えば、やるべきことがあったにしてもそれを実行する実力も気力ももうないのに、いつまでもポストにしがみついている人の何と多いことか。何が何でも与党の境遇でありたい政治家、多選を顧みず権力の地位に居座って老醜をさらす地方自治体の長など、その例をあげれば枚挙に暇がない。

現代のわが国の指導者に強く求められる資質の一つは、ミッションを間違えず、これに忠実であることだ。それには現状を的確にとらえるだけの科学的態度と深い見識、それに不撓不屈の精神が不可欠である。後藤新平に学ぶべきことは頗《すこぶ》る多い。

（かたやま・よしひろ）

＊1 **ヨッフェ**（1883–1927）ソ連外交官。ドイツ、中国、オーストリアの各大使を歴任。後藤は招日し、日ソ国交の予備交渉を重ねた。

後藤の構想ロジックと情報作法

ジャーナリスト　**三神万里子**
2010. 10

独特の構想ロジック

国のシステムが老朽化を迎える時、再建には旧体制の分業の中で培った思考回路ではなく、スケールを異にした視点が必要となる。この点で日本は幸運にも後藤新平という先例を持つが、現代に応用するには後藤の仕事全体に貫かれた構想のロジックを解読する必要がある。

英国の医学史学者ヴァージニア・スミスが近年、社会の発展要因を学際的に扱った研究はこの一助となるだろう。同じく医師であった後藤の膨大な守備範囲と驚くほど重なっているのだ。

成長の要因は昨今、投資規模や事業の種類で語られがちだが、彼らは、そもそも人体が栄養吸収と排泄を健全に持続できるかという起点に立つ。心身の健康は労働力の質を決め、人々の生活習慣は人体の養生や技能の習得力を左右する。気候や地形や文化に影響される生活習慣は、住宅や集落の形に影響していく。

この視点では、住宅の集中は細菌の蔓延リスクを高める原因と考えられる。不衛生地域を管理してヒト・モノ・カネ・情報を循環させる都市計画が、必然的に導き出される。都市の人口増加は、単純には経済成長と結びつかない。教育と情報によって人々の生産性を高めなければ、都市や福祉に金を回す余力が出ないからだ。こうした心身の基盤が充足してこそ治安は改善し、治安の安定は納税率を上げる。

このサイクルを持続させるには、人々の倫理観をメディアが啓蒙し、政治の質を支える必要がある。まるで現状の日本の機能不全箇所を列挙しているかのようだが、後藤は当時にあって、公衆衛生から都市開発、鉄道経営、通信、郵便、放送へと布石を打っていった。

実際、放送事業設立時の基本理念は、家庭の慰安と教育、経済報道、地方への文化浸透が掲げられている。晩年のボーイスカウト振興もこのロジックに沿えば、一般に評される「新しいもの好き」が理由などではなく、野外の協働を通した青少年期の免疫強化が本意だったのではないだろうか。

盤石な連動性をもつプロジェクトマネジメント

後藤の構想は対象が国家であれ個別のプロジェクトであれ、体躯としての人体に始まり知能としての人体に戻る。台湾経営における産業振興はプロジェクトマネジメントにおいてそれが発揮された典型だろう。人々の栄養状態安定を目した農業政策から始め、サトウキビの農法を開発して産業化する。販売単価を上げるために精製加工業を進化させ、道路と港湾を整備して販売網を広げ、輸出産業に育てた。そして高度化に備えた研究機関を作り、砂糖は今も台湾の主力輸出品だ。

一方、日本の地方都市で進行中の農産品振興にはこうした盤石な連動性が見られない。高齢者による不安定な生産体制のまま加工ラインを作り、運よく受注が増しても道路が狭いために小型トラックしか通らず輸送費で赤字になる。時代に耐える国のグランドデザインと、個々の産業のビジネスモデルを同時に描ききるのは、情報収集が技術的に容易なはずの現代でも極めて難しいのだ。

後藤流の情報収集とは

後藤の高い構想力を支えたのは何か。そのひとつに情報収集の流儀がある。意思決定の経緯では金と距離を置き、ありとあらゆる人物に膨大に会う。議論と個人攻撃を分け、主義主張とその他を分けることで相手の所属や地位を超え、情報の精度を高めた。だからこそ時には、他人の巨額の資金需要に対して私財でリスクをとれた。

現在の社会システムでは、産官学いずれにおいても短期ごとの説明責任が課される。そのため、後藤的な傑物一人を待っても変化は起きづらい。まずは各人が、後藤の構想ロジックと情報作法に少しでも着手をし、互いに補完するのが現実的だろう。

（みかみ・まりこ）

客観性のある調査研究の大切さを教えた後藤新平

慶應義塾大学教授・前鳥取県知事　**片山善博**

2007.4

後藤新平の事績で思い起こされるのは、政策の基礎となる調査活動を重視する姿勢だ。満鉄調査部[*1]を創設したことはつとに有名だし、台湾統治の初期段階において土地調査に取り組んだことでも知られている。何事もことをなすには行き当たりばったりであってはならず、まず現状を調査し分析し、それに基づいて計画を立案した上で実行する。それではじめて間違いのない仕事ができるし、しかも無駄な経費をかけなくてすむとの確信が彼にはあったのだろう。

筆者がライフワークとする地方自治の世界で忘れてならないのは、後藤が安田善次郎[*2]の協力を得て設立した東京市政調査会のことである。調査会が今日においてなお地道ではあるが質の高い調査研究活動を続けていられるのは、後藤がこの財団に明確なミッションを与え、それを後進が守っているからには違いないが、それを可能にする財政基盤を後藤が設えていたおかげでもある。財団の財産である東京市政会館は毎年確実に不動産賃貸収入をもたらし、この独自収入があることによって、調査会は自主性を失わないで、常に客観的な調査研究活動の成果を地方自治の分野に提供することを保障されている。この自主性は質の高い調査研究機関には不可欠の要素である。

近年わが国では地方自治の分野も含めて、調査研究機関を名乗る団体や組織は数多く存在している。

＊1 **満鉄調査部**　1907年中国に関する総合的調査研究機関として発足。盛時には二千名以上。「支那抗戦力調査」など成果。敗戦時に消滅。

＊2 **安田善次郎**（1838–1921）実業家。富山出身、江戸で両替店に奉公。維新後、両替商で成功。安田銀行創設。東大安田講堂を寄付。暗殺。

また、常設の機関でなくとも、例えば全国知事会などでは、地方自治や地方財政の学者や研究者を集めたシンクタンク機能を形成しようとする動きが盛んだ。

ただし、情けないことに、これら組織や団体の殆どは後藤がめざした真の調査研究機関とは程遠い存在だといわざるを得ない。というのも、これらは総じて政府の外郭団体であって、その役職員の多くが関係省庁の息のかかった人たちで構成されていることから見ても明らかなように、そのミッションが当該省庁の擁護ないし単なる官僚の天下り先確保にあるとしか考えられないからだ。しかも、往々にして人材面だけでなく毎年の維持経費も役所から供給されている場合が大半なのだから、それらが中央官庁の政策も含めて客観的立場で調査研究することなど、およそ木に縁《よ》って魚を求めるようなものだろう。

また、全国知事会が集める学者集団のように自治体関係者がファイナンスする機関の限界も明らかだ。知事会は現職知事の集まりだから、例えば知事の多選が地方自治にもたらす弊害などはまず研究対象になりえない。また、知事の多くが総務省の護送船団的地方分権を受け入れている現状では、地方債に対する国の関与は自治体がまるで成年後見制度のもとにあるようなものだとの、ごく当たり前の批判精神すら生まれにくい。いずれにしても大きなタブーが介在しているのである。

真のシンクタンクにはタブーがあってはならず、調査研究活動は自主性と客観性に支えられなければならない。それを可能にするのは、権限死守や縄張り争いなどとは無縁の真のミッションをもち、しかもどこにも従属しないで自主性を保つことができるだけの財政基盤が確立されていることだと、あらためて思い起こされるのである。

先日所用で東京市政調査会を訪れた際、後藤新平の胸像と初めて対面する機会を得た。胸像を前にして、地方分権や地方財政改革をめぐり、ともすればメイドイン霞ヶ関の皮相な見解やこじつけ、さらにはお粗末でレベルの低い議論ばかりが目立つ最近の風潮を見るにつけ、内政と地方自治の先人である後藤の先見性にあらためて敬服した次第である。

（かたやま・よしひろ）

後藤新平と東京駅

鉄道総合技術研究所
小野田 滋
2013. 1

東京駅をめぐる伝説

「東京駅が巨大な駅として完成したのは後藤新平によるものである」とする説は、多くの書物で伝説のように語り続けられてきたが、藤原書店から発行されている膨大な後藤新平のシリーズでも、東京駅との関わりについては触れられていない。このため、筆者は近著で「これは俗説に過ぎない」旨のことを書いたが、その後の調査で具体的な関わりがいくつか明らかとなったので紹介しておきたい。

東京駅の建設は、基礎工事を明治四十一（一九〇八）年三月に開始し、明治四十二（一九〇九）年六月に竣工、鉄骨製作組立工事は明治四十二（一九〇九）年八月に起工し明治四十四（一九一一）年九月に竣工しているので、後藤が指示したとすれば初代鉄道院総裁の着任（明治四十一〔一九〇八〕年十二月着任）後で、鉄骨製作組立の発注のタイミングあたりということになる。したがって、後藤が初代鉄道院総裁に就任した頃には、すでに平面が確定し、基礎部分は完成していた。

松本與作と後藤新平

東京駅の設計者である辰野金吾[*1]側の資料でも後藤との関わりについては何も触れていないが、辰野葛西事務所の所員として東京駅の設計に携わった建築家・松本與作（一八九〇〜一九九〇）の証言がある。松本は、インタビュイーの藤森照信博士（建築史家）の「あれほど大きくしたことについては後藤新平がでかくしろと言ったとか」という質問に対して、「あれは後藤新平だ」と断言している（松本與作「辰野金吾と東京駅」『建築雑誌』No.一二六一、一九八七年）。松本は、このインタビューの中で、後藤新平が渡米した際に「日本は地価が安いので、こんな平らな駅を建てたのだろう」と言われ、「これを縦に建てたら、アメリカにこんな高いビルがあるか」と反論したというエピソードを紹介しており、真偽の程は定かでないが、負けず嫌いの後藤新平らしい切り返しである。

松井清足の証言

同じく辰野葛西事務所に在籍し、松本の上司であった建築家の松井清足《きよたり》（一八七七〜一九四八）は、建築学会の創立五十周年記念座談会（「回顧座談会（第三回）」『建築雑誌』No. 617、一九三六年）の中で、鉄道院

＊1 **辰野金吾**（1854–1919）建築家。肥前出身。工部大学校卒。コンドルに学び、帝国大学工科大学教授。代表作に日本銀行本店・東京駅。

完成時における東京駅の全景（筆者所蔵）

総裁に就任した後藤から「帝都の中央停車場が二階なんて馬鹿気たことはない。もっと高くしてずっと続けろ」と言われ、辰野側は「そんなことを言われても予算は無いし、設計もできている」と反論したが、後藤は「できていても、できていなくてもいいからもう一回やり直せ」と主張し、徹夜で三階建に仕上げたところ、後藤は「これくらいで辛抱しよう。これでも将来は低くなる」とコメントしたとしている。

ちなみに辰野は別の文献で「建築に関する評議も度々代わり」と証言しており、鉄道院を通じて間接的にやりとりがなされたと推察される。松井はまた、鉄道院副総裁の平井晴二郎がドイツ人技術者のフランツ・バルツァーが設計した和風建築案に対して「どうしてもこれではいかんだろう。続いた家を造ろうというので辰野博士に頼んで二階の案ができた」と言及し、二階建で連続する建築としたのは平井だったとしている。

巨大化した東京駅

こうした証言から、三箇所の別棟で構成されていたバルツァー案を、一体化したのは平井晴二郎の指示で、これをさらに三階建に拡張したのが後藤新平であったと判断される。東京駅の建設は高架鉄道を含めて「改良費」の中で一括して予算化されていたため、鉄道院の裁量で予算のやり繰りしたことが想像される。

従って、現時点では「東京駅が実現したのは後藤新平の功績ではないが、辰野案が拡大したのは後藤の後押しによる」ということになり、これで後藤新平の業績がまたひとつ追加されたことになる。


（おのだ・しげる）

後藤新平と出雲大社

エコノミスト　**玉手義朗**
2009.7

出雲への旅

出雲大社に参拝するために、寝台列車「サンライズ出雲」に乗る。東京駅を午後十時に出発した列車が出雲市駅に着いたのは一二時間後の翌日午前十時。しかし、列車の旅はここで終了、出雲大社へは路線バスに乗り継ぐという、億劫な道のりが残されていた。

同じ不便さを後藤新平も感じていた。後藤新平が出雲大社を訪れたのは鉄道院総裁を務めていた明治四十三年九月。出雲今市駅（現出雲市駅）に到着した一行は、人力車で出雲大社に向かった。この道は雨が降ると泥道になるなど、参拝客の不評を買っていた悪路で、地元は鉄道の敷設を熱望していた。

「後藤逓相参拝の際、親しくその困難を感じその便を図らんことを随行の技師に談話せし……」と地元新聞が伝えたように、後藤自身も鉄道の必要性を痛感、出雲大社へ向かう大社線の敷設が事実上決定されたのだ。大社線の営業開始は明治四十五年六月、後藤の来訪から一年九カ月後という早業だった。

先進的な経営思想

初代の鉄道院総裁に就任した後藤は、地方の声を重視した鉄道網の整備を推進した。全国を五つの管理局に分け、局長には第一級の人材を配置した。一方で、鉄道院本院の局長には若手を任命、「直接の衝に当たらぬ本省の局長連が横槍を入れる事はよろしくない」と、関与を認めなかったという。「地方分権」の考えを先取りする大胆な発想であり、大社線の建設もその一例だったのだ。

旧大社駅（島根県出雲市）

経費節減の徹底や、民間への業務移譲など、効率的な鉄道院の運営を目指した後藤だが、中でも強く推進したのが「独立会計」の導入だった。巨額の投資を必要とする鉄道事業では、公債発行など資本市場からの資金調達が不可欠だ。しかし、鉄道院の会計は国家予算との区別が曖昧で不透明、資本市場の信頼は得られず、資金調達に支障が生じる恐れがあった。「独立会計」によってディスクロージャーを徹底し、資金調達を円滑にしようとした後藤は、現代の企業経営にも共通する経営思想の持主だったのだ。

大社駅の場所選定の謎

合理的で大胆な後藤の発想は、大社駅の場所の選定でも発揮された。出雲大社への玄関口となる大社駅だが、その場所は、出雲大社から二キロ近くも離れている。なぜ、出雲大社の目の前に建設されなかったのか。

大社駅を巡っては二つの地区が誘致合戦を展開、場所の選定作業が難航していた。これを聞いた後藤は「二つの町を結び、その正三角形の頂点に建設する」との裁定を下したという。「二つの町の中間ではなく、より遠い場所を選んだのは、「駅が出雲大社に近すぎると、商売に差し支える」という住民の声に配慮したためだというのだ。経済合理性を優先した後藤らしい裁断だ。

大社線の開通によって出雲大社とその界隈は大いに賑わった。開業を迎えた明治四十五年六月の参拝客数は前年の三倍以上、土産物店の一軒平均の売上も二倍になる。大社駅の乗降客数も増加を続け、ピークだった昭和四十二年には、東京や大阪からの直通列車が乗り入れ、一日の乗降客数は一万人を突破したのだった。

後藤の功績を継承できなかった国鉄

出雲大社から徒歩で二〇分余り、到着した大社駅は静寂に包まれていた。大社線は一九九〇年に廃止され、現在は駅舎が残されているだけ。出雲大社の玄関口らしく寝殿造りの「和風駅舎」は大正十三年に建設された二代目で、重要文化財に指定されている堂々たるものだ。しかし、肝心の鉄道は失われ、出雲大社への道のりは、明治四十五年以前に逆戻りしてしまった。後藤の経営思想とは相反する国鉄の放漫経営が、最大の原因であったことは言うまでもない。

日本の鉄道網の大きさを実感させる一二時間の列車の旅と人気のない大社駅。出雲への旅は、先進的な経営思想で日本の鉄道の礎を築いた後藤新平の功績と、それを継承できなかった国鉄の蹉跌を教えてくれるものとなったのである。

（たまて・よしろう）

内政・公共の精神

後藤新平の「大風呂敷」

横浜市長　**中田　宏**

2008. 2

後藤新平の「大風呂敷」

後藤新平といえば「大風呂敷」という言葉を思い出す。後藤の発想の自由さ、確かな先見性が、しばしば一般的な思考を超越し、あまりにも斬新であったから、当時の人々にとってはそう映ったのだろう。

なぜ当時の多くの人には大風呂敷に映ることを後藤は発想したのか。それを考えた時、私は後藤という人物と他者との違いは、現実観や度胸といった類ではなく、時間軸の違いなのだと思う。後藤の着眼は、眼前の現実に置くのではなく、常に五〇年後、いや一〇〇年後の将来に置いていたに違いないと思うのだ。

後藤が自らの手で実現してきた例としては、日清戦争で得た台湾で、児玉源太郎[*1]四代目台湾総督の下、民生長官として現地の経営を軌道に乗せたことである。当時の台湾はゲリラ[*2]が頻発し、衛生状態もよくなかった。これを力のみで制圧するのではなく、現地の慣習を徹底的に調べ、風土に合った作物を計画的に栽培し、衛生状態を改善し、道路・港湾・病院・学校などの社会的基盤を整備した。台

＊1 **児玉源太郎**→70頁。
＊2 **ゲリラ**　台湾の地域武装勢力。後藤民政長官は、民政部の組織力と警察力とで、彼らの主力を良民化する巡撫政策を試み成功した。

湾の国家経営として必要な基礎を築いて、台湾経済を黒字へと導くのである。ほとんどゼロからのスタートで、台湾経営を成功させている。ここでは、台湾に住む人々の将来に思いを巡らせ、卓越した先見性を持って中長期的な視野を常に持ちつつも、当面の施策の実効性を確認しながら次の手を打った。これは組織経営の要諦でありつつも、困難なことである。

後藤新平と田中角栄

後藤の死後に実現した例としては、日比谷公園や墨田公園[*3]、幹線道路として計画・整備された昭和通りや靖国通り[*4]などがある。後藤が東京市長として東京の社会基盤整備のために策定した計画は、その予算規模の大きさからまさに大風呂敷と言われるのだが、後の関東大震災後の復興に活かされ、道路、橋梁、公園などが現在の東京の礎となっているのは周知の通りである。後藤は、防災面や衛生面、さらにはモータリゼーションまでをも考え、首都東京の将来を展望した都市計画を構想したのだ。

田中角栄の演説で、「三国峠を削って雪雲を関東に流せば雪は降らなくなる」

東京市長時代の後藤新平

＊3 **墨田公園**　関東大震災後の後藤の帝都復興計画に基づき、錦糸公園・浜町公園・山下公園などと同様、近代的都市空間を現出させた。

＊4 **昭和通り・靖国通り**　後藤の震災復興計画は縮小され、虎の門事件で本人も辞任するが、結果的に主要幹線道路がこのとき整備された。

という言葉がある。三国峠を削った土砂をどこに運ぶのか、大自然に対して人間がやっていいこと悪いこと等々、その是非論は当然あるのだが、国民はそのスケールの大きさを評価したという。

これも一種の大風呂敷に違いないのだが、あえて後藤との差異を指摘すれば、それは置かれた背景にある。田中の場合、景気が良く国力があって自身が一国を動かすほどの権能を手にするという自負を持つ中で言えたということだ。

仮に私が自らに照らしてみても、為政者として今の時代に大風呂敷を広げようというのは、なかなか難しい。厳しい現実の中、まして予算などの内情を知っている以上、簡単には言えまい。

後藤新平の構想力

しかし、後藤は現実主義者たちが夢想だにしない構想で人々を説得しようとした。それは、徹底的に考え抜いたという確信を持っていなければできることではない。改めて後藤の先見性、本質を見抜く洞察力、それらに裏打ちされた上での大胆な構想力に舌を巻く。

元々医師であった後藤が内務省衛生局で頭角を現すのは理解し易いが、四十代の若さで、台湾統治や満鉄総裁と、多分野にわたって活躍したことに驚かされる。必要なのは単なる現場経験や専門知識なのではなく、まさに将来に対する構想を持って人を引っ張る意思なのだと知らされる。そして、それが誰よりも必要なのは政治家である。

故に、その後、逓信大臣、内務大臣、外務大臣、東京市長として、後藤が残した足跡があるのであり、その業績の恩恵に我々は浴していると思うのである。

（なかだ・ひろし／衆議院議員）

ふたりの「大風呂敷」

矢崎総業株式会社顧問・元大蔵事務次官
尾崎　護
2009.9

災いを発展に転じる発想

いま世界は未曾有の金融混乱・経済混乱に悲鳴を上げている。グローバル化が逆目になって世界同時大不況になってしまった。今のところ景気回復の牽引車となりそうな国は見つからない。

政府は雇用、社会保障、需要喚起に財源を振り向け、何とか景気の落ち込みを防ごうとしている。失業・倒産などの増加ぶりを見れば当然のことといえよう。ただ、こんなときこそ、災いを転じて未来の発展につなげる透徹した眼力を持って対策を考えて欲しいものだ。

例えば、廃墟と化した敗戦後の日本には、防衛費を最小限に抑えて資源を産業振興に振り向けて、奇跡といわれた経済成長をかちとったリーダーたちがいる。台風、震災、大火事等の不幸に遭遇しながら、その復興に際して、地域の将来を見据え近代化を図った例も少なくない。今回の不況だって新しい発展の踏み台にならないはずがない。

後藤新平はこのような時期に想起するのに好個の人物であろう。文明から置き忘れられた未開発地であった台湾で見せた経綸、広野を貫通する南満州鉄道の経営などで、彼が残したハード面・ソフト

由利公正
（1829-1909）

面のインフラ整備は後世に多くの恩恵を残している。

関東大震災の直後に内務大臣に就任した後藤新平は帝都復興院[*1]を立ち上げ、自ら総裁に就任して復興事業に取り組んだ。後藤は「復旧」ではなく「復興」だと言ったと伝えられるが、災難を発展に転じようという彼の意欲をあらわすことばである。しかし、東京の将来の発展を見据えた復興計画は後藤批判の決まり文句である「大風呂敷」との批判を浴びた。

彼の提案になる事業の一つに新橋・三ノ輪間をつなぐ昭和通り[*2]がある。その幅員四十四メートルと道路の中央に設置されたグリーンベルトは、江戸伝来の通りを見慣れた人びとの目にはあるいは大風呂敷の象徴とも見えたかもしれない。

もう一人の「大風呂敷」由利公正[*3]

東京の道路改良では、大風呂敷との批判を受けた人物がもう一人いる。明治四年から五年まで東京府知事を務めた由利公正である。

きっかけは明治五年二月に築地一帯を焦土と化した大火事であった。このとき、西本願寺別院や築地ホテル館、それに木挽町三丁目にあった府知事公舎なども類焼した。

由利は、江戸の華とか言われながら毎年のように住民の財産を損じている火事の延焼対策として、

＊1 **帝都復興院**　関東大震災によって壊滅的な被害を受けた東京・横浜の都市復興事業を担うため、大正 12 年（1923）9 月に設置された。

＊2 **昭和通り**→ 135 頁。

＊3 **由利公正**（1829–1909）政治家。福井藩出身。新政府で財政家として活躍。五箇条の御誓文の第一起草者。元老院議員。貴族院議官。

道路の拡幅と耐火性の高い煉瓦建築の奨励を考えた。煉瓦建築は実現し、銀座の煉瓦街として名所にまでなったが、道路の拡幅についての案は大風呂敷と嘲笑された。彼は銀座通りの幅員を二十五間にすべきだと主張したのである。二十五間は約四十五メートルだから、後藤が考えた昭和通りの幅員とほぼ同じである。由利は、おいおい馬車の往来の数も増えるし、いま拡幅しておかないと、ひとたび道路沿いに建築された建物を建て直すことは容易ではないと説きに説いたが、政府は十五間までしか認めなかった。しかし、江戸時代には大通りでも幅八間とされていたようだから、十五間は画期的なものではあった。

後藤や由利の場合、大風呂敷とはつまり先見の明である。このふたりの構想が全面的に採用されていれば、東京の戦災被害も違ったものになったと思うし、東京の街並みはもっと垢抜けしたものになっていただろう。後藤や由利が考えもしなかったであろう人口減少という新事態を視野に置き、大風呂敷と言われることを厭わず、長期ビジョンをもって日本経済の建て直しに当たりたいものである。

（おざき・まもる）

偉大な行政官——構想力と実行力

早稲田大学教授　榊原英資
2008.7

今求められる構想力と政治・行政能力

今、おそらく、世界は数百年に一回の大きな転換期に入ってきている。近代産業資本主義の時代が終り、ポスト近代、ポスト産業資本主義の時代の幕が開けたのだ。日本は、明治以来の近代化・産業化に成功し、世界第二のGDP大国になったのだが、この新しい時代にどう対応していくかの見取図や政策提言はまだほとんど出てきていない。

政治家や行政官達に、今、求められているのは時代の流れを読んだ大きな構想力とそれを実行する政治・行政能力であろう。つまり、後藤新平的な政治家や行政官が登場してこなくてはならないのだ。しかし、政治家も役人も小粒になって、既得権益の擁護や当面の権力闘争以外の話はあまり聞えてこない。戦後二〜三〇年の間は、後藤とは違っていたが、吉田茂、池田勇人、田中角栄とスケールの大きな政治家が官僚機構をうまく使いこなし、高度成長政策や列島改造計画を推進し、大きな成果をあげていた。しかし、今の自民党には、新しい時代に対応して大きな構想を考えたり、実行したりする意欲も能力もなくなってしまっているようだ。

偉大な行政官

筆者が後藤に魅力を感じるのは、彼が偉大な行政官であったことだ。台湾民政局長、満鉄総裁時代の彼の行政手腕はまことに見事なものだった。植民地の白紙の上に絵がかけるという利点はあったものの、その構想力は大変なものだ。

満鉄は国策会社として国家としての機能ももっており、北のロシアに対する日本の大陸政策の重要な拠点だった。特に一九一七年のロシア革命のあとは、社会主義国家との対決のための国防の第一線という性格をもっていた。又、満鉄は同時に日本の近代化という点で大きな役割を果している。飛行機の旅が一般的でなかった当時、満州が最もヨーロッパに近い窓だったのだ。満鉄からシベリア鉄道を経由していけば二週間でヨーロッパに到着する。ちなみに船を使えばインド洋を通って三カ月かかったのだ。

そうしたことで、満州では文化・スポーツ・芸能とさまざまなヨーロッパ伝来の文化が花開くことになる。その意味で、満州は先進的地域であったともいえるのだ。映画における満映[*1]だけではなく、野球でも最初の都市対抗野球の優勝者は満鉄だったのだ。

又、後藤新平が設置した満鉄調査部[*2]は日本初のシンクタンクだった。この調査部の周辺から岸信介や星野直樹等のいわゆる革新官僚が育ち、戦後の大来佐武郎等の経済安定本部、経済企画庁をつくった人達が出てきているのだ。

＊1 **満映**（満洲映画協会）1937年新京に国策会社として設立。1939年に大規模撮影所完成。甘粕正彦が理事長に。のち東北電映製片廠に継承。

＊2 **満鉄調査部**→ 123頁。

すぐれた外交ビジョン

後藤新平は逓信大臣、外務大臣、内務大臣等も歴任しており、政治家としての顔も持っている。特に、彼の外交におけるビジョンは極めて優れたものであり、彼の影響力がもっと拡大していけば、中国問題で足をとられ、日米戦争へ突入する等という愚は避けることが出来たのだろう。

中国の問題を「世界的問題としての性質を帯びようとして来ている」と分析し、対欧州外交、対米外交をこのために展開しなければならないとしたのだが、例えば、彼の対ソ外交がうまく継続していれば、一九三〇年代の日本の外交の展開はかなり変っていただろう。後藤が一九三〇年代も生きていたら日本の歴史は変っていたかもしれない。

（さかきばら・えいすけ／青山学院大学教授）

「放送開始！」あの気宇を

文筆家・演出家・元ＮＨＫディレクター
吉田直哉

2006. 2

地に落ちた環境

今、なぜ後藤新平か？――私の答えは単純かつ明快で、「彼が初代東京放送局総裁[*1]であったからだ」である。

ＮＨＫの番組制作現場に四十年ちかく在籍した身として、いまほどご高説を伺いたいときはない。一九二五年三月二十二日、後藤新平総裁が、東京芝浦のスタジオで放送開始の、希望と熱意にみちた壮大な気宇のあいさつを電波にのせてから八十年。いま放送は数多の難問を抱え、その環境は最悪の状況に陥っているのだ。

それは、たてつづけの不祥事に端を発した受信料不払いが広がって、改革を迫られることになった、ＮＨＫだけの問題ではない。民放と、そのそれぞれの系列新聞社、広告業界、スポンサーとなる企業、さらに受け手としての視聴者ぜんたいに大きくからむ大問題なのだ。しかも、人のこころに深く関わる種類の事柄で、政局となった郵政など、その比ではないともいえる、緊急課題なのである。

＊1 **初代東京放送局総裁** 1924年、社団法人東京放送局が設立。25年、仮放送開始。後藤は同事業の重点を社会教育に置いた。

スウジが王様

一九五三年、テレビ放送開始の年、入局したての新人だった日を思い出す。初代総裁のイメージにも、現在の状況にも大いに関わりがある話なので、昔話と敬遠せずにきいていただきたい。

とにかくはいりたてで、まごまごしていたら、摩尼《まに》さんという、名前ばかりでなく、じっさい高僧の雰囲気を漂わせた大先輩が、私を呼んだ。

「新人としての君にきくが、日本をアメリカナイズしようとしている占領政策のなかで、なにがいちばん効果をあげると思うか」

「……さあ、六三制の教育制度、旧制高校と大学をなくしたことでしょうか」

おそるおそる言うと、摩尼さんはきびしい表情と口調で断言した。

「教育制度もだけど、私は新しい放送制度だと断じて思う。民間放送ができて、商品の広告をするのはいい。しかしたちまち世の中は『消費は美徳』一辺倒になるだろう。スウジが王様になるだろう」

「スウジ？」

「聴取率だよ。テレビでは視聴率か。これが絶対君主になる。NHKは関係ないなんて思っちゃいかんよ。かならずこれに振りまわされて身を誤るだろう。……君ははいったばかり、私は入れ替わりに定年でやめて行くところだけど、君が私の年になったとき、きょう私がアメリカナイズといった意味にきっと気づくよ。もう別の国になっているだろうから」

わが国初のラジオ放送のマイクに向かう後藤新平

見も知らぬ別の国

摩尼さんはさらに、番組を中断してコマーシャルを入れていくアメリカの流儀だけでも将来、排除できればいいのだが――あれは集中力を失わせる。とんでもない、怪物のような子どもが育つことになるだろう、と予言した。

そして五十年。私はこの予言の的中していることに、ただ舌を巻くのみなのである。ただ思いもかけなかったことは、アメリカならまだよかった。アメリカですらない、見も知らぬ別の国になってしまったという事実である。

公共放送論議再開の必要

もうひとつ、思い出す言葉がある。その、アメリカナイズの本家のアメリカ人の同業者が、日本にきて言ったのだ。

「世界の七不思議というぐらい驚いたのが日本の旅館とＮＨＫの受信料制度だ。かたや客室にカギがない、かたや払わない人間はいない、という性善説。それが共にうまく運営されている！」

もう三十年ぐらい前の話だ。この七不思議も、いまは昔話。公共放送論議を本格的に再開しなければならない。

公共放送から官の影と「銅臭」、ゼニのにおいを徹底的に除け！ が持論だった初代総裁に、いまこそ学ぶべきである。

（よしだ・なおや／故人）

鉄道の先駆者、後藤新平

JR東海会長 **葛西敬之**

2007. 4

鉄道院初代総裁

後藤新平は台湾総督府民政長官、満鉄総裁として白紙からの現地経営に辣腕を振るったが、鉄道院総裁としてもその手腕を発揮、国鉄経営の基礎を築いた。

第一次桂内閣の際、後藤は桂に鉄道国有化の断行を進言、その提案は採用され、第一次西園寺内閣で実施された。その後の第二次桂内閣で逓信大臣として入閣、鉄道院が創設されると、その初代総裁を兼務した。つまり提案者としての責任をとり、鉄道国有化の後始末を受け持った。

国有鉄道は十七の私設鉄道会社を買収して設立された。当然人や物の不統一が存在し、それを解決した上で欧米諸国の鉄道と遜色ないレベルまで改良していく必要があった。また、国有化で生じる官僚化や鉄道が政治の道具と化すのを避けねばならなかった。そのため後藤は「執務の要諦は『速・確・明』に存す」と適材適所のスピード経営、現場第一主義を信条とし、鉄道独立会計の制定、経費節減、制服制定、鉄道電化計画の推進、職員教習所の設立など矢継ぎ早に実行した。

後藤は多くの事績を鉄道に残しているが、中でも制服制定は最大とも言われる。制服制定の理由として十三カ条を挙げ、その一つに「制服制度は怠惰を制し、放逸を戒め、規律を確守し、責務を重んじ、これを全うさせる慣習を作るに与って力がある」と謳っている。規律は安全を維持する鉄道事業の原点である。規律を醸成する制服の制定は、大きな功績である。

幹線の標準軌化

しかし初代総裁も含め計三回の鉄道院総裁を務めた後藤だが、幾度も試みながら実現できなかったことがあった。それは幹線の標準軌化である。

日本の鉄道は狭軌で始まった。狭い国土に素早く鉄道網を敷設するには適していたのだろう。しかし輸送能力向上のため、明治二十年代から幾度も標準軌への改軌が叫ばれた。後藤も熱心な改軌論者で、日本の今後の発展に備え、輸送力向上や大陸の鉄道との一貫輸送を行うために東京から下関に至る路線を改軌すべきとしていた。軍部や民政党も改軌論を支持したが、原敬を中心とした政友会は限られた財源でより多くの新路線を建設すべきと反対した。地元に鉄道を敷設して地元振興を図り選挙地盤を固める「我田引鉄」は当時から存在した。こうして政友会による抵抗のため、明治、大正時代の改軌論は実現せずに終わった。

次に改軌論が出たのは昭和に入って、一九四〇年の弾丸列車計画である。この計画は議会で承認されたが、第二次世界大戦の戦況悪化により工事は四三年に中止された。結果、標準軌幹線の建設は六四年の東海道新幹線開業を待たねばならない。

後に「新幹線の父」と呼ばれる十河信二が国鉄総裁に就任した当時、標準軌・別線が新規路線の形態として提案されたが、財政も厳しく実現困難と見られた。しかし、鉄道院総裁の後藤の下で働いた十河が信念を持って周囲を説得、世界銀行からの借款も実現し、東海道新幹線が開業した。七五年の博多開業で山陽新幹線が完成、後藤の念願であった東海道・山陽道の幹線の標準軌化が達成した。

未来を正確に見通す

現在、新幹線は日本の経済成長を語るには欠かせない存在となった。この事実からも、後藤の改軌論は合理的かつ大義名分があったと言える。時運がなければ、国家百年の計たる提案でも成し遂げられないのだろう。しかし新幹線の開業後、国鉄は赤字になり衰退の途に入った。後藤の夢を砕いた「我田引鉄」は不採算路線を多く生み出し、国鉄の存在をも消し去った。政治というコンセンサスの介入は、企業経営に必要な先見性を封じ込める。後藤の計画は奇抜だと批判されることが多かったが、現在から見れば、未来を正確に見通したものであった。

（かさい・よしゆき／JR東海名誉会長）

後藤新平と東京自治会館

新潟経営大学教授　中島 純
2008. 6

後藤新平の東京市長時代の事績で高く評価されるのは、「八億円計画」と呼ばれる都市改造プロジェクトである。この計画は東京の首都機能強化のためのインフラ整備を根幹とするもので、結果的に市長在任中は大幅な規模縮小を余儀なくされ、未完の部分を関東大震災後の帝都復興事業に持ち越す形になった。一方で後藤は、東京市を「帝国の縮図」とみなし「日本デモクラシーの中心」「都市アウトノミーの中心」として機能させるには、「市民の頭」すなわち「愛市心の育成」と「自治精神の涵養」が重要とし、市民教育に熱心に取り組んだ。

東京市社会教育のシンボル

一九二〇年十二月、東京市長に就任するや後藤は、その年俸を全額、東京市に寄付すると公言した。これは、彼の行為が呼び水となり篤志家から東京市への寄付が相次ぎ、市に「自治会館」なる施設が建設されればとの期待によるものであった。そして一九二二年十月一日、後藤が設けた自治記念日(現在の都民の日)の日、東京自治会館が上野公園内にオープンする。総建坪千二百坪、化粧レンガと模造石を外装に施した近代的な二階建ての建物で、活動写真機を備える大講堂のほか、大広間、各種教室、

東京自治会館は平和記念東京博覧会のパビリオンとして1922年に建設された（東北大学機関リポジトリのウェブサイトから引用）。

陳列室を有する複合型施設である。陳列室では市政の概容を知る常設展示がなされ、他の各室では市が主催する講演、講習、活動写真会が開かれた。二三年四月からは、これも後藤が創始した東京市教員講習会（現在の教員研修）の会場に使われるようになり、同年九月の大震災に際しては罹災者の避難、保護、慰安にあたる救護活動センターの役割を果たした。また、同年から廉価で一般市民へ貸館されるようにもなった。現在の公民館、生涯学習センターに相当する多機能型公共施設である。

東京市民の教養と文化の殿堂

東京自治会館で実施された各種成人教育事業のうち白眉をなしたのは一九二四年に開始された市民講座である。これは一般市民を対象に人文・社会科学系教養と都市社会問題に関わる時事を中心にプログラムが組まれ、講師には東京帝国大学ほか市内の大学に籍を置く高名な学者、研究者が名を連ねた。例

＊1 **大島正徳**（1880–1947）教育家。東京帝大哲学科卒。同大助教授を経て東京市教育局長。昭和12年世界教育者会議の事務総長に。

＊2 **佐野利器**（1880–1956）建築構造学者。東京帝大卒。同大教授。帝都復興院建築局長。東京市建築局長を兼任。建築の耐震化に尽力。

を挙げれば、「自治思想原理」をイギリス経験哲学の大島正徳[*1]が、「民衆娯楽」を社会学者の権田保之助が、「住宅問題」を耐震工学の草分け的存在、佐野利器[*2]がといった具合である。当時、この市民講座は、英国の「大学拡張運動」に匹敵する事業として注目された。大正の初めに盟友・新渡戸稲造[*3]と組み、信州をはじめ各地方で試みた夏期大学運動の経験が東京市にあっては市民講座となり結実するのである。

戦後公民館のプロトタイプ

戦後の公民館の歴史系譜につらなる施設に、一九四一年十一月、当時讀賣新聞社社主であった正力松太郎[*4]が、後藤の偉業を顕彰するべくその生地岩手県水沢（現・奥州市）に建立した後藤伯爵記念公民館（現在の後藤新平記念館）がある。同施設は戦前に「公民館」と称した唯一の社会教育施設であった。正力松太郎は晩年、当時を回想し、「後藤さんが講演会が好きであった。そこで、公民館を作って、公民館と名づけたんだ」（大宅壮一編『悪戦苦闘』早川書房、一九五二）と述べている。このことからも、正力が東京自治会館に着想を得て後藤伯爵記念公民館を構想したことは想像に難くない。

東京市長として市民教育の創造にかたむけた後藤の熱い思いは、戦後公民館のプロトタイプ（原型）ともいえる施設をつくりあげ、わが国の都市教育に一つの画期をもたらした。この事実はさほど知られていないが、特筆されるべき後藤新平の隠れた功績である。

（なかじま・じゅん）

＊3 **新渡戸稲造**（1862–1933）思想家・教育者。京大教授・一高校長・東大教授などを歴任。国際連盟事務局次長にも。著に『武士道』。
＊4 **正力松太郎**（1885–1969）新聞経営者。東大卒。虎ノ門事件で警視庁警務部長を引責辞職。読売新聞社社長。国務大臣を歴任。

「格差」をおそれず「画一」をおそれよ

慶應義塾大学教授　**笠原英彦**

2011.3

いま日本に求められているもの

　二十一世紀を迎えた日本は、出口のみえない未曾有の経済危機に見舞われ、急速な少子高齢化の波に苛まれている。年金、医療、介護など社会保障の充実とそれに必要な財源の確保はいまや喫緊の課題となっている。日本経済が未だデフレを脱却できないのは、バラマキと批判される財政政策が功を奏せず、給付金の多くが消費ではなく貯蓄に回されているからである。

　その根本的原因は、国民が国の社会保障制度に大きな不安を拭いきれないからである。年金記録の喪失による年金制度への不安感や医師不足を主因とする医療崩壊がこうした国民の行政に対する不信感を増幅させている。袋小路に入った日本人に必要なのは、歴史に学ぶべく原点に立ち返ることである。

　救貧や社会保険など社会政策の起源を探求すると、そこに後藤新平という志高き先達が忽然と姿を現す。後藤は医療・衛生の父、長与専斎[*1]から真の「自治」を学んだ。長与に乞われ内務省入りした後藤は、各地を巡察して長与の説く「自治衛生」の重要性をつくづく実感した。後藤が「復命書」に「そ

＊1 **長与専斎**（1838–1902）医者。肥前出身。緒方洪庵に師事。岩倉遣欧使節に随行。帰国後東京医学校校長・内務省衛生局長を歴任。

＊2 **『国家衛生原理』** → 100 頁。

＊3 **『衛生制度論』**　後藤著で 1890 年刊。社会が進歩し、自治の力が強まれば、国家の規制行政から自治体のサービス行政に移行すると説く。

の地文的、歴史的、経済的関係」と記しているように、衛生政策に実効性をもたせるには、各々の地域により異なる民情、風俗、慣習に配慮することが肝要であると力説したのである。

いま日本に求められているのは、国が地域間の「格差」を是正するために全国に「画一」的な政策を実施することではなく、それぞれの地域がその特質に見合った施策を推進することである。そのためには、必要な権限や税源を国が地方に無条件で委譲することが必要なのである。それこそが、まさに「地域主権」ということになろう。

スケールの大きさと庶民目線を併せ持つ

後藤が名古屋の一医師にとどまることがなかったのは、彼が絶えず国家や社会を念頭に置いていたからにほかならない。後藤が著した『国家衛生原理』[*2]や『衛生制度論』[*3]を繙けば、その構想の壮大さに絶句する。「大風呂敷」と揶揄されようとも、そのスケールの大きさには誰もが圧倒される。今も昔も行政官は小賢しく、官尊民卑の意識から脱することなく権力に媚び権威を振りかざす。それに対して、後藤は絶えず庶民目線の行政官たらんとした。

田舎の無名な医学校の出身であったからこそ、後藤は歴史にその名を刻んだのである。東京帝国大学医学部出身でなかったことが幸いしたというべきであろう。後藤は留学先のドイツで内務省が派遣した北里柴三郎[*4]と出会い、意気投合した。ドイツでコッホに認められた北里は肺結核の治療薬であるツベルクリンの開発に大きく貢献し、国際的医学雑誌で母校、医科大学（現在の東大医学部）の緒方正規が主張する脚気菌説を厳しく批判し、青山胤通ら医科大学側を敵に回した。

＊4 **北里柴三郎**（1852–1931）細菌学者。肥後出身。コッホに師事。血清療法を発見。帰国後、伝染病研究所長、のち北里研究所創設。

＊5 **長谷川泰**（1842–1912）医者・教育者。新潟出身。1876年私立医学校、済生学舎を創立。漢方医復活を批判。内務省衛生局長に。

帰国後、内務省衛生局長に就任した後藤は伝染病研究所の建設を進め、北里の登用をめざしたが、医科大学派は文部省と結託してこの計画を妨害した。後藤は初志を貫徹するべく奔走し、長与専斎、長谷川泰[*5]、福沢諭吉の支援を得て、私立の伝染病研究所の設置に漕ぎつけたのである。現代の日本人は、まだまだ後藤から多く学ぶことがありそうだ。

（かさはら・ひでひこ）

後藤新平が「入閣」したら？

法政大学法学部教授　**五十嵐敬喜**

2009.9

後藤と日本の近代化

後藤新平は実に多彩な人であった。まず出発は医師。これによって病気とその治療を通じて人間、そしてその集合体である国家というものを「科学」的に見るようになった。その後、内務省衛生局長、台湾総督府民政長官という官僚として行政を、さらには貴族院議員や帝都復興院総裁などを通じて「都市計画法」[*1]などの立法を行った。そしてさらに相馬事件[*2]に連座し、刑事被告人として司法を体験した。つまり三権のすべてを経験したのである。

＊1 **都市計画法**　後藤内相が立案の起源となり、後に都市計画委員会が成立。ここから都市計画法が作られ、1919年に公布された。
＊2 **相馬事件**　前期は相馬誠胤の監禁事件が軸で、後藤は裁判医学の立場で関与。後期は後藤が誣告共犯の嫌疑で入獄。1894年に無罪判決。

これだけで大変貴重な存在であるが、彼の面目はそれにとどまらない。拓殖大学の学長として教育に携わったほか、東京放送局の初代総裁、さらには例のボーイスカウト[*3]などの民間活動を行っている。つまり彼は数多くの社会活動にいわば当事者として関与し、さまざまに運営・改革を行ってきたのである。

そしてその人生を大きく括れば、先ほどの「科学」を土台に、帝都復興に見られるような壮大な「夢」、誰にも負けない「起業家としての突破力」、さらには全体を貫く「官僚批判と自治の擁護」が彼の特色であり、それは当時の天皇を神とする「絶対国家」の中での「日本の近代化」に大いに役立った。この時代、近代医学、道路や鉄道の普及、教育やマスコミの発展は、それ自体が「善」であり、その発展は国民に「幸福」をもたらしたのである。

発展から成熟へ

その後、日本は昭和の敗戦を経て国民主権、天皇を象徴とする新たな憲法が制定され、戦災復興と高度経済成長に邁進してきた。ここまでは自民党と官僚は良くその役割を果たしたといえよう。しかし、一定の経済発展を果たして都市も発展途上国型のそれから成熟都市に成長すると、国民は機能や合理主義から安全や安心、さらには美しさを求めるようになった。そして、これまで日本を牽引してきた自民党や官僚は目標を喪失し、逆にその無責任さが目立つようになってきた。自民党は基本的に官僚に依存してきたので、官僚の衰退はそのまま自民党の退潮と重なる。

＊3 **ボーイスカウト**→ 72 頁。

視察中の後藤新平

将来の日本のビジョンは

今回の総選挙は、戦後初めて本格的に「政権交代」を正面から問うたものである。しかし、では自民党から民主党に替われば日本の何が変わるのかといわれれば、何故かピンと来ない。政権は麻生から鳩山に替わる。しかし選挙のマニフェストを見ると、民主・自民の双方とも「高速道路無料化」「子育て支援」「農業所得補償」など当面の国民サービスでは大きな相違は見られない。消費税については違いがあるが、これは増税するかどうかというよりも「時期」の相違にすぎない。

何よりも問題とすべきは、肝心の「この国をどうするか」というビジョンについてはほとんど議論されてこなかったということである。これでは「内閣交代」ではあっても「政権交代」とはいえないのではないか。成熟した都市型社会には完全な悪も完全な善も存在しなくなった。医学は異様に発達し、教育やマスコミは量ではなく「質」が問われている。国民はかつてのように権力に従属するということはなくなったが、反対に勝手放題という現象も生まれている。

この時代、仮に後藤新平を新政権に入閣させたら、彼は国民にどういう夢を与えてくれるだろうか。国民は意外と民主党のマニフェストを超える「新たな大風呂敷」を求めるのではないか。

（いがらし・たかよし）

後藤新平と小沢一郎

毎日新聞専門編集委員　**山田孝男**

2010. 4

独創的なビジョンと不屈の信念

いま、なぜ後藤新平かという問いに答えるとすれば、独創的なビジョンと不屈の信念を備えた貫禄ある政治家が払底しているからである。

後藤なら、公益法人のトップに官僚出身者を据えていいかどうかというレベルの問題で悩んだりはしないだろう。任用する政治家の中身を問わず、数だけそろえて「政治主導でございい」と威張ることはなかっただろう。

後藤という人はつねに調査を尽くして目標を定め、そのために必要な人事を決めてから動き出す。豪快な後藤伝説のなかではささやかな逸話にすぎないが、大正九年、東京市長に迎えられた後藤は、自分と助役の給料をドカッと上げた。

財政難で自分の給料を削る自治体の首長はありふれているが、増やすトップは珍しい。後藤は増やした。市長が七割増、三人の助役は最大三倍増である。いまなら総スカンだろう。

『正伝・後藤新平』によれば、後藤はもともと「市長は名誉職」という考え方であり、高給を受け取るなり、市に寄付した。全額、社会教育予算に回されたという。つまるところ、給料の引き上げは内務省から三人の逸材[*1]を助役に引き抜くための布石だった。

後藤は汚職で瓦解した首都行政の建て直しのために招かれた。この時すでに内相、外相を歴任し、首相候補にも名の上がっていた身だ。助役はもともと三人制だった。それぞれ、市議会の派閥と結びついた古参の職員がポストを分け合っていた。後藤はそれらを一掃し、内務省時代の腹心を据えた。

後藤には首都改造ビジョンがあり、人事構想があり、安易な批判や介入を許さぬ威信があった。時の首相・原敬[*2]以下の説得で担ぎ出され、安田財閥の総帥・安田善次郎[*3]の支援を受けるが、原、安田ともにテロに斃れる。

後藤と同郷の小沢一郎

市長を辞めた後藤のビジョンは、やがて関東大震災後の帝都復興計画としてよみがえる。当初の構想よりも大幅に削り込まれたとはいえ、その延長線上に、こんにちの東京都心の昭和通りや靖国通り

*1 **三人の逸材**　1920年12月、後藤東京市長は三助役に永田秀次郎、池田宏、前田多門を抜擢し、東京市役所の大改造を敢行した。

*2 **原敬**→68頁。

*3 **安田善次郎**→123頁。

がある という物語は後藤新平一代記の聞かせどころである。

衛生行政も、台湾統治も、対露外交も、後藤の仕事は常に卓越した構想力と信念に貫かれていたと、伝記作者、研究者は筆をそろえている。

杉森久英の後藤伝『大風呂敷』（毎日新聞社、一九九九年新装版）の巻末で哲学者の鶴見俊輔氏（後藤の孫）が書いておられることだが、後藤の人間形成にあずかって大きい要素が二つあったという。戊辰戦争の賊軍という出自と、内務官僚時代の投獄体験（誣告罪の共犯で起訴され、無罪）である。

後藤伝に出てくる岩手県の水沢とか胆沢とかいう地名は、現代では、小沢一郎民主党幹事長の地元としてニュースに登場する。小沢は現代日本政界の最大のスターといっていい。

政治資金をめぐって小沢が検察庁とにらみ合っている現状は、伝記のなかの後藤が警視や判事と対決するエピソードと重なって見える。だが、後藤と小沢の比較は気が進まない。

ともに剛腕、尊大がトレードマークだが、政策本位で陽気な後藤に比べ、小沢は選挙本位で陰気だ。明治に匹敵する大転換期に後藤と同郷の小沢が現れ、日本を振り回し、ついに牛耳ろうとしている。私は非常に嫌なものを感じているが、この直感は間違っているか。冥界の後藤に聞いてみたい。

（やまだ・たかお／毎日新聞政治部特別編集委員）

後藤新平と政党政治

昭和女子大学准教授　**千葉　功**

2009. 10

大規模で強力な政党を構想

後藤新平は政党政治に対して距離を取っていたとみられがちだが、実は政党に積極的にかかわった時期があった。それは桂太郎が新党結成を打ち出したときであった。

一九一二（大正元）年末から一三年にかけて、第三次桂内閣時に、大正政変と呼ばれる政治的混乱が生じた。桂は従来から温めてきた新党結成構想を実行に移す。その桂の決心を促し、または主導したのが後藤であった。

桂新党は、当初、「立憲統一党」として構想されていた。このことは新党構想における後藤の影響力の大きさの表れであった。新聞報道によると、「立憲統一党」という名称自体、後藤の発案であり、かつ新党の創立委員長として後藤が想定されていた。

この「立憲統一党」は、参加したある代議士によると、「是れは日本の政界横断だ。官僚と衆議院、貴族院の横断だ」というもので、衆議院のみならず、貴族院や政府官僚組織をもカバーする大規模で強力な政党が想定されていた。すなわち、国内外の問題に対処していくには、安定的でかつ民意を汲み取ることのできる政治体制でなければならないと桂ないし後藤は考えたのである。少なくとも、「立憲統一党」の理想がイギリス流の二大政党制・政党内閣制にはなかったことは確実であって、桂系ジャーナリストの徳富蘇峰は、桂新党のもともとの理想は「一政党を以て、天下を一統する」ことにあったという。

田中義一政友会総裁（右）と後藤新平

各新聞紙はいっせいに「立憲統一党」について報じたが、太平洋通信の配信をそのまま掲載しているため、記事がほとんど同じだった。この太平洋通信については、以前に書いた論文（御厨貴編『時代の先覚者・後藤新平 一八五七―一九二九』藤原書店に所収）では桂系通信社と書いたが、より正確には、後藤と親密な関係にある政界浪人の杉山茂丸[*1]が経営していたものであった。すなわち、桂新党の当初においては後藤の主導力が強かったことがこのことからもわかる。

裏切られた構想

しかしながら、「立憲統一党」構想における重要な鍵の一つである貴族院においては、新党への参加が期待できないことが早々と判明した。また、衆議院においても、立憲政友会からの参加者が予想に反してほとんど出なかったために、立憲国民党

＊1 **杉山茂丸**（1864–1935）政界の黒幕。福岡出身。玄洋社の頭山満らと親交。山県有朋、松方正義、井上馨らの参謀役。息子に夢野久作。

からの脱党組に頼らざるを得なくなった。このように、貴族院や政友会からの参加可能性が低下するのに反比例して、言い換えれば「立憲統一党」構想の可能性が低下するのに反比例して、国民党脱党組の影響力は上昇する。そして、国民党脱党組は後藤と違って、二大政党制・政党内閣制を志向していた。結局、新党の名称自体も「立憲同志会」に変えられてしまった。ここに、「立憲統一党」として出発した新党構想は、「立憲同志会」へと収斂してしまったのである。

後藤の当初の政党構想は裏切られ、桂内閣も倒壊した。ただし、この時点では後藤は決定的な政治的敗北を喫したとは考えていなかった。なぜなら、依然として桂のリーダーシップに期待していたからである。後藤にとって政党組織が先にあるのではなく、あくまでも桂あっての政党であった。よって、一九一三年十月、桂が死去すると、急遽一〇〇万円の政治資金準備を主張、孤立した後藤は立憲同志会を脱党してしまう。以後、後藤は、同志会と対立する立憲政友会に対しては友好的でありながら入党はしないとの距離感を保ちつつ、長州系軍人政治家（寺内正毅）[*2]へ接近するという後藤の慣れ親しんだ戦略を再度用いることになる。

日本において二大政党制がなかなか定着しない原因を明らかにするためにも、二大政党制的ではない後藤や桂らの政党構想の内実を考えてみることは大いに意義のあることではなかろうか。

（ちば・いさお／学習院大学教授）

＊2 **寺内正毅**（1852–1919）政治家。陸軍大将・元帥。長州藩出身。陸相を歴任。初代朝鮮総督。大正5年組閣し、米騒動で総辞職。

「政治の倫理化」とは何か
——企画展「政治とは何ぞや——自治三訣と政治の倫理化」

奥州市立後藤新平記念館館長　髙橋　力

2012. 11

ミリオンセラー『政治の倫理化』

一九二六（大正十五／昭和元）年、後藤新平は、政治の倫理化運動を大衆の「自治」を呼び覚ます国民運動と位置づけ全国にわたり展開し始めている（四月一日、事務所を日露協会[*1]内に設置）。この運動は、一九二八（昭和三）年に予定された最初の普通選挙権[*2]の基となる衆議院議員選挙施行のいわば前夜に、普通選挙準備と銘うって、「政党の腐敗・議会の堕落・政治の弱点」を攻撃して政界浄化を志す一方で、「未来の無名の青年達に託する」と民衆の自覚を促したものである。

一九二六年四月二十日、東京・青山会館での第一声をかわきりに、全国行脚の途につき、その後一年間で一万六一八三マイルの行程を重ね、一八三回の講演会を実施（ほとんど隔日で壇上に立っていた）。講演時間は二五四時間、旅行日数一四四日、聴衆は三五万人に及んだ。九月初旬に一部一〇銭の定価で全国一斉販売された『政治の倫理化』は、一〇〇万部を超えるベストセラーとなった。

＊1 **日露協会**　1906年創立。日露両国民相互の親睦を図る趣旨の組織。1911年後藤の入会で基礎が確立。20年に会頭に就任。

＊2 **普通選挙**　身分・教養・財産などに制限を設けず、平等に選挙権・被選挙権を有する制度。日本では1925年、男子に実現した。

「政治の根本観念」とは

「孟子は、『白文』の中で梁の恵王に向かって、『王なんぞ必ずしも利を言はん、また仁義あるのみ』と言った(『孟子』第一巻「梁恵王章句」より)。これが政治の根本観念である。しかるに近代、我国に於ては西洋の科学文化を誤解して、『人間は利を求めるもの、人生は物質を主とするもの』と言っている。その思想が政界を風びし俗悪なる実利主義と事大主義との観念が、一般国民を蠹毒《とどく》している。然るに西洋文明の根本には、理想主義がある。日本文明の伝統的精神も、理想主義である。」(以下略)(『政治の倫理化』より)

大衆の「自治」を覚醒する国民運動

新平は、政治の倫理化運動を大衆の「自治」を呼び醒ます国民運動と位置づけ、全国にわたり展開し始めた。

第一声は、

「……私の主張する所のものは、どうか党派争にのみ没頭するようでなく、少しく心眼を開いて静かに大局を見て頂きたい、ということである。

即ち第一に日本の日本――我を知ること

第二に世界の日本――彼を知ること

第三には日本の世界――我を知らしむるということ～に到達するように」(「青山会館第一声」より)と

昭和２年６月、福井県芦原での保養の際、寺院にて児童を前に講演。（後藤新平記念館提供）

言っている。

後藤新平は、政治を職学とする身で政治の倫理化を鼓吹するならば、いつかは、倫理化された政治が実現されるべきだと考え、普通選挙の推進に尽力した。

後藤によると、政治家とは、古代の君主、領主、閣僚、議員（国、県、市町村）のほか、あらゆる政体、地位、勢力、信任あるいは戦争による勝利に基づき権力を掌握した人々、または執政に当たる人々を指す。政治家がやるべきことの大原則は、国民を信頼し、そして安心させ、自らの政策を実行することであり、国民の信頼が喪失したとき、自ら政治家の職を辞すべき本分を有する。

「自治は生活の根本である」

また、後藤は、政治の倫理化が具体的に進行する内容手段及び方法、それは結局「一も人、二も人、三も人」すなわち「純真なる青年の訓練に存す」と述べている。一九二五年、後藤は「自治三訣　処世の心得」を世に出している。「自治は生活の根本である、自治は活力の源泉である」として「人のお世話にならぬやう、人のお世話をするやう、そしてむくいをもとめぬやう」と説いたのである。

しかし、現在、「規則万能主義」「責任回避」「自己保身」などから、汚職、法律違反が度々報ぜられ、日本の政治は混迷の状況にある。「倫理化はまだかまだか」、いつまでも何をやっていると後藤の叱声が聞こえる。

（たかはし・ちから）

外交・植民地経営

「科学的植民地主義」の先駆者

大阪外国語大学日本語日本文化教育センター非常勤講師　**ウヴァ・ダヴィッド**

2007.4

後藤新平との出会い

私の後藤新平との出会いは偶然であった。十年程前、ベルギーのルーヴェンカトリック大学でジャパノロジーを学んでいた頃、日本近代史の授業の中で南満洲鉄道が取り上げられ、私はそれに関心を持つようになった。その翌年、私は日本に留学し、満鉄初期に関する研究に取り組んでいた。その時に後藤新平という人物にはじめて出会った。そして私は、徐々に彼の植民地支配に対する哲学とヴィジョンに魅了されていった。

科学的に政策決定

後藤新平の生涯の中で注目すべきは、施策決定過程においては科学的研究が不可欠とする、その不変の信念である。医師であった時も、植民地経営者であった時も、鉄道会社の総裁であった時も、また政治家であった時さえ、後藤新平は「科学《サイエンス》」を熱心に奨励する。後藤新平にとって、「科学」は西洋の様々な学術分野と技術を含む幅広い意味をもつものであり、「科学」を時々の状況に応じて組み込むことで、合理的で効果的な施策を生み出すことができるとした。

この考え方のルーツは、衛生担当官として内務省衛生局に務めていた時代に遡るが、具体化されていくのは台湾、満洲における植民地時代であり、それは後に「科学的植民地主義《サイエンティフィックコロニアリズム》」と呼ばれるものへ発展する。これは、科学的な調査研究に基づいて植民地政策を形作っていく方法であり、その特徴の一つにデータの収集・処理・公表があった。今日の日本で植民地時代の研究が進展しているのは、当時公表されたデータが活用できるからに他ならない。

後藤新平が主導した台湾・満洲における植民地経営は、採用された当時のエリート科学者と植民地の経済・教育・行政の各分野で設立された研究所、実験所等によって支えられた。後藤新平によれば、こういった施設は植民地に関する個々人の知識を概括化し、普及化・標準化させる目的をもち、その意味で、地域を統合する機能を果たすという。

当時の日本には、イギリスやフランス等の従前の植民地保有国のように独自の経験から学ぶ時間はなかった。そのため、後藤新平は植民地化過程を早めるために科学というものを最大限に活用しようとしたのである。

「文装的武備論」

特に、後藤新平は満洲において調査研究の必要性を強調し、科学がいかに植民地行政に貢献しているかを示す実際的な開発モデルとして、「文装的武備論」を展開する。これは、日本が軍事力を背景に民事的・文化的に満洲を植民地化していく手法であった。後藤新平はここで、植民地政策と

「国家《ステート》」「経済」「科学」という要素を結合させようとする。国家的要素は政治的・精神的・文化的な形で表現され、経済的要素は植民地開発の考え方に色濃く反映されている。そして、大規模研究施設が提供する調査研究、それが科学的要素であり、開発施策立案の基礎となるものである。

「科学的植民地主義」の先駆者

西洋文献では、後藤新平の植民地主義に科学的アプローチがあったことを否定せず、むしろ強調さえするが、従来の研究では科学的植民地主義の起源はドイツにあるとされる。しかし、後藤新平とドイツの科学的植民地主義を推進した植民地経営者ベルンハルト・デルンブルクを比較すると、後藤新平は直接にデルンブルクから影響を受けたのではなく、むしろ後藤新平の方がデルンブルクより八年も早い時期に科学的アプローチを実施していたことが分かる。

このように、後藤新平は植民地政策に深く関わる人物ではあるが、科学的研究による施策決定という彼の思考は今日の社会でも有効であり、後藤新平の足跡というものを今一度、評価していく必要があるのではないだろうか。

（David Uva／同志社大学 The Institute for the Liberal Arts 助教）

後藤新平を憶う

満鐵会理事長　松岡満壽男
2006. 5

満鐵創業百周年と今日の日本

明治三十九（一九〇六）年創立の満鐵は、今年ちょうど百年目にあたる。私が理事長を務める満鐵会では、今秋の創業記念日（十一月二十六日）に百周年大会を開催する。会は昭和二十九（一九五四）年、満鐵社員と縁故者で構成して設立。最盛時の会員は一万五千人、今年は二千五百人となっている。現在では、私のような二世組が目立つようになった。各地の会では、社歌や「北はアムール」の大合唱。興奮して歌うのは、当時の使命感に燃え命を賭して困難に立ち向かった若者達である。九十三歳の山下清氏は、会員の貴重な資料蒐集、編纂、会誌の前編集長、初期大連ボーイスカウトである。八十九歳の専務理事庵谷《いおりや》磐《いわお》氏は、中国帰国者問題同友会代表幹事他で、残留邦人の救援活動に命懸けで取り組んでおられる。

昭和十一（一九三六）年、広田内閣の国策で渡った開拓団は、終戦前後のソ連侵攻により八万人弱の犠牲者を出している。昭和三十四（一九五九）年、岸内閣時に戦時死亡宣告、戸籍抹消。国交回復九年目の昭和五十六（一九八一）年、調査開始。度重なる辛酸を経て、現在帰国した残留婦人は三千八百十人、孤児二千五百人。彼等は殆どが生活保護を受けており、何らかの救援が必要だ。現在、十五件の賠償を求める提訴があるが、今年二月十五日に東京地裁は国の責任、すなわち「棄民」政策であったことは認めながらも請求は棄却した。

かつて、計り知れない構想力をもって世界を洞察した人物たちがいた。後藤新平は、昭和三（一九二八）年訪ソ、日中ソの結束に尽力し、大叔父松岡洋右《ようすけ》は、[*1]少年時代の辛苦からアメリカを彼なりに知り尽くしていた。昭和十六（一九四一）年の外相時代には、日ソ中立条約[*2]を締結している。今、後藤新平ならどのような救援策を考えつくだろうか。いや、こんな「冷たい祖国」と云わしめる悲劇は生まれてはいないだろう。

功を奏したマッカーサーの愚民化政策

最近私は冗談に「とうとうこの国は米国の五十一番目の州になるか、中国の植民地になるかだ。米国の州になれば後藤新平の生まれ変わりが大統領になるさ。」と云ってしまう。このままでは米国とアジアのジョイント役どころか、主体性のない米国一辺倒の属国になり果てる。マッカーサーの愚民化政策は功を奏した。特にマスコミは思考力のない愚民化に拍車をかける。大衆の評価する人物は、毎日テレビに映る芸能人、スポーツ選手、それ等に類する政治家やタレント。無知、醜い言動、我執等をことさら強調することが受ける。彼等の傍若無人振りには大衆は寛容。連日常識では考えられない惨憺たる事故や事件。ＩＴ化による索引のような知識で短絡衝動的な人達をどうやって教育するのか。物は均一化し、便利な生活環境の中で内省する機会があろうか。永久に爛熟したこの国の存在を

＊1 **松岡洋右**（1880–1946）政治家。山口県出身。外交官を経て代議士。1933年国連首席全権として、連盟脱退を宣言。満鉄総裁、外相歴任。

＊2 **日ソ中立条約**　1941年、両国間に調印された相互不可侵条約。有効期間5年。日本は南進政策に転ずるが、45年8月、ソ連参戦で失効。

信じている人々。この国は行く所まで行くのか。

後藤新平の遺言

戦後、後藤新平のような確固たる信念で日本の針路を定める指導者は少なくなった。各界の指導者の多くにはそれだけの見識と素養がない。先の戦争による贖罪意識が国民に染み込んで、明治・大正・昭和を冷静に正視しないでいる。日本人による近代史、現代史が失われている。明治維新以後、先人達は国家危機の中、大局的視点で国家建設に邁進した。特に後藤新平は、原内閣誕生までの長い薩長閥の下で多くの業績を残した。あらかじめ現況を調査研究し、科学的分析を重ねる。その百年の先を読んでの政策は、科学と哲学が融合している。今朝、民放でポスト小泉についてタレント達が語っていたが、候補は全員世襲議員。衆議院では二十五％が世襲、十五％が官僚出身。これでは国政の刷新は望めない。

天賦の才があるとはいえ、後藤新平の人物そのものに感嘆する。広く人材を集めて目的達成にプロジェクトチームを作るという手法は、現在最も効率的である。彼のボーイスカウトへの遺言に、「金を残して死ぬ者は下、仕事を残して死ぬ者は中、人を残して死ぬ者は上」があるが、今日一番肚に響く言葉である。

（まつおか・ますお／満鉄会情報センター理事長）

日露協会学校と後藤新平

早稲田大学大学院アジア太平洋研究科教授　**小林英夫**

2008. 3

実務主義を貫く

後藤新平が優れた政治家として評価される点は数多いが、そのなかの一つに彼の教育への取組みがある。彼が人材育成に力を注いだことはよく知られた事実だが、満鉄総裁時代の一九〇七年から〇八年以降特に積極的に活動し、多くの学校を設立している。代表的な事例の一つがハルビンに設立された日露協会学校だ。この学校は、一九二〇年から本格的に活動を開始し、満洲国成立後はハルビン学院[*1]と名称を変更して運営された。一九〇一年に上海で活動した東亜同文書院[*2]と並ぶ海外のエリート校である。前者が日露架け橋の人材の育成を目的に設立されたとすれば、後者は日中の架け橋を目的に設立された。

両者に共通するのは、各道府県で厳しい選抜基準で選ばれた優秀な公費支給生に対して語学主体の現地密着型の実地教育を実施した点である。三学年制の日露協会学校の第一学年の週間プログラムを見れば、三六時間のうち半分の一八時間がロシア語の授業で、進級するとロシア史、ロシアの商習慣がこれに加わり、最終年度にはこれらがロシア語で行われたという（芳地隆之『ハルビン学院と満洲国』）。

＊1　**ハルビン学院**→342頁。

＊2　**東亜同文書院**　東亜同文会が1901年に上海に設立した学校。大陸で活躍する人材育成を目指した。生徒による情報収集などを重視した。

＊3　**児玉源太郎**→70頁。

＊4　**岡松参太郎**→319頁。

後藤の精神を踏襲したと思われるこのプログラムは、徹底した現地主義で貫かれている。そして、その精神は、抽象的な理論ではなく、具体的な実務主義でこれまた貫かれているのである。ここに後藤の一つの考え方が反映している。かつて、彼が児玉源太郎[*3]に請われて台湾の民政局長（長官）に就任した際、それまでの法律関係の行政官を実務中心のスタッフに大幅入れ替えしたという。また彼は、満鉄総裁に就任した際に、岡松参太郎[*4]の理事就任を貫き通したという。岡松は、後藤が台湾民政長官時代に彼の施政の基礎をなす台湾旧慣調査[*5]の責任者の一人である。後藤は満鉄経営に際しても、岡松を最も重要なブレインの一人と考えたのであろう。岡松は、単なる象牙の塔の学者ではなく、欧米のシンクタンクの実情を調査したり、我国にゼミナール形式の授業方式を導入するなど、実践型の学者だった。

個性豊かな卒業生たち

こうした後藤の精神を体現した日露協会学校、後のハルビン学院の生徒は各道府県選抜の優秀生だったが、にもかかわらずというべきか、それゆえというべきか、個性派を数多く輩出した。つまらぬ授業はボイコットし、それが拡大すれば全学ストライキへと発展することも珍しくなかった。ここを中退して満鉄調査部[*6]に入り、帝大卒がひしめく満鉄調査部の中で活躍した人物の小泉吉雄もその一人だ。彼は、ハルビン学院時代にストライキに参加し、退学となった後、満鉄調査部入りをしている。持ち前の優秀さが認められて、満鉄経済調査会で国策立案にたずさわり、後に企画院[*7]に出向、帝大出の毛里英於菟、切れ者の関東軍参謀秋永月三らとともに国策立案の中枢入りを果たしている。もっと

＊5 **台湾旧慣調査**　台湾永久統治のための基礎的事業。1899年岡松参太郎京都帝大教授に委嘱した予備調査から開始。体系的展開が特色。

＊6 **満鉄調査部**→123頁。

＊7 **企画院**　1937年に設置。戦時経済体制における国策の計画・立案・調整を但った内閣直属の国家機関。1943年軍需省に吸収。

も一九四二年九月におきた満鉄調査部事件[*1]で検挙されて入獄、四五年五月に有罪判決を受けている。日露協会学校を出たもう一人の人物を挙げるとすれば、卒業後外務省に入省し、リトアニアのカナウス日本領事時代の一九三九年、ナチスの迫害を受けたユダヤ人に大量のビザを発給し、その数六千人にのぼるユダヤ人を救済したとされる杉原千畝である（中国新聞社社会部『自由への逃亡――杉原ビザとユダヤ人』）。彼は一九一八年早稲田大学高等師範部予科入学。翌年日露協会学校に入り、ここでロシア語を習得、二三年同校卒業後外務省入りし、満州国外務官僚を経て、日本外務省へ復帰、前述したカナウス領事などを歴任している。彼なども後藤の精神である実務主義をベースに枠にとらわれぬ豊かな発想をもって奔放に生きた個性派の一人だったのではないだろうか。

（こばやし・ひでお／早稲田大学名誉教授）

ロシアから見た後藤新平

歴史学者・拓殖大学日本文化研究所　**ワシーリー・モロジャコフ**

2007.1

今世紀を迎えて日露関係は、かなりダイナミックに進展している。プーチン大統領と小泉元首相の間には、重要な問題について率直な意見交換をおこない、その問題について相互に受け入れ可能な解決策を見出すべく共に努力できる関係が築かれた。はたして、安倍新総理はどうだろうか？

＊1 **満鉄調査部事件**　1942–3年に共産主義運動の嫌疑で主なスタッフが大量検挙された。これにより調査部は解体状況となった。

最後の訪露後の後藤（1927）

今から百年前、そのような相互理解の基礎を築いたのが後藤新平であった。

後藤の基本ロシア観

日露戦争前、太平洋を視野に入れて満洲と朝鮮へ勢力拡大を図るロシアを、後藤は日本の敵と見なしていた。日露戦争は彼の愛国心を奮い立たせたが、戦争が終わると、日本の将来について考えざるを得なくなった。後藤が考えたのは、日本とロシアは、戦争をするか友好関係にあるかに関わりなく、互いにアジアの隣国であり続けることであった。

このような情勢の中で後藤が達した結論は、ロシアは戦略的なパートナーになるべきであり、同盟国と認めてもよい、ただし敵国であってはならないというものであった。帝政ロシア時代はそうであった、さらには、ソビエト・ロシア時代に入っても、後藤の考え方はあまり変わらなかった側面に留意したい。

個人的な接触が成功につながる

後藤は、日露政治・経済関係の発展を考えて、様々な計画を提案した。その計画が実際に動き出したのは、彼が一九〇八年と一九一二年に帝政ロシアを、次いで一九二七―二八年にソビエト・ロシアを訪問した際である。後藤はロシアの指導者の皇帝ニコライ二世[*1]、ストルイピン首相[*2]、ココフツォフ財務相[*3]（のち首相）と個人的な親交を深め、彼等に好印象を残した。

ロシア革命とその後の政治的急変も、日露関係で個人的接触が果たす役割への見解を、後藤は基本的に変えることがなかった。一九二二年の末、ソビエト・ロシアの承認とその外交通商関係樹立の必要性に迫られたときにも、彼は個人的な接触に期待を寄せていた。それは後藤が北京駐在ソビエト全権代表のヨッフェ[*4]を日本に招いて以後の、交渉の基礎作りに示されている。この会談が直ちに実効をあげることはなかった。だが、後のスターリンとのやりとりを含めて、日露の対話を復活させたという大きな一つの結果を得ている。

「ロシア人と日本人は一緒に働くことになる」

後藤はソ連指導部宛書簡等で、多数の具体的な提案をした。最初のプロジェクト（一九二三年夏）は、極東地方とシベリアで事業をおこなうための日露合弁融資銀行を設立する計画であった。ソ連側はこの計画を拒んだ。しかしさらに一九二五年春、後藤は、シベリア及び沿海地方の天然資源開発に日本企業を誘致する計画を提案する。ソ連側はこの提案も拒否した。「資本主義包囲陣」から侵略される

*1 **ニコライ二世**（1868–1918）帝政ロシア最後の皇帝（在位 1894–1917）。積極的な極東進出で日英と対立。日露戦争に敗北。革命で銃殺。
*2 **ストルイピン首相**（1862–1911）ロシアの政治家。1906 年革命混乱期に首相に。農村共同体などの反動的弾圧政治により暗殺された。

恐怖を常に感じていたソビエト指導者達は、この計画を、将来の戦争の潜在的敵軍をソ連領内へ合法的に進出させる方法と見なしたのである。

失敗か？　訓練か？

後藤は、ロシアとの善隣関係、パートナー関係の推進にきわめて大きな努力を払ったにもかかわらず、その努力に比して得られた成果は余りにも少なかった。目先の実利を優先させるなら、それは当然だったかもしれない。しかし、将来について考えていた当時の人達は、いつも彼の努力を評価していた。これまで見たように、後藤は日本の自利だけでない利他を含めた互恵の戦略的構想を優先させていたからである。

後藤の戦略的な構想力は、今後の日露関係にも生かされる必要がある。その実現に向けての努力は、後藤の軌跡を偲ぶ日露双方の我々に共通する義務である。

（Vassili Molodiakov ／拓殖大学日本文化研究所教授）

＊3　**ココフツォフ**→ 382 頁。
＊4　**ヨッフェ**→ 11 頁。

伊藤博文からみた後藤新平

大手前大学教授　**上垣外憲一**
2009. 11

後藤が関わった二つの重要事件

私が後藤新平について調べる必要に迫られたのは『暗殺・伊藤博文』を書いたときに、伊藤の伝記にとって重要な二つの事件に、後藤新平が関わっていたからである。一つはもちろんハルビン駅頭における伊藤の暗殺事件である。なぜなら、『後藤新平伝』の伝えるところでは、伊藤のハルビン行きは、そもそも厳島における後藤と伊藤の会談、いわゆる厳島夜話において後藤の企画として持ち出されたものであったからだ。

もう一つは、後藤新平が台湾の民政長官をしていた明治三十三年に起きたいわゆる厦門事件で、後藤新平は、この時期に福建省に渡っており、児玉と同腹だったと考えられることである。厦門事件は、いわゆる義和団事変に際して、厦門の本願寺が中国人暴徒によって焼き討ちに遭い、これに応じて台湾総督児玉源太郎が台湾から軍を派遣して厦門を占領したという事件である。

実際は、中国人暴徒とは日本人が変装したものであり、隣のアメリカ領事館から丸見えであったので、ただちにアメリカから厳重な抗議が来て、時の総理大臣山県有朋[*1]以下、政府首脳は台湾軍の引き

＊1　**厳島夜話**　1907年9月、後藤は伊藤博文と厳島の宿で対話。中国などの安定を確保し、強大化する米国に向う、新旧大陸対峙論を説く。
＊2　**山県有朋**（1838–1922）軍人・政治家。長州藩出身。陸軍の創設に尽力。陸相・内相を歴任。二度組閣。典型的な藩閥政治家である。

上げを命令するが児玉がこれに応じず、といった場面があったのである。

この時、台湾へ行って、児玉以下を説得したのが、水戸出身だが伊藤博文に引き立てられた外交官の室田義文であり、その室田は伊藤博文がハルビンで暗殺された時の主席随行員であった（当時室田は貴族院議員）。私はこれは単なる偶然と考えないのである。

厳島での会談の冒頭、伊藤博文は後藤に対してほとんど敵意を持っているような態度であったと、『後藤新平伝』は伝える。それは、厦門事件の時、後藤が児玉とともにこの「暴発」に荷担していたという記憶が大いに働いていたというのが、私の推測である。

後藤と伊藤の対米戦略の相違

もちろん、伊藤の後藤に対する懸念は、過去のことだけではない。伊藤は、満鉄の経営をアメリカと共同で行うという考え方を支持していたと思われる。なぜなら、伊藤は日露戦争終結においてアメリカのセオドア・ルーズベルト[*2]大統領が仲介に動いてくれたことに対して、アメリカに対して報いなければ、将来の対米関係を悪くすると考えており、アメリカとの満州での提携は、当然の路線であったからである。

満洲問題協議会で議長をつとめた伊藤博文が、会議の冒頭で、満洲の門戸開放を要求するイギリス大使の手紙を披露した。これは日本が独占的に満洲の経営を行おうとする

伊藤博文（1841-1909）

＊2 **セオドア・ルーズベルト**（1858–1919）米国の政治家。1901 年第 26 代大統領に。革新主義を掲げ、トラスト規制・労働者保護など推進。

ことを英米がきわめて不快に思い、脅威に感じていることを示したもので、軍部が行おうとしていた満洲の独占的支配の要である軍政署の廃止を求め、これを実現したのである。その日本が独占する形の満鉄の総裁となった後藤新平に対して、伊藤がこいつは排米主義者だと不愉快に思っていたのは当然で、それが厳島会談での冒頭の後藤に対するケンモホロロな態度に現れているのだ。『後藤新平伝』に載せる後藤の回想では、後藤が世界は旧大陸と新大陸の対立の上に成り立っており、日本はヨーロッパとともに旧大陸に属し、アメリカは新大陸の代表である、それゆえアメリカよりも旧大陸のロシアと組むのが日本の進路だと説いて、伊藤を納得させたことになっている。後藤は、自分が伊藤を説伏したと誇っているが、伊藤はそうは思っていなかったと私は思う。なぜなら、室田と後藤は交友があったとはいえ、後藤の、アメリカと対立した「旧悪」（厦門事件）をもっともよく知る室田義文を、主席随員に選んでいるからである。

（かみがいと・けんいち／大妻女子大学教授）

劇中劇としての「厳島夜話」

劇作家　堤　春恵

2009. 12

歴史劇の主人公にするとしたら

後藤新平はなかなかつかみづらいキャラクターだと思う。政治家としての後藤新平が、というより、現代の視点から後藤新平を主人公に歴史劇を書くとすれば、という意味である。その理由はまず後藤の活躍があまりに多岐に渡っているからであろう。その人の人生のある一瞬を切り取って歴史を背景に台詞を語らせようとする場合、後藤というキャラクターをどの背景の前に置くのが後藤という人物を最も明確に浮かび上がらせる事になるのか、判断に迷うのである。

それでも後藤を主人公に芝居を書くとしたら、私は台湾民政長官時代と、満鉄総裁時代、そしてエピローグとして最晩年のソ連訪問[*1]を取り上げるかも知れない。日本が海外に力を伸ばしてゆく最先端の場所、日本ではなく、かと言って外国とも言い切れない場で、新しい支配者としての日本のイメージを創り上げて行く事が、後藤には最も適任だったのだろう。台北も、満洲の諸都市も、後藤市長時代の日本の首都東京と同じく、パリやロンドン、ニューヨークなどのメトロポリスと肩を並べて、二十世紀の新しい日本のイメージを国の内外に発信していく機能を担っていたと言えるのではないだろ

＊1 **最晩年のソ連訪問**　1927年12月。日ソ連携の中国救済、日本の沿海州拓殖事業の認知、日ソ漁業協約問題の解決などが目的だった。

うか。台湾民政長官としても、満鉄総裁としても、そして東京市長としても、後藤がまず大規模な調査事業を行ったのは、自分が置かれた場の現実を熟知した上で、その上に新しい「日本」のイメージを創り上げるのが彼の最も得意とするスタイルだったからではないか。

クライマックスは「厳島夜話」

海外にあった日本、広い意味での植民地の状況は、現代に生きる私達には感覚的に理解しにくい。そういう場での後藤の活躍を浮かび上がらせるにはどうしたらいいだろうか? 全体の枠組みとして明治時代後半の国際社会を置き、劇中劇の舞台をその時代の日本とする。国際政治という劇の次元と、劇中劇である日本とを繋ぐ中二階のような場に後藤が活躍した台湾、満洲を置く。主人公の後藤が、劇の次元、劇中劇の次元、世界と日本の間を自由自在に行き来する姿を、現代の私達が観客席から眺めている。このような構造を取れば、当時の日本と世界の状況を後藤新平という一人のキャラクターに収斂させる事が出来るかも知れない。

その場合クライマックスはやはり、後藤新平と、伊藤博文とが明治四十年、厳島で語り合い、のちに後藤によって「厳島夜話」として記録されるエピソードになるだろう。この話し合いは、二人の大政治家がどちらも軸足を海外の日本に置いた状況で行われている。後藤は明治三十九年以来満鉄総裁であり、伊藤もまた同じ年に韓国統監となっていた。伊藤は世界から孤立していた前近代的な島国を、明治維新によって近代国家日本に変身させた張本人の一人である。伊藤たちの世代が突然外国と向き合い、異文化ショックの中で試行錯誤を繰り返しながら身につけていった異文化理解の方法を、伊藤

＊2 **韓国統監府** 1906年日本政府が朝鮮支配のためにソウルに設置した機関。1910年の韓国併合後に朝鮮総督府に継承された。

より十六歳年下の後藤もまた会得していたに違いない。それはおそらく医者としての科学的な知識と視点とともに、日本ではじめての植民地経営に携わった経験によるものだろう。

そして伊藤が紆余曲折を経てついに後藤の意見を容れて訪ロを決意した時、ハルビンにおける伊藤の横死も又歴史の予定表に書き込まれる。海外に急速に力を伸ばしてゆく日本の、あやういバランスが崩れる一瞬、劇と劇中劇の間の次元の壁が崩れる瞬間である。その前面には自らの死の直前にまでソ連を訪問して、崩れてゆくバランスを取り戻そうとしていた後藤の姿がくっきりと浮かび上がって来るのではないか。

（つつみ・はるえ）

後藤新平とドイツ

上智大学准教授　**サーラ・スヴェン**
2011. 10

後藤とＯＡＧ

後藤新平は若い時にドイツに行き、医学を勉強し、後のキャリアにおいて、その知識を大いに生かしたことはよく知られているが、ドイツ留学以降、後藤がどのように「ドイツ」と関わったかはあまり知られていない。最近、国境を超える知的ネットワーク、政治家等の国際的人脈の研究が進んでいる中、在日ドイツ人が明治六（一八七三）年東京で設立したドイツ東洋文化研究協会（通称ＯＡＧ）の役割――特に日独関係における――が研究されている。そこで、後藤新平が在日ドイツ人にとって、一九一〇年からその死に至るまで、非常に重要な存在であったことがわかった。

ＯＡＧは、東京在住のドイツ人学者や外交官、商人が集まり一八七三年に創立され、それ以来、日独関係の発展や日独両国の学問の国際化に大きく貢献してきた。ＯＡＧは一九〇四年、日本の法律に基づき「社団法人」となり、現存する最も古い社団法人の一つである。

日本政府・軍隊・大学等によって雇用されていた数多くのドイツ人教授や顧問等の専門家、つまりいわゆる「お雇い外国人」の多くがＯＡＧへ入会し、その結果、活動が盛んになった。当時のＯＡＧ会員の、医師のＥ・ベルツ[*1]、日本陸軍大学校講師・陸軍参謀本部顧問のＫ・メッケル[*2]及び歴史学者のＬ・リースの名声がＯＡＧにも反映したと言える。更に、日本の政界における「親独」的な存在とみなされている人達もＯＡＧの会員になった。その中には桂太郎[*3]、青木周蔵[*4]、近衛篤麿[*5]等、そして「Shimpei Goto」の名前がある。後藤は、わりと遅い時期にＯＡＧに入会したようだが、一九一〇年、一九一二年、一九一四年の会員名簿に名前が出てくる。何らかの個人的なつながりで一九一〇年にＯＡＧに入会したと思われるが、一九二九年一月の『ＯＡＧ紀要』に「名誉会員」として紹介され、その次号（一九二九年四月）では後藤の他界が会員に知らされている。

＊1 **Ｅ・ベルツ**（1849–1913）独の医学者。1876 年東京医学校教師として来日。教育・公衆衛生・伝染病予防に尽力。著『ベルツの日記』。
＊2 **Ｋ・メッケル**（1842–1906）独の軍人。1885 年陸軍大学校教官として来日。軍政改革、戦術教育などを指導し、1888 年に帰国。
＊3 **桂太郎**→ 71 頁。

ドイツ留学時。後列右から二人目が後藤。

学術交流に貢献

後藤新平は、第一次世界大戦前後のOAGにとって重要な会員であった。一九一四年、日本は大英帝国の同盟国としてドイツ帝国に宣戦布告し、日本とドイツが敵対関係になった。一九一四年以前にOAGに入会した後藤だが、第一次世界大戦中でも脱会することなく、戦後におけるOAGの再建に大きく貢献した。第一次世界大戦は――というよりも日本の軍事史上「日独戦争」と名付けられている戦いは――必然的にOAGの存続にとって大きな危機であった。しかし幸いにも、協会は日本の官憲によって禁止されたり解散命令を受けたりはしなかった。それは、後藤新平を始めとする有力な日本人会員の尽力や、OAGが一九〇四年以降、日本の法律に基づく社団法人であったことが関係していたと思われる。

ただし、戦争によって、OAGの活動はほぼ停止し、その財政状態は大いに悪化した。そこで、後藤と大戦後初の在日ドイツ大使のヴィルヘルム・ゾルフは寄付金等

＊4 **青木周蔵**（1844–1914）外交官・政治家。長州藩出身。外相。条約改正交渉を進め、日英通商航海条約に調印、領事裁判権撤廃に成功。
＊5 **近衛篤麿**（1863–1904）政治家。学習院院長・貴族院議長・枢密顧問官などを歴任。東亜同文会・対露同志会を結成、対露強外交を提唱。
＊7 **星一**→ 362 頁。

を集め、ＯＡＧの存続に大きく貢献した。なお当時、悪化し続けていたドイツの経済状態からドイツの学問を全体的に救済するために、後藤とゾルフが星一[*6]らから寄付金を集め、現在のドイツ学術振興会（ＤＦＧ）の前身であるドイツ学術緊急協会をサポートした。このドイツと日本の研究・学術における協力関係は、明治時代から第二次世界大戦後の日独関係の一つの特徴であるといえよう。戦争中を除いて、両国は学術的な協力を重んじ（戦中はむしろ秘密主義）、現在まで平和的な協力を推進している。後藤新平はその学術交流を重んじる二国間関係の代表的な人物の一人であり、ＯＡＧとＤＦＧの歴史においても非常に重要視されるべき人物であるといえよう。

（Sven Saaler）

台湾とのつながり

紀伊國屋書店会長兼ＣＥＯ　**松原　治**

2007. 4

「世界に冠たる台湾統治」

戦前、東京帝国大学法学部の学生であった私は、私淑する矢内原忠雄[*1]先生が経済学部で植民政策を講義しておられたので聴講したことがありました。戦前は世界列強による帝国主義の結果、多くの植

＊1　**矢内原忠雄**（1893–1961）経済学者・教育家。1937年に反戦思想で言論弾圧を受け東大を去る。戦後東大に復帰し、1951年総長となる。

民地が発生して、その経営を対象として植民政策が学問の対象となったのです。先生は開講の辞で「日本の植民政策は世界に冠たる、誇り得べきものがある。特に台湾統治はその最たるものである」という御言葉でした。

台湾の人々の親近感

昭和十六（一九四一）年三月卒業、満鉄に入社応召、五年。昭和二十五（一九五〇）年より現在に至る五十七年間、紀伊國屋書店の経営に携わって来ましたが、日本を理解して頂けるようにとの念願より、一九六九年サンフランシスコに開店、爾来三十七年間に八カ国二十三カ店を開店しました。

一九八七年、台北に出店を要請されました。蒋経国総統[*2]、李登輝副総統（一九八八年蒋経国逝去後総統に就任、一九九六年台湾史上初の総統直接選挙で総統に就任）の下で民主化も進み、法も整備されたので出店、爾来台北二カ店、台中、高雄と台湾には四カ店を展開しております。李総統はしばしば御来店になり、「台北にお店が出たので、大阪梅田店まで買いに行かずに済みます」と云って下さっていました。

台湾の人々に親近感を持って頂いておることは驚くばかりですが、これは日清戦争後日本が領有した台湾に総督府が置かれ、児玉源太郎総督[*3]（その後内務大臣となり、日露戦争では大山元帥[*4]の下、満洲派遣軍の参謀総長として日本に勝利を齎《もたら》した）の下、民政長官になった後藤新平が、六年八カ月という長期に亘り在任、鋭意善政に努めたことが大きいと思います。

悪疫流行し、湿地が多く農業生産も振わず中国本土より「化外の民」と蔑視されていた台湾住民が、湿地は干拓され緑野となり、悪疫は根絶され、砂糖黍、米の栽培に努め、日本本土と同じ教育施策に

＊2 **蒋経国総統**（1906?–1988）政治家。蒋介石の長子。台湾国民政府の重職を歴任し、蒋介石の死後、総統となる。

＊3 **児玉源太郎**→ 70 頁。

＊4 **大山巌**（1842–1916）陸軍軍人。薩摩藩士。西郷隆盛の従弟。維新後、渡仏、軍政・砲術を研究。六代の内閣の陸相を務めた。

より字が読め、数が算えられ、高等教育を受けられ、経済的にも文化的にも遙かに優位に立つ基礎を築いたことによるもので、驚くべきことです。

人の心の底にある変らないもの

私個人にも台湾については思いがけない体験があります。たまたま一人の親友から紹介された台湾の黄さんという実業家からお孫さんの黄俊欽君が日本の大学に留学したいとのことで、東海大学を奨めましたら優秀な成績で政治経済学部に入学され、四年間勉学、卒業後我が社で実業を学ばして貰いたいと仰るのでお預りし、新宿本店の店頭に立って貰ったら、日本人の大卒総合職に劣らずよく勤務し、三年後同僚の社員と結婚して、祖父、父君の同意を得て日本に帰化して「朝倉晃君」となられました。在社十六年、現在は当社ロサンゼルス店長として日本語、英語、中国語を駆使して活躍されております。

ここに七十年余、歴史は大きく変化を遂げましたが、人の心の底には変らないものもあることを感得しました。

（まつばら・おさむ／故人）

台湾協会学校と後藤新平

拓殖大学常務理事・創立百年史編纂室長 **福田勝幸**
2008. 11

台湾協会の発足

後藤新平が児玉源太郎台湾総督のもと民政長官となったのは明治三十一年のことであった。初期における台湾統治の失敗は、日本がこれまで植民地統治の経験を全く持たなかったことと、外地である台湾についての認識が頗《すこぶ》る乏しく、新領土よりすぐにでも多大の利益が上がるかのような錯覚をしていたことに大きな原因があった。

そのため国民に台湾についての啓蒙を図り、台湾経営に国民の支持と協力をとりつける必要があった。こうしたことから、このことを最も痛感していた初代の民政局長で三代の総督に仕えた水野遵《たかし》が中心となり明治三十年四月、台湾に直接関係した官民有志による親睦団体「台湾会」が発足し、翌年四月、正式に「台湾協会」が設立された。初代の会頭には桂太郎[*1]が推薦され、岩崎弥太郎[*2]、三井八郎右衛門[*3]、渋沢栄一[*4]等の財界人が支援することとなった。

この台湾協会の規約には、第一条として「本会は台湾に関する諸般の事項を講究し台湾の経営を裨《ひ》補《ほ》する」との目的が明記され、文字通り後藤の指揮する台湾経営を裨補し、我が国最初の官民有志に

＊1 **桂太郎**→ 71 頁。
＊2 **岩崎弥太郎**（1834–1885）実業家。土佐出身。藩営を離れた大坂商会を継承、独立。三菱商会・三菱汽船会社と発展させ、財閥を築いた。

よる「国際協力機関」の誕生となった。後藤自身もまた明治三十二年からその台湾支部長を務めている。

台湾協会学校の設置と民政長官

明治三十三年五月台湾協会は、評議員会において「植民学校の設置」を決定した。その設立趣意書には「（略）茲《ここ》に台湾協会学校を設立し、専ら新領土経営に要する往邁敢為《おうまいかんい》の人材を養成し、彼我の交情を潤和便安《じゅんわべんあん》ならしめ、以て殖産興業の発展を裨補し、聊《いささ》か台湾の将来に貢献する所あらんことを期す」とある。そして同年六月文部大臣の許可を得て、初代の校長に桂会頭が自ら就任した。

学校が開校して間もなくの明治三十三年十二月十八日、台湾協会は民政長官後藤新平を招いてその招待会を催した。そこで後藤は「（略）抑《そもそ》も台湾に於ける人材の欠乏は実に甚しく、公私共に其不便を感ぜること名状すべからず、是に於て総督府は人材養成の急務なるを思ひ、官立学校設立の計画を立てたり。然るに協会の達識なる夙《つと》に此計画を為し、総督府に先じて学校を設立したり。総督府は最早や官立学校設立の必要を見ざるに至りしと同時に、弥々《いよいよ》協会を依頼せざる可からざるに至れり」と演説を行った。また翌三十四年一月にも来校し学生に講話を行い、この学校の設立並びに学生に対して大いなる期待を披瀝し、設立間もない台湾協会学校に対して総督府からの補助金の下付を取り計らったのであった。

＊3　**三井八郎右衛門**（高棟）（1857–1948）実業家。総領家第10代当主。三井家同族団を統率し、明治・大正・昭和に亘り、頂点に君臨。
＊4　**渋沢栄一**（1840–1931）実業家。埼玉出身。維新後大蔵省に出仕。第一国立銀行・王子製紙・大阪紡績などを創立。社会事業にも尽力。

拓殖大学大正 14 年卒業生と後藤新平（写真提供：拓殖大学）

第三代学長としての後藤新平

後藤新平が台湾協会学校を前身とする拓殖大学の三代学長に就任したのは大正八年四月であった。後藤は学長就任後、持ち前の強いリーダーシップを発揮して大正十一年六月、関係者の念願であった大学昇格を成し遂げ、大学をその母体である東洋協会[*5]（台湾協会を改名）から別個の財団法人として独立させた。

そして昭和四年四月十三日逝去するまでの約十年間拓殖大学の発展に尽力し、今日では関係者より中興の祖として仰がれている。後藤が就任して間もなく制定された校歌の三番に「人種の色と地の境　我が立つ前に差別なし　膏雨《こうう》ひとしく湿《うるお》さば　磽确《こうかく》やがて花さかむ　使命は崇《たか》し青年の　力あふるる海の外」とうたわれている。作詞した宮原民平が、創立以来台湾や朝鮮各地で活躍する同窓の熱誠に思いを致して創作したものであり、後藤の理念としたところのものでもあった。

先般アフガニスタンで現地の人々の為に尽くしてき

＊5 **東洋協会**　日露戦勝で台湾協会の趣旨・特色を満韓地方に発揮する必要性が生じ、1907 年、同協会名を改称した。台湾協会学校も同様。

た伊藤和也君の訃報に接し、今改めて我が国の海外で活躍する人づくりの必要性を痛感する次第である。

（ふくだ・かつゆき／学校法人拓殖大学理事長・創立百年史編纂室長）

阿里山と後藤新平

東京大学生産技術研究所教授　**藤森照信**

2008. 1

台湾きっての山岳自然公園

後藤新平が台湾に残した足跡については、衛生のこと、都市計画のことなどさまざまに語られているが、日本ではかならずしも記憶されているとはいえない〝阿里山〟の一件を紹介したい。そう目立つ山でもないのに、阿里山のことを知らない台湾人はいない。年老いた人にかぎらず、若い人の方が今は良く知っているだろう。そして、このところの台湾の自然保護意識の盛り上がりを見ると、阿里山の存在はますます高まるにちがいない。

台湾中部の地方中核都市の嘉義から列車に乗り、途中下車することなく一路東へ、ヤシが茂りバナナが実る田園地帯を抜けて、山岳地帯にさしかかるが、急勾配も何のその、岩山をくりぬいたトンネルをくぐり、急斜面を削った崖の中腹を渡り、何度も何度も曲がりくねった果てに、山頂に近い小さな平に着いたところで列車は止まる。そこが阿里山。

列車とはいっても山岳列車だから、トロッコのような小さな車体がガタガタゆれるし、歴史を知らなければ何でこんな急峻な山にわざわざ鉄道を走らせたかは分からない。

阿里山の檜の開発

実は、この鉄道は後藤新平の敷いた鉄道なのである。今は台湾きっての山岳自然公園に出かけるための登山鉄道だが、かつては阿里山の檜を嘉義の町まで運ぶための山林鉄道だった。

中核都市嘉義の町も、阿里山鉄道も、阿里山の自然公園も、元をただすと後藤に行きつくのである。

阿里山を視察する後藤民政長官一行。中央左、ステッキを持つ人物が後藤。

日本が入るまで、山岳地帯は高山族の領域とされ、漢人は山の奥に生える木々のことを知らず、木材は大陸から輸入していた。ところが、日本が入り、最高峰の山（日本時代は新高山《にいたかやま》）の登頂を目ざした陸軍登山隊が、途中、檜の生い茂る山を発見する。

これが阿里山の檜の発見である。当初、日本の民間資本が阿里山開発をめざしたが、山林鉄道の敷設でつまずき、撤退をよぎなくされた後、台湾民政長官・後藤新平の指示により、政府の事業として、開発が行われ、やがて、砂糖とならぶ台湾の一大事業に発展する。嘉義の町もそうやって成立して、今日にいたる。今は、もっぱら輸入材の製材の町だが。

自然の荒廃を避ける林業開発

以上の知識はあったが、阿里山へ実際登るまでは心配だった。一大産業を作ったとはいえ、檜を大量に伐り出したわけで、今は阿里山開発は〝負の遺産〟扱いされているのではないかと。

一番の心配は、「現在、全面伐採禁止になっているのは、日本時代の開発で山が荒れたからではないか」との疑問だったが、営林局の人に聞いて一安心。独立後、外貨目的に乱開発がすすみ、日本時代の伐り株まで根こそぎ掘り起こす（根を彫刻などにする）にいたり土砂崩れが頻発し、ついに全面禁止になったとのこと。

日本時代は、巨木の森は保護地区とされ（今も自然公園の中心地域）、伐った後にも植林がなされ、山が荒れることはなかったという。

後藤は、自然保護を目的にしたわけではないけれど、自然の荒廃は避けるような林業開発をした。そのことが、結果的に、台湾きっての山岳自然公園を後世にもたらすことになったのである。

（ふじもり・てるのぶ）

八田與一から後藤新平を想う――いま、彼の何が必要なのか

歴史家・作家　**加来耕三**

2012. 1

想定外を超える「大風呂敷」が必要

地震による災害――すなわち震災は、人や土地に被害を与えるものでなく、人や土地が被った被害の大小が、人々の心を通して印象づけられるものである。

国も地方公共団体も、常に被害が起きないように、小さくてすむように、と考え対策を練ってきたはずだ。だが、震災に見舞われる度毎に出てくる彼らの言葉は、「想定外でした」の一言に尽きた。

歴史学は、自然と生きる人間の営みが、常に「想定外」の連続であることを、その無数に近い実例で語ってきたはずだ。

にもかかわらず、人々は「想定外」を口にして、自らの非力のいいわけとする。

具体的に押しよせてくる想定外の連鎖を食止めるためには、想定以上の想定、それこそ〝大風呂敷〟が必要であった。

日本の統治時代、台湾南部に、〝東洋一〟といわれる全長一二七三メートルの烏山頭《うさんとう》ダム（珊瑚潭《さんごたん》）を建設した、一人の日本人がいた。八田與一《はったよいち》という。

八田與一（1886-1942）

大正九（一九二〇）年に着工、昭和五（一九三〇）年に完成したこのダムの水は、一万六千キロメートルの水路である「嘉南大圳《かなんたいしゅう》」を流れ、それまで不毛の荒野といわれた嘉南の大地を、台湾最大の穀倉地帯に一変させた。水路の総延長は、万里の長城の六倍である。

今日の台湾において、総督府民政長官であった後藤新平の銅像は撤去されたままだが、八田與一の像は烏山頭ダムの辺《ほとり》に現存している。彼がどれほど多くの台湾の人々に、感謝されていたかが知れよう。

だが当時、八田からこの計画を聞かされた技師たちは、その〝大風呂敷〟に尻込みした。

「しかし、できれば人々の生活は豊かになる」

八田は十年近く台湾南部の山奥に住み、マラリアの蚊におびえつつ、懸命の調査をおこない、日本政府を説得して、ついに大プロジェクトの完成に漕ぎつけた。

八田の台湾水利事業への貢献

その後、彼は昭和十七（一九四二）年三月、南方開発に赴《おもむ》く途中、アメリカの潜水艦に船が撃沈され、五十六歳の生涯を閉じた。その妻も、夫の造った烏山頭ダムに終戦直後、身を投げている（享年四十五）。

八田は明治十九（一八八六）年二月二十一日に、金沢の郊外、今町《いままち》村（現・石川県金沢市今町）の豪農の、五男一女の末子《ばっし》に生まれていた。数学が得意で、彼は外地に雄飛すべく、土木技術を学ぶ。

明治四十三（一九一〇）年七月、彼は東京帝国大学の土木科を卒業。その就職先に、台湾総督府を選んだ。日清戦争の結果、日本の領土となった台湾は、欧米先進国はおろか、後進国の日本に比べてすら、あらゆる社会整備の面で遅れていた。

人々の暮しを豊かにして、喜んでもらえる仕事をしたい、と願っていた八田は、日露戦争後の台湾の土を踏んだ。

当時の台湾において、一番待たれていたのが、ダムの建設であった。台湾は慢性的な水不足に、苦悩していた。

大正五（一九一六）年、八田も設計に参加した台湾北西部の「桃園《とうえん》埤圳《ひしゅう》」という灌漑水路は、九年の歳月をかけて完成、米の収穫量は以前の四倍に増えた。次が、嘉南であった。

だが、彼が台湾へ赴任する四年前、総督府から南満州鉄道に赴いた後藤が、台湾の大改革をやっておかなければ、八田の出番はあり得なかったであろう。

それこそ彼の事業そのものが、後藤の想定外の処置によって着工された点を、われわれはもう少し考えてみるべきではあるまいか。

総論賛成、各論反対を防ぎ、「想定外」に近づくためには、少しでも積みあげていくことだ、と思う。そうでなければわれわれは、いつまでも「想定外」の言い訳から脱することはできまい。

（かく・こうぞう）

後藤新平と私

元台湾総統　**李登輝**
2007.06

一九二三年、台湾の片田舎に生まれた私は、今年で満八十四歳になります。そして台湾に生まれた悲哀を持ちつつも、その一方で外国の人に味わえない別の経験を持っています。二十二歳までは日本の徹底した基本教育とエリート訓練でした。自我に悩んだ高校時代から、生死問題に取り組んで肯定的人生を見出すことが出来たのも日本的教育のおかげでした。農業経済学者として、有機的な農業、農民・農村問題に経験を持ち、これを経済発展の基礎として経済開発に乗り出すことが出来て、台湾の経済発展に寄与出来たことを最高の喜びとしています。やがて、政界に入り、台北市長、台湾省主席、副総統、総統となり、十二年間の総統時代に、一滴の血も流さずに、台湾の政治体制を軍事的独裁体制から民主的体制に変革（寧静革命）し、台湾政府を樹立したことは、一生の誇りであると思っております。

今日の台湾は、後藤新平が築いた基礎の上にあります。この基礎の下に、新しい台湾政府と台湾の民主化を促進した私は、決して無縁の者ではなかったと思います。そして時間的に交差点がなくとも、空間的には強いつながりを持っているものであります。又、後藤新平と私個人の間には精神的な深いつながりがあると思っています。

1　愛知県病院長時代の後藤新平は、岐阜で負傷した板垣退助を名古屋から駆けつけて治療しています。子供の頃、この事実を知った私は、後藤新平を普通の人ではないと尊敬し、私淑しています。「板垣死すとも自由は死せず」と、開化して間もない日本の政党政治に一切の圧力を排除して、板垣を助けたことは、並大抵のことではなかったと思います。

2　政治家には二種類の人間がいます。権力掌握を目的とする者と、仕事を目的とする者です。権力にとらわれない政治家は堕落しません。私は総統時代に自分に対して、指導者の条件として、いつでも権力を放棄すべしと自制していました。普通の人が権力を持った時は、非常に幸福であり、快楽であると思っています。したい放題なんでも出来るからです。後藤新平は仕事のために権力を持った人でした。

3　拓殖大学の渡辺学長は、「後藤新平は国際開発学の父である」と言っておられます。台湾が清朝の統治下にあった頃、劉銘伝という巡撫（知事）がいました。彼は李鴻章の部下で砲兵部隊の指揮官でもありました。それ故に西洋科学と西方文化に、ある程度の了解を持っていました。彼は後藤新平のやった台湾開発計画と同じ様な施策をやろうとし、清賦（土地改革）・鉄道・電信・炭鉱の開発、軍事基地をつくり上げようとしたのですが、殆ど失敗に終わり、北京に呼び戻されました。失敗の原因は、第一に開発の初期条件の整備に注意を持たなかったこと。第二に、開発資金の動員に無頓着であったこと。第三に、最も大事なこと、即ち開発目的をはっきりと持たなかったことです。

4　台湾開発と経営において最も重要な要因は人的リーダーシップです。後藤新平の持つ人間像は、今までの日本の政治家には見られないものがあります。藤原社長が言われた「自治三訣」という精神的なものを後藤新平は持っていました。拓殖大学の池田憲彦教授の言では、所謂瑞々しい感受性を持ち、すべてを肯定的に考え、勇断に満ちた果敢さであり、藤原社長の言われた「自治三訣」を具体的に述べておられます。

これらの問題は、既に普通の論理では言えない形而上学的な信仰がかかっているのです。後藤新平の宗教は何か、私には分かりません。しかし、信仰を持っていたことは十分に認められます。天皇に対する信仰、或いは国家に対する信仰かも知れません。彼は法律を学んで公務員となり、政治家になった人物ではありません。それ故に、法律何条、何の法、何の規定にとらわれて規則正しく真面目くさく仕事をする人間ではありませんでした。だからと言って、法律を破って仕事をした訳でもありません。法律の不足を補足して、実際問題に立ち向かったのです。私も台北市長、台湾省主席時代はこのようにして、都市経営や農村建設をやってきました。私は総統時代に指導者の条件として、五項目をあげていますが、その中で先ず第一に信仰をあげています。私はクリスチャンです。そのため聖書の強調する愛と公義の精神が信仰の全てであり、主イエスは常に私と共にあるというのが私の考えでした。しかし、信仰の対象はキリスト教でなければいけないという訳ではありません。異なった宗教でもかまわないのです。

信仰について一言述べたいことは、信仰は機械的論理の因果でなく、人格的感情のセンス（判断、感覚）が大事であるということです。

カリスマ的信仰の根本的センスは、理屈でなく、情動、情緒から発します。浅い表面意識や理性の判断よりも、信仰はもっと深層意識の発露がなければなりません。

後藤新平の人間像が今の人には余り了解出来なかった訳は、この点ではないでしょうか。もう結論をつけなければなりません。後藤新平と私をつなぐ根本的な精神的繋がりは、強い信仰を持っていることでしょう。

後藤新平は、私にとって偉大な精神的導師であると信じています。

ご清聴ありがとうございました。

（二〇〇七年六月一日「第一回　後藤新平賞」受賞講演、於・国際文化会館岩崎小彌太記念ホール）

（り・とうき）

震災復興・都市計画

優れた都市行政の先達

元東京都知事
鈴木俊一
2007.4

私は昭和八（一九三三）年に内務省に入りました。後藤新平はその四年ほど前に亡くなっていますが、内務省の大先輩です。後藤新平は内務省勤務のあと、浪人時代や台湾総督府民政長官、満鉄総裁などを経て大臣を歴任しています。私は内閣官房副長官を務めましたので、やはり内閣の一端を担ったと言っていいでしょう。そして後藤新平は大正九年から十二年まで東京市長、私は昭和五十四年から平成十一年まで十六年間、東京都知事を務めました。

時代は違いますが、私の職歴はほとんど後藤新平の人生と重なっています。今、振り返ってみると、職歴だけでなく、仕事の内容や考え方も、重なり合っているように思えてなりません。

私は都知事在任中、都営地下鉄十二号線、現在は大江戸線と言っていますが、この世界初の本格的な環状地下鉄ネットワーク路線の建設や、臨海副都心というウォーターフロントのまちづくり、さらには都庁の新宿移転など、東京の大改造に取り組みました。

これらのプロジェクトの実行にあたっては、後藤新平が関東大震災の復興にあたったときの姿勢に学ぶところが多かったように思います。

後藤新平の事業には、今は大変でも、歯を食いしばって困難な事業に取り組み、次の世代の人々が活動しやすいよう、そして生活しやすいよう、いいものをつくっていくという姿勢があります。

昭和通りや靖国通り[*1]の整備、隅田公園や山下公園など多くの公園の設置、隅田川への吾妻橋や厩橋の架橋[*2]など、中途半端なことで満足せず、世界に誇る一流の都市をつくろうとする気概が感じられます。その場の人気とりではなく、歴史的評価に値する大事業を遂行しようとする使命感をもっています。私もそういう覚悟で仕事に取り組むように努めました。

後藤新平が東京市長としてつくったいわゆる八億円計画は、構想が雄大であり所要資金が巨額であるゆえに大風呂敷と言われました。しかし、今日、その内容を精査すると、道路、上下水道、学校の整備など、都民の日常生活に欠かせない都市インフラを着実に整備していくという堅実な計画です。

東京のような巨大都市、そして都庁のような巨大組織は、恣意的な思いつきでは運営できません。全体の目標と目標に至る道筋、さらにはそのための財源をきちんと示して運営していくことが必要です。計画をつくる過程で多くの人の意見を取り入れることができます。

後藤新平は八億円計画によって巨大都市運営のひとつのモデルを示したといっていいでしょう。私も在任中、十か年の長期計画と三か年の実施計画をつくり、時代の推移に従ってそれを修正するという方法で都政を運営しました。そのおかげで多くの大プロジェクトを達成することができたと思います。

後藤新平は、現実をきちんと踏まえたうえで夢を追う。だから東京を発展させる政策を実行することができた。私たちは、後藤新平のような優れた都市行政の先達をもっていることを誇りに思っていいと、つくづく思います。

（すずき・しゅんいち／故人）

＊1 **昭和通り・靖国通り**→135頁。
＊2 **隅田川への架橋** 関東大震災後の後藤の復興都市構想から、隅田川の清洲橋や永代橋など幾つもの鉄製の名橋が出現し、今日に至る。

後藤新平の足跡を辿った都庁時代

元東京都副知事　**青山 佾**
2007.4

私は『小説後藤新平』を書いたし、今でも作家を志しているが、もともとは都庁の職員だった。都庁で仕事をしていると、自然に後藤新平の業績にぶつかる。入都してまず、職員研修[*1]を受けるが、このシステムは後藤新平が東京市長時代につくった。職員に自治の自覚を植え付け政策能力をつけるためである。

都庁では都市計画から福祉までを総合した総合的な長期計画を作成し、それに沿って主要な事業を進めるのを常とするが、これも後藤新平が市長時代に始めた。腐敗し汚職が頻発した市政を刷新し、恣意を排して科学的計画的に行政を進めるためである。

私自身、都庁の計画部長として「生活都市東京構想」、「とうきょうプラン95」と二つの総合計画の作成に携わった。巨大組織と広大な地域を統治するには、縦割り組織の弊害を防止し、総合政策を立案するために調査が重要であると後藤は考えていた。これを評して徳富蘇峰が「調査は鞄の如く後藤のあとをついていく」と言っている。私はこの教えを守って、思いつきでなく、客観的データに基づいた計画を立案するよう心がけた。

後藤の業績には、今日に至るまで形になって残るものも多い。昭和通り[*2]や山下公園、隅田公園、錦

＊1 **職員研修**　この前身は、1921年後藤市長が設置した「吏員講習所」。積極的な自治的気風の育成を狙った中枢施設であった。

＊2 **昭和通り**→ 135頁。

糸公園、浜町公園などは関東大震災後に後藤新平が内務大臣としてつくった。隅田川に吾妻橋や厩橋など鉄製の名橋をいくつも架けた。私たちは今日もこれらの橋を使っている。小学校と公園をセットにした防災まちづくりを行い、不燃建築の同潤会アパート*3を各地に建てた。市民が政治を議論する場として日比谷公会堂をつくった。

「後藤新平の業績がこのように多岐にわたっているのは、若いときに測量学や医学など、幅広い分野について多角的に勉強したからではないでしょうか」。

東京市役所、東京市政調査会を通じて後藤と共に仕事をした田辺定義さんの家を訪ねてそう問いかけたのは、十年近く前、田辺さんが百八歳のときだ。田辺さんは大きなしっかりした声で答えた。「後藤は、口癖のように、科学的行政と言っていた。後藤は、医師の立場から都市に生物学の法則の適用を唱え、自然の発展法則に逆らわずにそれを助長していく都市政策を実施したのです」。自然科学と社会科学、分野と分野の枠を越えた発想に今日の都市行政が学ぶべきことは多い。

「後藤新平は人情家だったという話がたくさん残っていますが、身びいきや公私混同をする人間だったとは思えません。この点はいかがでしたか」。田辺さんには、こうも問いかけてみた。後藤は明治維新戦争の敗者である東北の小藩水沢の出身でありながら、官軍すなわち占領軍によって教育を受ける機会を得た。自分がそうやって育てられたこともあり、成長可能性ある青年の教育には生涯、心血を注いだ。重用したのは、新渡戸稲造*4、正力松太郎*5など、錚々たるメンバーばかりだ。

田辺さんは、「後藤は、自分の側にいる人間は損をする、と常々語っていましたよ」と答えた。鶴見祐輔の『正伝 後藤新平』にもこの話は出ている。

＊3 **同潤会アパート**→210頁本文。
＊4 **新渡戸稲造**→151頁。
＊5 **正力松太郎**→151頁。

明晰な田辺さんの話は、時代を超えて後藤新平と私をしっかりと、生活実感をともなって、つないだ。道に迷ったときに進路を示すもの道標と呼ぶのなら、後藤新平の人生は、正に世のリーダーの生き方を示す道標である。

私が後藤新平の名を初めて知ったのは、都庁に入る直前だ。そのころは、スケールの大きい発想に対する敬愛も込めて、「大風呂敷」と呼ばれていた。実際には、堅実な政策も多い。その証拠に、具体的な業績をたくさん残した。私にとっての後藤新平は、自治体職員としてのモデルである。後藤の足跡を辿りながら、私は都庁で三十六年間、生きた。

（あおやま・やすし／作家・明治大学大学院教授）

後藤新平と同潤会アパート

東京大学准教授 **大月敏雄**

2012. 12

日本で最初の国家的住宅供給

関東大震災に関わる土木遺産はたくさん現存するが、あまた建設されたはずの復興建築は今や残り少ない。建築分野で復興遺産といえば同潤会アパートであったが、ここ三〇年ほどで次々に建て替え

同潤会青山アパート

られ、ついに最後の上野下アパートが、二〇一三年の春には取り壊しとなった。同潤会アパートは震災復興の記念碑的建造物であるばかりではなく、わが国の住宅政策史の重要な一頁を画する建物でもあった。国家が庶民向けの住宅を供給するという、今では当たり前のことが初めて行われたのだ。わが国ではこれが、戦時中の住宅営団、戦後の日本住宅公団、そしてUR都市機構につながるのである。

国家が庶民住宅の供給に手を貸すことが流行ったのは、第一次大戦後のヨーロッパにおいてであった。もちろん、イギリスやオランダなどではそれ以前から取り組まれていたが、戦後のフランス、ワイマール体制下のドイツや新生オーストリア、そして北欧でも、戦災復興と田園都市[*1]づくりを兼ねて、郊外に近代都市生活の理想空間としての集合住宅団地が次々と生まれていった。これらの多くの団地は現在でも公金を投じて改修されており、きちんと人が住んでいる。中でも、ベルリンに建設されたジードルンクと呼ばれる集合住宅群は、今では世界遺産に登録されている。

住宅供給に公が手を貸すものではないとする伝統

＊1 **田園都市**　英国のE・ハワードが提唱した理想都市。都市と田園の長所を備え、バランスのとれた社会を形成すべく計画された都市。

の強いアメリカでも、第二次大戦中にはルーズベルト大統領の肝煎りで、グリーンベルト・タウンズと呼ばれる三つの郊外住宅団地が建設され、今なお歴史的地区として誇りをもって住み継がれている。こうした欧米の、いわば戦時・復興遺産としての建築物がきちんと継承されていることをうらやむばかりである。

後藤は日本の「都市計画の父」

十九世紀後半からのイギリスのスラムクリアランス、パリの大改造、そして二十世紀初頭からの田園都市の流行は、日本の社会政策、都市行政に関心を持つ者たちをうらやましがらせてきたが、こうした人々を中心に後藤新平を会長にいただく都市計画研究会が大正六（一九一七）年に組織された。日本の都市計画は、ほぼここに集まった人々が骨格をつくったといってよい。

さらに、後藤が内務大臣・外務大臣だった大正五年から大正七年にかけて、内務省救護課、内務省都市計画課、救済事業調査会といった、都市住宅政策の根幹をなす組織が次々と立ち上がった。折しも大正七年の救済事業調査会設置の翌月に米騒動が起こり、その三カ月後には小住宅改良要綱という、地方公共団体の公営住宅を国が支援する制度が制定されている。この時期に、後藤の腹心として特に都市計画行政を任されたのが、池田宏[*2]という能吏であった。

大臣を辞任して野に下った後藤が、「六千億円かかった大芝居だ。一つ見物しておかなくては」といって第一次大戦後の米欧視察に出かけたのが、大正八年。きっとその時見たヨーロッパの戦後世界が、帰国後の東京市長となってからの八億円計画に直結したのだろう。その担当が、内務省から東京市助

＊2 **池田宏**（1881–1939）静岡出身。内務省土木局道路課長に。要職を歴任。初の都市計画法を起草。後藤東京市長の三助役の一人に。

役に引き抜かれた池田であった。そして、この池田が、関東大震災に集まった義捐金をもとに財団法人同潤会を設立したのである。

ここにようやく、わが国が長年うらやんでいた戦後欧州なみの集合住宅団地づくりを、自分の国で実現するチャンスがやってきたのであった。当然、その後見人としての内務大臣兼帝都復興院総裁、後藤新平あったればこその仕事であった。

（おおつき・としお／東京大学教授）

震災前に生まれていた復興小学校

前首都大学東京特任教授・都市プランナー　吉川　仁

2011.8

関東大震災以前の三つの火事

関東大震災の二年半前、東京市内に三つの大火事が相次いだ。「早稲田鶴巻町の火事」（大正九（一九二〇）年十二月二十日下宿屋等百数十戸焼失）、「新宿の大火」（大正十（一九二一）年三月二十六日遊郭等六百戸強焼失）は夜の火事であったが、四月六日に浅草公園の北方でおきた「浅草田町の大火」は、午前八時半に出火し、春の強風にのって千二百戸余約二万五千坪を焼き、午後三時頃に鎮火した。象潟警察署、宮戸

神応小学校（東京都港区）の開校式で挨拶をする後藤新平

座、四年前木造で新築した富士小学校も焼失、児童は浅草本願寺に避難し、死者はなかった。

各焼け跡は警視庁の手によって土地所有者の互譲による区画整理がなされ、これが帝都復興区画整理の原形になった。

もう一つ、震災復興に影響を与えたのは富士小学校の再建である。浅草の大火は水曜日午前中に発生、東京市長後藤新平は市役所で執務中であった。まず十時に助役を浅草区役所に派遣、救護の指揮にあたらせた。午後四時に市長自ら自動車で出張、区役所にて地図を前に説明を聴いた。「なにしろ多数の小学児童が無事だったのは誠に結構であった」と校長の処置を称揚した後、視察に向かう。見舞人や家財を運び返すものでゴッタがえす仲見世通りから観音堂裏手に抜け宮戸座前に出た。大混雑で、おまけに道路は靴を没するほどの泥濘であったが、市長はズボンの裾を捲り上げ、ホースの破れ目から迸り出る水を頭から浴びながら焼け跡を視察、「更に千束町の狭い往来を押され押されて、焦土と化した象潟署や富士小の焼け跡に出て、小高い浅間神社の境内(富士塚)に上がり四方を眺めた末、罹災民の収容所に充てた千束小の門を潜った。『ヤアヤア御骨折りありがとう、罹災民に代わって厚く感謝します』と学校長に如才なくあいさつし、象潟署の仮事務所や本願寺に収容されて居る児童を見舞って自邸に帰った。」(四月七日付『時事新報』「焼け跡視察の後藤市長」より一部要約)子どもを大事にした彼の人柄がうかがえる。

小学校を鉄筋コンクリートで再建

この大火は、後藤が内閣に「東京市政要綱」[*1](八億円計画)の意見書を提出する三日前に起きた。意見書中には懸案の小学校二部授業解消に向けて、盟友佐野利器[*2]による鉄筋コンクリート校舎建設[*]の構想が含まれている。地元資料とあわせると、視察時に後藤がそれの先取りとして富士小を鉄筋コンクリートで再建する決断をしたと理解できる。

その年に設計が進み翌年着工した富士小は、大正十二(一九二三)年九月一日夏休み明けに開校式を迎えた。教室が中庭を囲む三階建てのモダンな校舎で、新聞は「日本一の小学校」と報じた。しかし、開校式を終え、児童が下校し間もなく大地震が発生、南西の凌雲閣付近から生じた火流が午後三時頃襲来、外郭と地下室・北便所を残して内部は焼失した。焼けた壁、窓ガラス、机などを片付け、八日に罹災民千人が入った。十月から屋上で授業が始まり、まもなく三階の教室に筵を敷き樽・木箱を並べて授業が続いた。その様子は川端康成「浅草紅団」に記されている。

帝都復興において東京市は佐野と弟子達の手により一一七の復興小学校を建設した。ここに富士小の経験が生かされた。

*1 **「東京市政要綱」** 1921年4月、後藤が市参事会に提出。内容は重要街路の新設・拡幅、社会事業施設、上下水道事業など多岐に亘る。
*2 **佐野利器**→150頁。

不断に都市づくりに取り組むことの積み重ねが、非常時の力になるという一例でもある。

＊「だけど、あの学校からしてお話じみてるわ。鉄筋コンクリートの三階に新築して、九月一日朝、ただの一度児童を入れただけであの大地震の日の火事に遭ったのね。でも、浅草の裏で焼け落ちないのはあの建物しかないから、私達罹災者をあすこに住まわせてくれたのだわ」（川端康成『浅草紅団』昭和五年）。

〈参考論文〉吉川仁「帝都復興区画整理と復興小学校の成立過程に関する研究」『都市問題』、二〇〇八年八月号。

（よしかわ・じん／早稲田大学理工院講師・都市プランナー）

東日本大震災の直後に

筑波大学教授　**波多野澄雄**

2011. 4

縮小されたプラン

岩手県奥州市水沢区（旧水沢市）に瀟洒な「後藤新平記念館」がある。奥州市は内陸部にあるため、東日本大震災の被害は沿岸地域ほどではなく、記念館も無事だったようである。

それにしても、これだけの大地震となると、省庁を越えた復興専任官庁として、阪神淡路大震災でも設置されなかった「東日本復興庁」が必要になるだろう。一九二三（大正十二）年九月の関東大震災に際しての「帝都復興院」以来のことになる。後藤は、第二次山本権兵衛内閣の内務大臣として、この帝都復興院の総裁を兼ねた。

ここで思い起こされるのが、後藤の帝都復興計画であり、今回の大震災でも評論家諸子が言及することもしばしばである。帝都復興計画法案が帝国議会に提出されたのは大震災から三カ月後の一九二三年十二月中旬であった。

関東大震災救護班視察中の山本首相（右）と後藤内相

山本総理の議会冒頭演説は、震災に対する各国の支援に「感謝の念」を表明した後、「帝都復興の計画に付きましては、全般の施設を通じて実質を主とし、外観を従とし、専ら国民の実際生活に適合することを以てその根幹とする」というもので、大規模な復興計画でないことを暗に示していた。

実際、「大風呂敷」といわれた後藤の復興計画であるが、議会提出時には、むしろ小規模プランに変容していた。貴族院では、「将来、日本国の帝都のみならず、五大国の一つとしての帝都」として大規模な都市再生計画を望む声が少なくなかった。しかし、後藤は「復興院としても理想的な計画を示すことは望むところだが、……各機関の意見を総合しまして茲に提案している」と応じているように、当初プランの換骨奪胎を告白するような場面もあった。

不充分な地方の自治権が妨げに

では、議会で審議された帝都復興計画の具体的な中身はどのようなものであったか。後藤が最もこだわったのは、道幅の広い「街路」と公園広場であったことがわかる。街路と公園広場は「震災火災を免れしむることは勿論、平生の経済、衛生上の福利の増進」に役立つというのである。そのために、五万坪程度を一単位とする土地区画の整理と六間幅（約一二メートル）程度の街路の建設とを一体として推進する計画であった。このプランは、地主や地権者の私有財産を「公益」の名のもとに無視するものとして、議会内外の厳しい批判を浴びたが、旧市街を復活することは「其投ずる所の価を損することは勿論、将来禍を再びする」と押し切った。ただ、当初は、東京・山の手一帯にも及ぶはずであったが、当面は焼失地域に限定されたものとなる。

もう一つは、道路建設にあたっては、「大東京市に於ける環状道路、之に副ふべき所の放射線」、つまり東京から放射状に延びる道路と、環状道路の組み合わせを強く主張したことである。計画は縮小されながらも実際に建設される。

そのほか、「飛行機襲撃等の為に害を被ることのないよう」にするための通信施設の地下埋設、東京築港に併せた東京近郊における「十萬余坪の飛行場」など、後世に実現されたアイデアも多い。

その一方、帝都復興計画にとって妨げとなったのは、地方の「自治」が十分でなく、東京といえども国の法制度に大きく規制され、「真の自治権を許されて居ない」ことであった。後藤はその例として、

「道路の管理が東京市の全権に属することが出来ない」点を挙げている。省庁の壁を越えて推進されるはずの帝都復興計画法といえども、国の都市計画法の規制を免れることはできなかったのである。大規模災害と地方分権や地方主権のあり方という、今日的テーマを考えるとき、きわめて示唆的である。

（はたの・すみお／アジア歴史資料センター長）

後藤新平の震災復興

明治大学都市ガバナンス研究所研究員
丸茂恭子

2011.5

二昼夜で復興計画のたたき台

三月十一日午後。後藤新平が眠る東京の青山霊園も長くて大きい揺れに襲われた。あれから桜が花開き、散った。墓所では燈籠がひとつ崩れたままだった。

いま、後藤新平は関東大震災の復興の恩人として、あらためて注目されている。後藤の復興計画は、人々を衛る「衛生」の理念と、後藤一流の人材活用に裏づけられていた。どちらも、いまの日本に渇望されているものだ。

関東大震災は一九二三年九月一日に発生した。翌日に内務大臣に就任した後藤は、一週間足らずで内務省としての最初の復興計画案をまとめさせた。四一億円をかけて新しい帝都をつくる——国家予算が十数億円という時代に——壮大な構想だった。

まだ大きい余震が続き、火災が止まらず、衝撃さめやらぬときだ。どうしてこれほど早く、数字まで出せたのか。

造園家の本多静六[*1]は震災の翌日、深夜の電話に起こされた。出てみると後藤が東京の復興計画をつくってくれという。二人は留学時代に知り合った二十年来の知己だったが、本多は日比谷公園や明治神宮の森を設計した林学の大家であって、都市計画は専門ではない。あまりに無茶だと断った。ところが後藤はかつて本多がバルセロナの都市計画の資料を自慢したことを覚えていて、頼み込んだ。なんとしても急いで、たたき台を出してくれ、と。それから本多は二昼夜、不眠不休で復興計画の原案を完成させたという。

とにかく、あらゆる一芸、一能、一癖ある人物を分け隔てなく近づけておいて、有事に有用な人材をそれッとばかりに活用して利用する天才的存在だった——本多が自伝『体験八十五年』で語った後藤だ。

市民を津波から守れ

後藤が登用したのは日本人ばかりではなかった。

米国人チャールズ・ビーアドは後藤の招請を受けて震災直後の日本にやって来た。ニューヨーク市

＊1 **本多静六**（1866–1952）林学者。埼玉県出身。東大教授。独で留学中の後藤と親交。植林・造園・国立公園・産業振興などに尽力。

＊2 **チャールズ・ビーアド**（1874–1948）米国の歴史学者・政治学者。ニューヨーク市政調査会専務理事。後藤は彼を二度日本に招聘した。

政調査会の専務理事だったこの世界的な歴史・政治学者は一年前にも、後藤が会長の東京市政調査会の顧問として、約半年を日本で過ごしていた。このときに約束した「いつでも駆けつける」、その言葉を守ったのだ。

ビーアドは、罹災者の救援の次に打つ手を二つ挙げた——。

一、新しく理想の帝都をつくるため、都市計画が決定するまで建築を禁止せよ。二、首都と郊外を結ぶ鉄道を建設せよ。

ビーアドの言う理想の帝都とは、大通りが整備された機能的な都市であり、日本式の公園や建物が、国家の気品と権威を象徴する首都だった。そしてこれらのインフラは、災害時には防火と避難通路、避難場所の役割を果たすのだった。

鉄道の敷設は東京の人口急増に対応するためだが、特に海岸や川沿いの埋立地（低地）に密集して暮らす人々を、ほかに移す手段になるはずだった。

チャールズ・ビーアド（1874-1948）

市民を津波から守る。ビーアドは当時すでにこれを行政の課題としていたのだ。

共通の理念

この二つはビーアドの最大の主張だった。彼は繰り返し、その必要性を訴えた。人々の健康で幸福《ウェルビーイング》な生活に重きを置く、この人の理念がそうさせたのだ。

こういうところが「衛生」を原点とし、これを生涯考え続けた後藤と共鳴した。だからこそはるばるアメリカから被災地に来てもらった。後藤はただ専門家を呼び寄せたのではなかった。

後藤の復興計画は国の財政事情もあって最終的に大幅に縮小された。それでも、大通りや公園広場の整備はある程度、実現された。靖国通りや昭和通り、墨田・錦糸・浜町の震災公園などがそれだ。

一九二九年、後藤は青山の墓地に永眠した。一つの理念を失った日本は、軍国主義への歩みを速めていた。

（まるも・きょうこ／翻訳家）

関東大震災の資料から

立命館大学歴史都市防災研究センター・災害社会史

北原糸子

2011.6

前代未聞の義援金額

関東地震発生後成立した新内閣の認証式の様子を伝えるスケッチを紹介しておこう。内務大臣に就任した後藤新平は右から二番目である。「大正十二年九月二日午後七時　赤坂離宮広芝ノ御茶屋」とメモ書きがある。まだ内閣を構成すべき大臣に欠員があり、犬養毅[*1]が逓信大臣と文部大臣、田健治郎[*2]

＊1 **犬養毅**（1855–1932）政治家。岡山出身。1910年立憲国民党結成。1929年政友会総裁、31年組閣。5・15事件で暗殺。アジア主義者。

＊2 **田健治郎**（1855–1930）官僚・政治家。逓信省に入り、次官に。政友会結成に参加。1916年寺内内閣逓相として後藤内相を助ける。

が農商務大臣と司法大臣をそれぞれ兼任、東京は延焼中、写真も撮れない状況での緊迫した事態が伝わる。

関東大震災の救援・救済のことについて各地の県立公文書館に所蔵されている震災関係の行政資料を調べていると、臨時震災救護事務局副総裁後藤新平から発せられた行政文書に出遭う。九月二日以降、矢継ぎ早に発せられた行政指令書のほとんどはガリ版刷りで下部の郡役所に伝えられている。

さて、今回の東日本大震災では、ほぼ一カ月を経た四月八日に義援金配分案が示された。相当な額に達すると予想される義援金は今後も配分が続けられるだろう。

では、関東大震災の義援金はどうであったのか。国内外から寄せられた関東大震災の義援金はそれまでの大きな災害を何十倍も上回る一億円という巨額に達した。これは義援物資を換算した金額も含めての額である。当時の植民地を除く国内の義援金だけに限ると、三七〇〇万余円である。三〇〇〇倍として現在の金額に換算すると、約一一〇〇億円となる。あの時代になぜこれほどの応募金額となったのかは多少眉唾かと思う人がいるかもしれない。しかし、これは震災の政府の報告書ともいうべき内務省社会局『大正大震災志』(一九二五年)に掲載される数値である。

関東大震災の義援金が多額に達した一つの理由は各府県がそれぞれ府県知事を会長とする救済委員会を結成して、地元新聞などを巻き込み義援金募集を行ったからである。それはなぜかといえば、一五〇万人といわれる東京の被災者の半分以上が実家や親戚などを頼って、北海道から沖縄にいたる全国に逃れた。地元でのかれらの救援・救護費はこの義援金で賄われた。また、九月二日に出された非常徴発令(勅令三九六号)による物資の調達のため、当面の現金確保としても義援金の募集が急がれた。

国庫吸収案の出どころ

ところで、九月十六日、内務大臣後藤新平は閣議にこの義援金処分案を請議した。その内容は当時の災害救助法である罹災救助基金の項目に則して、食糧、被服費、応急施設費に相当額を配分するものであった。また、同じ日後藤は天皇の恩賜金一千万円の配分案についても閣議に請議した。これは死亡者、全焼、全潰、半焼、半潰、負傷者など被災の程度に応じて比率を決めたものであったが、この二件の請議はそのまま閣議決定された。注目すべきはこれらの請議案に社会局の罫紙が使用されている点である。これから六日を経た九月二十二日には勅令四二二号を以て、義援金は国庫に納入される旨が達せられた。次いで大蔵省令一八号を以て、義援金、恩賜金は大蔵省貯金局において管理され、その分任会計官として各府県知事があたるとされた。これは要するに関東大震災の義援金は国庫に吸収されて各県に散った震災避難民への救援費を各県の罹災救助基金として支出できる措置が取られたことを意味する。義援金の国庫吸収・罹災救助金流用案は、後藤新平が震災対応策のために集めた社会局の革新系内務官僚たちの知恵から出たものだったのではないか。臨時震災救護事務局副総裁後藤新平の名でこの件を達するガリ版刷りの書類が地方の府県の行政簿冊のなかに多々認められる。

（きたはら・いとこ）

敗北の美学

ノンフィクション作家　山岡淳一郎
2012. 4

国難の中の政争

「3・11」以降、福島県南相馬市に取材で通っている。地震、津波に放射能汚染と二重、三重の不条理を背負わされた側から国政を眺めると、もどかしいことばかりだが、菅政権末期の「国難のなかの政争」にはほとほと呆れはてた。

野党が「政権を担当する資格と能力に著しく欠ける」と内閣不信任案を提出すれば、菅直人首相は「大震災に一定のメドがついた段階」で後進に道を譲ると言って、民主党内の造反を防いだ。不信任案が衆院で否決されると、首相は三カ月ちかく官邸に居座り、政治は停滞する。本格的な復興補正予算の編成は大幅に遅れ、「除染」の工程づくりも進まなかった。後世の人は、この低次元の政争を国政上の汚点として語り継ぐことだろう。

後藤の国民内閣樹立への目論み

じつは、後藤新平も内務大臣として関東大震災の復興に突き進む一方で、壮絶な権力闘争をくり広げている。文部大臣の犬養毅[*1]と組んで「普通選挙法の制定」と「新党結成」を掲げ、大政党の「政友会」に挑みかかった。

後藤は、普選の大義を結節点に第二党の「憲政会」と犬養率いる「革新倶楽部」を合体させて新党を樹立し、普選の是非を問うて解散総選挙を行い、国民内閣を樹立しよう、と目論んだ。このシナリオを山本権兵衛首相も受け入れる。政界再編を狙って、抗争を仕掛けたのである。

そのために引退同然の大石正巳（元農商務大臣）を表舞台に引っぱり出して政党工作に当たらせる。盟友の伊東巳代治[*2]（枢密顧問官）に復興計画案の援護と政友会への対応を託した。大石と伊東は大臣待遇の委員に任命され、「帝都復興審議会」に送り込まれる。

滑り出しは順調だった。閣内は普選で一致し、総選挙を視野に後藤は、地方に根を張る政友会の影響力を殺ぐ。政友会系の知事十三名を一挙に更迭した。大石の斡旋で憲政会と革新倶楽部の幹部が合同へと動く。山本首相は「三大政綱（綱紀粛正・普通選挙の即時断行・行財政整理）」を発表し、次の帝国議会に普通選挙法案を提出する、と公言した。

十中八九、解散総選挙、新党結成は間違いなし、と永田町雀は囁き合った。

政争よりも復興を優先

ところが……、後藤の敵は身内に潜んでいた。多忙な後藤は復興審議会への根回しを疎かにする。初会合の後、二カ月以上も審議会は開かれなかった。

しびれを切らした大石と伊東は「反後藤」に転じた。そこには「男の嫉妬」の匂いも漂う。伊東は

＊1 **犬養毅**→ 222 頁。
＊2 **伊東巳代治**（1857–1934）官僚・政治家。長崎出身。帝国憲法の起草・制定に参画。のち枢密顧問官に。対外積極策を主張した。

審議会で後藤の手法を糾弾し、復興計画案は切り刻まれる。帝国議会が開かれると、政府は政友会から苛酷な修正復興案を突きつけられた。

この局面で、しかしまだ後藤の掌には解散総選挙のカードは残されていた。閣内では犬養や井上準之助[*3]蔵相、田健治郎農商務相、平沼騏一郎[*4]法相らが解散を主張した。だが、閣議で山本首相に政友会案で復興はできるかと問われた後藤は、首をタテに振る。土壇場で復興の遅れを避け、政争を捨てたのだった。「……忍び難きを忍びて、しばらく議会の修正に同意し、他日を期して完きを期せんとす」と後藤は文書にしたためている。

これを屈服と切り捨てるのは簡単だが、私はそこに「負けっぷりのよさ」を感じる。数十万人の被災者がバラックで冬を迎えようとするなか、時を空費させてはならない、と後藤は決断した。自らの大衆像に照らして決めている。伝染病と闘い、都市を造ってきた体験が、その敗北の美学を形づくったものと想われる。

現代の日本人は体験の幅が狭くなった。民衆の側に立つ政治家の「育て方」を本気で考えねばならない時代に至ったようだ。

（やまおか・じゅんいちろう）

＊3　**井上準之助**（1869–1932）銀行家・政治家。大分出身。日銀総裁・蔵相。1930年浜口内閣蔵相として金解禁を行う。小沼正に暗殺さる。
＊4　**平沼騏一郎**（1867–1952）政治家。岡山出身。1936年枢密院議長。国粋団体「国本社」創始。39年組閣、独ソ不可侵条約の成立で辞職。

帝都復興から八〇年を控えて

早稲田大学教育・総合科学学術院・前（財）東京市政調査会専門調査員　**川西崇行**

2008．8

生誕一五〇周年記念展から一年

江戸東京博物館での生誕一五〇周年記念展は昨年九月に会期を終え、その後、後藤新平の地元・奥州水沢へ巡回し、好評のうちに終えることができた。この記念展で一番準備に手が掛かり、また、その甲斐あって来場者の目を惹いたのは、帝都復興関係の模型等の展示であったようである。この中で、「大東京模型」や「昭和通断面模型」などは、実は江戸東京博物館から目と鼻の先にある、横網町公園内の東京都復興記念館の所蔵になる。

記念展の企画案出の時点で、まず頭に浮かんだのがこの復興記念館所蔵の資料・模型であった。早速、現場に赴いて模型を観てみれば、数年前に観たときよりもより一層褪色し、埃にくすんだように見える。これでは展示に堪えないということで、都の協力を得て、最低限の修復を施した。

「昭和通模型」の、自転車に乗る人物の欠けた腕、車輪の外れた電車の車両、「隅田公園模型」のひび割れた水面、「小名木川運河模型」の工場群の反って剥がれた屋根……等々を古写真に当たれるものは当たり、元の塗色や接合面の状態などを確認しながらの微細な作業によって、これら、奇跡的に空襲をかいくぐって今に残った貴重な模型が生色を取り戻した。これは記念展の副産物ともいえるが、実は未点検・未修復の模型・資料が少なからずあるのもまた事実である。

「帝都復興」から八〇年

復興記念館の二階展示室（東京市発行・昭和７年頃）

奇しくも、来年（二〇〇九年）は後藤没後八〇年、再来年（二〇一〇年）は帝都復興事業——政府・東京市等による震災復興の都市基盤整備事業——の一応の完了を言祝《ことほ》いだ昭和五（一九三〇）年五月の「帝都復興祭」から八〇年という記念の年が続く。

後藤の帝都復興への思いは後進によって、ある程度は引き継がれ、実現したといってよいだろう。が、一方で、都市住民の「自治」の実現、あるいは、復興事業の折の様々な困難や経過、教訓を、我々は然るべく継承・検証できてはいないように思う。

都復興記念館所収のものをはじめ、帝都復興に関する一次資料（模型や図表、絵画、体験記などや行政文書など）の保全は、時期的に「待ったなし」の状態であり、また、これらの体系的な分析も未だしの部分が多い。「大東京模型」はじめ、現在、都復興記念館に所収の模型・資料、あるいは東京大学などに残る永代橋などの模型等は、大正十三(一九二四)年九月に上野の自治会館で催された「震災復興展覧会」での蒐集品、昭和四(一九二九)年秋、日比谷の市政会館の開館を期して開かれた「帝都復興展覧会」での展示品がその基礎となっている。これらが「帝都復興祭」での天覧・記念展示を経て東京震災記念事業協会の手に委ねられ、いったんは東京市本所公会堂(現・墨田区本所公会堂)に仮に保管され、その後、昭和六(一九三一)年四月に竣工した現在の都復興記念館に収蔵されるに至った。

現在の都市研究に重要な示唆

現在、小生含め数名の研究者でそれら史資料を追跡調査しているが、これらの検証・顕彰については、今後、建築・土木等の方面はもとより、学際的な研究が不可欠である。現在、建築学会、土木学会等が協同して帝都復興八〇年に向けての研究事業をスタートさせようとしているが、こうした基礎的な史資料の保全、「帝都復興」の事績の検証は、記念年度に止めず、速やかにして継続的に進められねばならないし、またそうして、帝都復興事業の遺績の保全・顕彰と同時に、様々な理由から全うするを得なかった「足らざる部分」「混乱」をも明らかにしていくことが現代日本・現在の都市にとって極めて重要な研究ではないかと思われる。

(かわにし・たかゆき/早稲田大学理工学術院講師・同　地域社会と危機管理研究所幹事)

「くにたち大学町」の誕生と後藤新平

国立市議会議員　**長内敏之**

2013.6

「くにたち大学町」の源流

新宿からJR中央線で西へ向かって約三〇分ほど、立川駅のひとつ手前の駅が国立駅である。一九二六（大正十五）年四月一日に開業した駅である。この街のシンボルは赤い三角屋根の旧駅舎と駅前にある広いロータリー、銀杏と桜の並木に囲まれ緑豊かでまっすぐ南へ伸びる広い大学通りである。「大学通り」という名前は、一橋大学のキャンパスを貫いているからである。駅前のロータリーを中心にして左右に四五度と三〇度の角度で扇型に広がる旭通りと富士見通りがあり、富士見通りは文字通り富士山を一直線に目指している。

従来この街の設計は田園都市の系譜に入り、「田園調布」と「くにたち大学町」は兄弟のように考えられていた。しかし、越澤明氏の『満州国の首都計画』により「くにたち大学町」は満鉄附属地の長春や奉天に近いものであることを教えられた。そうであれば、「くにたち大学町」の源流は、田園都市のエベネザー・ハワードではなく初代満鉄総裁の後藤新平と技師加藤与之吉となる。その満鉄附属地の計画がどのような経路をたどって谷保《やぼ》村の雑木林地帯へ来たかとの疑問には辻井喬氏の『父の

昭和２年頃の国立の航空写真（提供：くにたち郷土文化館）

肖像』が参考になった。

一九二三（大正十二）年九月一日に起きた関東大震災によって、神田一ツ橋にあった東京商科大学が瓦礫に化し、谷保村に移転することになった。移転で役割を発揮したのは、佐野善作学長。もう一人は「大学町」を造成した箱根土地株式会社専務取締役・堤康次郎[*1]である。この二人が大きな力を発揮して「くにたち大学町」が誕生したというのが今までの通説であった。堤の下で具体的設計にあたったのは箱根土地の社員である中島陟《のぼる》である。しかし、後藤新平が「くにたち大学町」の誕生に強く、陰で関わっていたことはあまり知られてはいない。

『あおぞら――国立の自然と文化』（国立の自然と文化を守る会）の対談で中島陟氏の子息・中島渉《わたる》氏が、「道路も伯父の堤はあれだけの幅には一度反対して後藤新平に作成した設計図を見せたら、後藤さんは『広い方が良い、その分は売れる商品から取れ』と。（略）そういう風にして、設計図は合格したと聞いています」と証言している。後藤新平と「くにたち大学町」を直接つなげる証言は、現在のところこれだけである。

「大学町」建設に見る後藤新平の影

しかしその目で見れば、いままで知られなかった後藤新平の影が「くにたち大学町」に見ることが

＊1 **堤康次郎**（1889–1964）実業家・政治家。早大卒。鉄道・土地開発・流通などの西武グループを築く。衆議院議員。同議長も務めた。

出来る。後藤新平は、一九二三（大正十二）年九月内務大臣兼帝都復興院総裁になったが翌年一月には任を解かれた。後藤は意識的に陰にまわり、「大学町」建設に関わったのではないだろうか。表で動いたのは箱根土地の堤康次郎と中島陟。大学側では佐野善作と堀光亀であろう。

「国立市史」では、後藤新平と関係の深い人物が見え隠れする。後藤新平とも佐野学長とも堤康次郎とも関係が深かった藤田謙一。[*2]土地買収に、村の側から協力した西野寛司村長。軽井沢通俗大学の野澤源次郎。兼松講堂を設計した伊東忠太。[*3]如水会館の設計をした中條精一郎など。台湾、満鉄、「都市研究会」、中條政恒との関係からの米沢人脈などである。

最後に、なぜ「大学町」なのか、考察したい。この時代は、日本は銃を持って大陸へ進出、国内では、治安維持法を改悪し戦争の準備を整えつつあった。後藤と佐野は、避けることのできない戦争の時代を目前にして、欧州ではドイツのゲッチンゲンとイギリスのケンブリッジは互に爆撃しないとの協定があったことにならって「大学町」に希望を託し、理性と知性、学問と若い命を守ろうとした意図があったのではないか。これは私のロマンチックな推論である。

（おさない・としゆき）

＊2 **藤田謙一**（1873–1946）実業家。青森出身。台湾塩業・大日本塩業・日活・東洋製糖などの重役。1928 年貴族院議員に。後藤の側近。
＊3 **伊東忠太**（1867–1954）建築学者。山形出身。東大教授。日本建築史学・アジア建築史学の開拓者で、明治神宮・築地本願寺の設計者。

衛生局長時代

医療・衛生

後藤新平のルーツ

名古屋大学総長　**平野眞一**
2006. 6

経営者としてのルーツ

後藤新平といえば、スケールの大きなビジョンを掲げつつ、緒についたばかりの事業を軌道に乗せることに手腕を発揮した人物というイメージがある。日本にドイツ流の衛生行政を確立したことしかり、台湾や満州の植民地経営の基礎を築いたことしかりである。

私がことさらにそのように思うのは、こうした後藤の才能が最初に発揮された場所が、名古屋大学とかかわりの深い愛知医学校と愛知病院であったからかもしれない。本学が名古屋帝国大学として創立されたのは一九三九（昭和十四）年のことであるが、これらは医学部と附属病院の前身にあたる。経営者後藤のルーツは、本学のルーツでもあった。

二十四歳の校長

戊辰戦争で明治新政府に敵対した水沢藩に生まれ、苦学した後藤が最初に就職したのが、名古屋の愛知病院（当時は愛知県公立病院）であった。一八七六（明治九）年のことである。安月給の三等医であったが、病院内にあった医学校には、司馬凌海《りょうかい》[*1]とお雇い外国人ローレッツ[*2]という、ドイツ式の医学や衛生学を学ぶに当代最高の人物がいた。後藤の医師と衛生行政家としてのルーツもここにあったのだ。

一八七七（明治十）年に西南戦争が勃発すると、後藤は大阪に設けられた臨時病院で外科医として勤務して修行を積んだ。医師として自信を深めた後藤は、翌一八七八（明治十一）年には愛知県公立病院に復帰し、それからは猛スピードで出世する。正式に医学校長兼病院長になったのは一八八一（明治十四）、二十四歳のことだが、すでに一八七九（明治十二）年には代理職として学校と病院の経営にあたっていたのである。

愛知医学校・愛知病院の基礎をつくる

当時の愛知病院は、まだ内科と外科の区別もないような状態で、あらゆる面において早急に基礎を確立する必要に迫られていた。後藤は、思い切った人事を断行し、ローレッツの後任には高給取りの外国人ではなく、当時きわめて貴重であった医学士数名を招聘した。奈良坂源一郎、熊谷幸之輔という、後藤が去ったのち愛知医学校を担った人材がこの時に着任している。そして彼らを中心に、組織の大幅な改編を行った。愛知医学校は全国的にも有名になり、一八八三（明治十六）年には、数少ない甲種医学

後藤新平（恩師ローレッツ博士と共に）

＊1 **司馬凌海**（1839–1879）医者。佐渡出身。長崎でポンペに学ぶ。1876年愛知県病院教師・訳官に。後藤は司馬の医書翻訳を手伝った。
＊2 **ローレッツ**（1846–1884）医者。オーストリア出身。愛知県病院・医学校の基礎を固めた。1880年まで在任、石川県病院に転任した。

校に選定されている。もしこの時、乙種にあまんじていたら、本学の歴史も少なからず変わっていたかもしれない。

後藤の活動は、愛知県の衛生行政の確立にも及んだ。彼の計画立案好きはすでにこの頃から発揮され、いくつかの建白書を愛知県や明治政府に提出している。さらに自らも、県内の有志者にはたらきかけ、一八八〇（明治十三）年に衛生自治団体である愛衆社を設立した。これは、三年後に創立される大日本私立衛生会の先駆けともいえるものであった。その活動は県の枠を超え、実現はしなかったが、愛知・岐阜・三重三県の医学校を統合する構想も打ち出している。

＊　＊　＊

本学は二〇〇四（平成十六）年度から国立大学法人として再出発し、大きな転換期にあるが、それは現在の日本全体にもいえることである。後藤新平がグローバルな規模と視点で発揮した、創業者と改革者をかねそなえたような経営手腕が必要とされる時代ではないだろうか。

（ひらの・しんいち／上海交通大学致遠講席教授・学長特別顧問）

海水浴と後藤新平

筑波大学教授・歴史地理学
小口千明
2009.5

日本での海水浴導入に貢献

後藤新平が残した多くの業績のなかで、これまであまり注目されてこなかった事績の一つに、日本における海水浴の普及がある。後藤は一八八二（明治十五）年に『海水功用論　附・海浜療法』を著したが、この書は、日本における海水浴の導入に重要な意味をもっている。海水浴は起源のはっきりした行為で、明治初期まで日本では行われていなかった。この海水浴を自ら試み、導入を推進した人物が後藤であった。

当時の海水浴は西欧の医書を原拠としたもので、疾病治療が目的であった。日本で最初に海水浴を紹介した文献は、一八八一（明治十四）年の「海水浴説」（内務省衛生局雑誌第三四号）である。同誌は、衛生局長・長与専斎[*1]のもとで発行された。『海水功用論』の刊行はその翌年であるが、両者には重要な差異がある。衛生局雑誌では、日本ではまだ海水浴の体験者はいないと書かれている。そのため、効能の有無は未知数であった。いっぽう、後藤の『海水功用論』には、自らの体験等で効能が認められたと書かれている。この記述のもつ影響力は大きかったと想定される。ここに、実証を重んずる若き

＊1 **長与専斎**→ 152 頁。

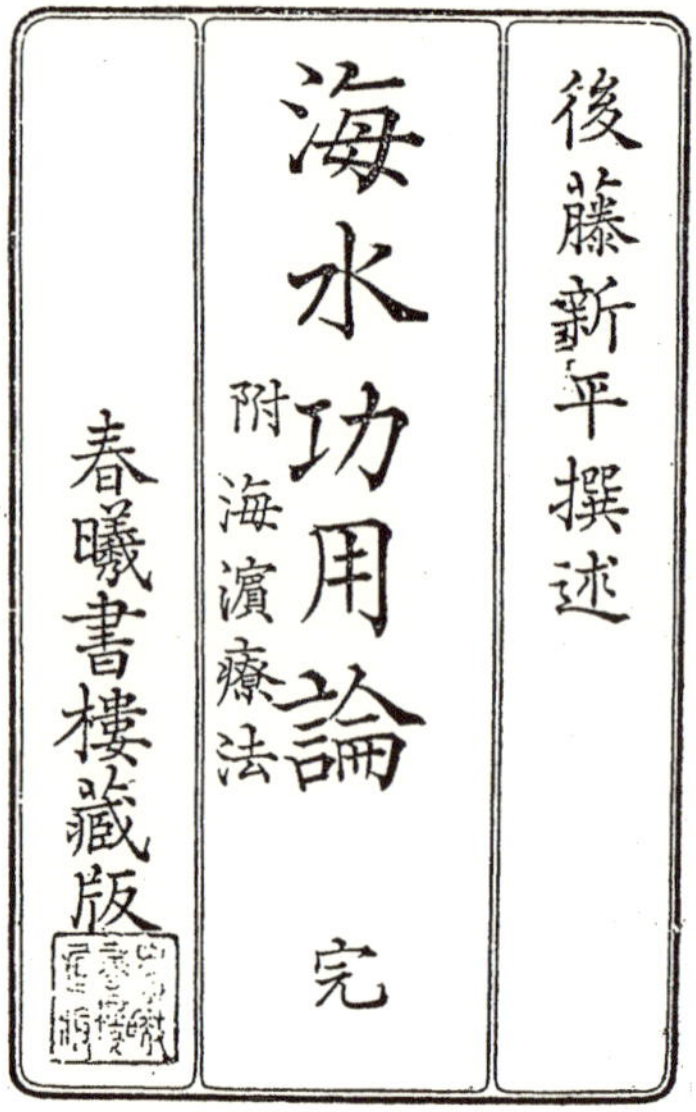

1882（明治15）年刊『海水功用論』の表紙

後藤の姿が見出され、後藤が日本における海水浴史の第一ページに位置づけられる所以がある。

日本人の海岸風景観の変化

明治十年代に導入された海水浴は、その後急速に普及した。海水浴の目的は、次第に疾病治療から保養・行楽へと変化した。さらに、鉄道の発達が海水浴客の輸送を容易にし、夏季になると多くの人々が海岸を訪れるようになった。

じつは、この時、日本人の海岸風景観に重要な変化があった。江戸時代など、海水浴導入以前の日本人にとって、訪れる価値のある海岸とは、松島をはじめとする日本三景や江ノ島などであった。これらの海岸には由緒ある社寺が鎮座し、島や奇岩が点在する変化に富む風景であった。ところが、後藤らが推奨する海水浴場は、波動や気候といった自然科学的条件からの選択であった。その結果、長大な砂浜海岸などが海水浴場に選ばれ、従前には単調な海岸として日本人の目に映っていた風景が、訪れるべき価値のある海岸に変化した。

この変化は、現代の価値観にも影響を及ぼしている。一例として、若者が恋人に「海を見に行こう」と誘いかけるシーンを想像してみていただきたい。この時、互いの頭の中に描かれる海の風景は、広々とした砂浜海岸であるか、それとも社寺が鎮座し、古松や奇岩が織り成す海岸風景であろうか。

広々とした海の風景を好むのは「当然」と思っている人もあるかもしれないが、このような海岸風景に訪れるべき価値を見出すのは、海水浴の普及が契機である。これは、風景に対する新しい価値の創出といえる。

海岸に対し、新しい価値を創出

現代は産業構造の転換が進み、それに伴い、観光に熱い視線が注がれるようになった。観光化のためには観光資源が必要であるが、時として「わが町には観光資源がない」との声を聞く。

このような時、後藤ほかによる海水浴の導入を思い起こしてほしい。海岸に対する新しい価値の創出により、それまで訪れる価値が乏しかった広い砂浜海岸が、夏季には大量の海水浴客が押し寄せる空間に変容した。海水浴は、もちろん後藤や長与の衛生思想を検討するうえでの重要指標である。しかし、それに留まるものではない。若き日の後藤の先見性と実証的思考により日本人は海水浴を受容したが、そこには海岸風景に対する日本人の価値転換の契機としての意味も見出すことができる。


（おぐち・ちあき）

厚生行政の先輩

北里大学一般教育部教授　**新村　拓**
2008. 5

　後藤新平が衛生官僚として活躍した一八八〇、九〇年代、それは軍医森鷗外[*1]が言う「人の健康を図る経済学」（「衛生学大意」一八九一、九二年）が関心を集めた時代であった。すなわち、個人の能力・養生術だけでは健康が支えられない生活・労働環境の進行、個人の不健康が個人にとどまらず、社会全体に大きなマイナスをもたらす分化した社会構造の出現をみた時代であった。

　後藤は「国富を生み出す下等民の生を衛り保護」することが公益であると信じ、病を小さなうちに摘み取り、蔓延を防止し予防すること、国民はその防止策を守って身体と環境の清潔を保持すること、そして、そのことが公共の福祉負担を軽減し自己の健康と幸せにつながるのだ、と国民に教えることを主張する。

　健康は自己責任で守りきれるものではなく、社会が負うべき責任の重さを指摘する。そして、その責任を果たすにあたっては、警察による分断的・強制的・対症療法的な衛生行政ではなく、己の生命・健康が持つ経済価値を十分に理解した住民による自衛・自治・自助的な衛生でなければならないと言う。しかも、それは対象となる土地や住民の慣習・風土・流儀などの調査を踏まえたうえで、科学的根拠と将来の見通しとをもって行わなければならないと戒めている。

＊1　**軍医森鷗外**（1862–1922）1884年陸軍軍医として3年間ドイツに留学、衛生学などを学ぶ。1907年陸軍軍医総監として最高位に昇る。

翻って現在の厚生行政をみると、骨太の医療制度改革を推し進める厚生労働省は、医療費削減を目的に特定健診・特定保健指導の徹底を保険者（市町村や健康保険組合など）に義務づけ、健診などの実施率や有病者などの減少率が基準に達しなければ、その保険者にペナルティーを課すという制度（健康増進法および高齢者医療確保法）を二〇〇八年四月にスタートさせている。

内務省衛生局長室にて

腹が出ている人、内臓脂肪の貯まっている人は生活習慣病にかかっているか、その予備軍であるとするメタボリックシンドロームの概念を導入して、とにかく腹囲に気をつけ、運動や食事の管理をしろ、というのである。病人を治すといった事後処理的な医療から予防重視の医療への転換は評価されるが、進め方が粗雑で性急すぎるように思われる。

メタボの概念、腹囲の基準値にしても、その科学的根拠に異論が噴出しているだけでなく、保険者は新たな財政負担を強いられ、不満は高い。不健康の烙印を押された者たちが送り込まれる医療機関では人手不足に拍車がかかる。健康不安をあおられた国民のほうは、国が設定する身体の規格に合わせようと右往左往させられる。微笑んでいるのはメタボ関連の製薬企業、住民の健康を保持する責務を放棄した市町村からの委託を受けた健診・保健指導の請負い機関、アスレチッククラブやサプリメントの販売者、健康産業である。

そして、何よりも大きな問題点は、制度のなかに公衆衛生の視点を欠落させていることである。制度が対象としている生活習慣病は運動不足や食べ過ぎ、過度な飲酒といった自己管理の甘さが基底にあるとしても、厳しい労働環境が引き起こすストレスや添加物漬けの食品の氾濫、騒音や大気・土壌・水質汚染など、社会環境に由来する危険因子の存在を無視することはできない。それらの危険因子にどう向き合うのか、制度は何も語っていない。社会責任に対する自覚の弱さと見通しの甘さが致命的といえる。この状況をみて、厚生行政の先輩である後藤はどう思うであろうか。

(しんむら・たく／北里大学名誉教授)

後藤新平と北里柴三郎——日本の公衆衛生の先覚者

社団法人北里研究所理事・所長　**大村　智**

2006.7

後藤と北里の共通認識

後藤新平と北里柴三郎が出会ったのは、一八八三年、北里が内務省衛生局に奉職した時である。当時、我が国の公衆衛生状況は劣悪で、伝染病対策の一つとっても、ただ対症療法に頼るしかなかった。そのような時代に二人は、「保健衛生の重要性を政府はもちろんのこと、国民一人ひとりに啓蒙して国民の健康を増進することは国益である」との共通認識を抱いていた。『衛生制度論』[*1]で、後藤は次のように指摘している。――衛生関係の法律の確立は、欧州から導入する衛生制度の場合、日本の風土や習慣に合わせて実用化されるべきであり、地方自治における衛生の概念の徹底も必要である――。また、北里は「医道論」で、――人民に摂生保健の道を説いて、病を未然に防ぐことが医の本道である――と、予防医学の普及とその必要性を述べている。

「実学」の精神を共有する同志

二人の共通点は、後藤が一八五七年生まれ、北里が一八五三年の同世代というだけではなく、共に実学者、横井小楠の影響を色濃く身につけていたことであろう。後藤は安場保和[*2]、北里は山田武甫《たけとし》というそれぞれ横井の高弟に有形無形の援助を受け、実学の精神をその心としていた。そのような二人が一致協力して活躍することになるのは、一八九二年に北里柴三郎が私立伝染病研究所所長になった時である。当時、後藤は内務省衛生局長であり、北里は六年半のドイツ留学から帰国して自らの研究所を創設し、それぞれに専門的分野で能力を発揮する基盤が確保された。

北里柴三郎（1853-1931）

後藤は衛生行政機関の充実した組織化と予算化の必要性

＊1 『衛生制度論』→ 152 頁。
＊2 安場保和→ 18 頁。

創立当時の北里研究所全景

を費用対効果の面から主張し、政府の施策の遅れを指摘した。一方、それに対して北里は、ドイツ留学中に習得した世界的レベルの細菌学研究による科学的実証を与えた。まず、伝染病を含む各種疾病に対する予防・治療法を確立し、臨床サイドへの導入を図った。特に、コレラ、赤痢、発疹チフス、ジフテリア、結核などの抑制に尽力したことは、歴史に詳しい。また、海外から侵入する病原体に対する防疫・検疫システムを確立させ、付随する消毒所・避病院の運営管理は後藤が中心になり着手した。結果、ペストの侵入を水際で防ぎ、その後の日本で大流行することはなかった。

　そして二人の努力は一八九七年の「伝染病予防法」制定に結実し、日本初の科学的予防法が施行された。病気の治療から予防へ、そこから衛生行政の道を歩んだ後藤新平。基礎医学的研究の知識を臨床医学へ応用・実践する道を歩んだ北里柴三郎。この二人は、まさに「実学」の精神を共有する同志であった。

北里の恩人、後藤新平

同時に、北里にとって後藤は恩人でもある。ドイツ留学から帰国後、伝染病研究所を設立する際に援助の手を差し伸べたのが福沢諭吉、長与専斎《ながよせんさい》[*3]、長谷川泰《たい》[*4]であった。しかし、衛生局長であった後藤の大きな努力を忘れるわけにはいかない。のちに、台湾民政局長に転任する時には、後任の衛生局長に公衆衛生事業の継続を引継書に明記した。その上、北里により良い研究環境を整えるために、伝染病研究所を私立から国立へと委譲させ、疱瘡ワクチン製造所および血清薬院を研究所に併合し、北里を所長とする研究スタッフ全員を国立伝染病研究所に移籍させた。

十五年後、管轄が内務省から文部省に移管されるのを機に、北里が新たに創立したのが北里研究所である。私共は現在、北里柴三郎記念室を開設し、北里の精神や研究所の使命を継承するとともに、恩人後藤新平の業績も紹介している。

近代日本の医療・衛生の基礎を築いた後藤新平、北里柴三郎は、真に我が国の公衆衛生の先覚者であった。

（おおむら・さとし／学校法人北里研究所顧問）

*3 **長与専斎**→ 152頁。
*4 **長谷川泰**→ 153頁。

「建設的社会制度」の構想

皇學館大学社会福祉学部教授　**宮城洋一郎**

2009.1

構想の提示

内務省衛生局長に再任される直前の明治二十八（一八九五）年八月から台湾総督府民政局長に転任する明治三十一（一八九八）年一月まで、後藤新平は伊藤博文[*1]首相、樺山資紀[*2]内相に建白書、意見書などを提出して、自らの「建設的社会制度」の構想を明らかにしている。また、この間明治三十（一八九七）年二月に恤《じゅっ》救《きゅう》法案、救貧税法案の作成に関わっている。

まず、伊藤博文への建白書は、「貧富懸隔」が「激流」となり、社会主義の脅威を危惧するとの現状認識に立って、東京、大阪に大施療院を建設し、保険制度を導入すべきことを提言した。その目的は、貧困層の最大の課題である医療を保障することにあり、こうした施策により「深ク人心ヲ感化シ、早ク民徳ヲ厚キニ導ク」ことを強調している。

恤救法案、救貧税法案

この両法案は、後藤が自由党、進歩党などの一部議員を説得し、第一〇帝国議会に法案を提出した

＊1 **伊藤博文**→ 38 頁。
＊2 **樺山資紀**→ 70 頁。

ものである。恤救法案は、貧困無告の老幼傷病者の「救育」を市町村の義務とし、その財源を政府の配賦金、慈善家の義捐金、一箇月一銭を各戸から徴収する均分戸税とした。特に均分戸税は社会保険制度の意図があると、その説明で明らかにしている。

一方、救貧税法案は税負担者を限定する名誉税であるとし、華族や所得税納税者から一定額の税を徴収し、日本銀行の純益金の一部などからも徴収することとした。この名誉税について、社会上層にある富有者に慈善慈愛の意を発起させ、社会に対する徳義を尽くさせ、貧富の調和を図ると説いている。

両法案は廃案となったが、自助努力としての均分戸税と社会の上層にある者への賦課税との組み合わせで「建設的社会制度」の具体案を提示した。また、その中で、この上層にある者に徳義を尽くすことを求めた点も注目される。

防貧論の提起

衛生局長を離任する直前に伊藤博文に提出したのが「救済衛生制度ニ関スル意見」である。そこで「帝国施療病院」と「労働者疾病保険法」を提案しているが、これらは冒頭の建白書を継承している。そして、疾病施療により「貧窮ノ井ロヲ掩蓋スル」ことで、恤救制度というより防貧制度であるとした。これにより「建設的社会制度」に防貧の理念を注入していくことになった。

そして、財源について、第一に絹布税をあげ、奢侈品に課税することで防貧制度の財源にふさわしいと主張し、第二に売薬税をあげ、衛生制度のための税であることを強調した。ここでも、奢侈品を俎上に載せ富有層への課税で財源確保をはかろうとしている。

このように、後藤の防貧論は、疾病医療への対策を明示し、財源問題の解決を富有層に求める構図になっている。そこから国家の富を豊かにし、生活の安全と徳義を高尚ならしめることができるという主張であった。

以上のような、「建設的社会制度」の構想をみるとき、現代の国民皆保険制度の起点となった意義は明らかであるが、それとともに、徳義を基礎においた国家観、自助努力と社会上層部に税負担を求めるなどのねらいが読み取れる。そこから徳義を尽くすことを富有層に求めて、望ましい社会像を提起していこうとしたのであった。ここに、社会的な倫理観を再考するためにも、後藤をとおして現代社会を読み解く鍵があるように思われる。

（みやぎ・よういちろう／皇學館大学名誉教授）

日本人女性の寿命を延ばした男

東京大学名誉教授・解剖学
養老孟司
2007.4

いつも思うことだが、後藤新平について自分がいちばん驚くのは、東大医学部に四十年近く在籍していて、大学でその名を聞いた覚えがなかったことである。日本には業界があって、業界のつながりがあるのだが、私と後藤新平には、その種のつながりがなかったことになる。ただし開業医だった私の母親は、時に後藤新平の名を出すことがあった。大風呂敷といわれてネ、と説明してくれた。アンタのお父さんと同じサ。

鶴見祐輔の書いた伝記を読んで、なるほどと思った。後藤はいわゆるまともな官学の出ではない。それであそこまで偉くなると、当然ながらある意味で無視される。よくいえば敬して遠ざけられる。それにしても、後藤の医学上の事跡がほとんど知られていなかったことは、驚くべきことである。

すでに述べたことがあるが、それを教えてくれたのは、当時建設省の河川局長だった竹村光太郎氏である。私が英国の結核患者が減少したのは、化学療法が「できてから」ではなく、それ以前からだったという話を書いたことに対して、竹村氏は自分もそう思っていた、社会経済状況の改善が健康と平均寿命には大きく寄与しているはずだというお手紙をくださった。その後竹村氏は著書の中で、東京市の水道水に塩素消毒を実施した、東京市長としての後藤新平の業績を明らかにされたのである。これによって、男性より短かった日本人女性の寿命が、史上はじめて延び始めた。

後藤にかぎらず、いまでもそうしたことはあるだろうと思う。つまり社会的に大きな役割を果たしたにもかかわらず、その業績が十分に評価されない。後藤新平は目立つ人だから、再評価の可能性があったわけだが、もっと地味な人であれば、業績が埋もれてしまうことが、あんがいあるのではなかろうか。

学者でいうなら、時代が変わると同時に、評価が変わってしまう人がある。荻生徂徠[*1]は典型であろう。江戸では著名な学者なのに、明治以降になるとまったく目立たなくなる。解剖学の歴史を調べて

＊1 **荻生徂徠**→ 61 頁。

みると、なんと日本の解剖学のはじまりは、徂徠学の影響によるのである。なぜ明治になると、徂徠の評価が下がるのか。日本の歴史では、前の時代をいわば「なかったもの」にする傾向がある。戦後になると、戦前は軍国主義、明治になると、江戸時代は封建主義、といった具合である。ミソもクソも一緒に消す。

こうした態度がどこから来るかということだが、歴史を書く文科系の学者の美学、あるいは潔癖さに関係するのではないか。そういうものを、いわば「削って」しまおうとするのである。そうなると、徹底的である。それを別な表現で「純粋」ともいう。社会は決して純粋なものではないのだが。

医学の例でいうなら、自分にガンがあると知ると、徹底的に取り除こうという気持ちになる。若いうちならともかく、九十歳を越えてそういう気分になる人があるらしいことが気にかかる。そんなことをしなくたって、九十歳を越えたガンなど、心配することもないのだが。どうせガンにも元気がないのである。

（ようろう・たけし）

人材育成

教育者、後藤新平

拓殖大学副学長　**草原克豪**

2006.1

人材育成を重視

後藤新平を教育者と形容するのは一般的ではないかもしれない。しかし、後藤が人材育成を重視していたことはよく知られている。台湾においても満州においても次から次へと学校を建てた。拓殖大学の前身である台湾協会学校[*1]には総督府から補助金を出してその発展を支援し、のちには拓殖大学[*2]の第三代学長も務めている。日露協会学校[*3]（のちのハルビン学院）も創設した。社会教育にも熱心で、「学俗接近」を唱えて通俗大学会[*4]を設立し、その総裁として信濃木崎や軽井沢で夏期大学[*5]を開催したりもしている。

こうした実績に加えて、後藤は行く先々で仕事を通じて多くの人材を育てた。自分自身が新政府役人の安場保和[*6]に才能を見出されて出世の糸口をつかんだだけに、若くて優秀な人を、藩閥にも学閥にも閨閥にも派閥にもとらわれず、本人の人物と能力だけで登用し、存分に活躍できる場を与えた。その意味では間違いなく立派な教育者であった。

＊1 **台湾協会学校**　1900年、台湾協会を母体とし、台湾開発に貢献する人材育成を目標に設立。桂太郎が初代校長。後藤は学生に激励の講話。

＊2 **拓殖大学**　台湾協会学校の大学昇格に後藤が尽力し、1921年に成就。東洋協会（前身は台湾協会）から別個の財団法人に独立。

若手の抜擢

台湾総督府時代、アメリカで静養中だった新渡戸稲造[*7]を殖産局長として高給をもって迎えようとした。それが若すぎるという理由で事務局から反対されたため、やむをえず技師として発令し、身分は五等官だが俸給は一級俸という破格の扱いをした。のちに新渡戸の類まれな才能を惜しんで、京都帝国大学や東京帝国大学の教授に推薦したのも後藤であった。

台湾の土地調査を行うため臨時台湾土地調査局を設置すると、後藤は自ら局長となって東京帝大卒の若い大蔵事務官中村是公[*8]を局次長として迎えた。その後満鉄総裁に就任すると、「満鉄は午前八時の人間でやる」といって、この中村を副総裁に登用し、「三十歳代の若手を集めろ。人選は任せる」と命じている。二年後に第二次桂内閣の逓信大臣に就任すると、満鉄の所管を逓信省に移して自分の管轄下におき、中村副総裁を総裁に昇進させている。

寺内内閣の内務大臣となったときは、内政をやるには外国を知らなければ駄目だといって、多くの若手内務官僚を海外に派遣したり、留学させたりした。東京市政を立て直すために市長就任を受け入れたときは、助役は三人とも外部から起用し、通常の業務はすべて助役に任せている。そして「東京市においては一に人、二に人、三に人だ」といって、能力主義に基づく人事を行うとともに、職員研修に力を入れた。

日本では江戸時代の昔から、職場こそが人を育てる学校であった。その伝統はごく最近までは基本的に変わらなかったといってよい。だが、一方で高度成長期に年功序列の悪平等がはびこり、他方で

＊3 **日露協会学校**　1920年、後藤の主導でハルビンに設立。対ソ政策に資する人材育成を目指した。後に文部省管轄に。敗戦時に閉校。
＊4 **通俗大学会**　1914、5年に後藤が、学俗接近の趣旨で設立。総裁に後藤、会長に新渡戸。『通俗大学文庫』刊行と講演会が活動内容。
＊5 **夏期大学**→ 260頁。

は、グローバリゼーションの中で競争原理が強調され、効率化が追求されるあまり、今では職場のもつ人材育成能力がすっかり弱体化してしまった。先輩は後輩を育てられず、後輩は先輩から学ぼうとしない。その分、学校が肩代わりしているかというと、必ずしもそうではない。おまけに老害がいたるところに蔓延している。

このような昨今の閉塞した状況を思うとき、後藤流の人材育成は、私たちに新鮮な驚きと希望を与えてくれる。

未来に託す

後藤はもともと医者であったせいか、人間も国家も世界も生物学的な有機体としてとらえていた。そしてその中に限りない進化の可能性を見出していた。晩年ボーイスカウト[*9]活動に熱心に取り組んだのも、若者に未来への夢を託そうとしたからであろう。あの「人のお世話にならぬよう、人のお世話をするよう、そして報いを求めぬよう」という有名な自治三訣は、その頃の後藤が好んで口にした標語であった。そう考えると、後藤新平こそは「人を育てる」という真の意味での教育者であったと改めて思うのである。

後藤は亡くなる半月前、拓殖大学の卒業式において次のような訓示を与えている。

「……諸君は小学一年生の気持ちで社会に臨まなければならない。学は最高の学を修めたりといえども気持ちは小学生の気持ちをもって研究的態度をもって進み、解し得ざることは人に尋ね、一歩一歩と堅実な歩み方をして行かなければならない」

＊6 **安場保和**→ 18 頁。
＊7 **新渡戸稲造**→ 151 頁。
＊8 **中村是公**→ 24 頁。
＊9 **ボーイスカウト**→ 72 頁。

いかにも後藤の人柄を彷彿とさせる訓示ではないか。

（くさはら・かつひで／拓殖大学名誉教授）

拓殖大学への貢献

拓殖大学常務理事　**福田勝幸**
2007.4

四月十三日は後藤新平の命日である。後藤は私達拓殖大学関係者にとって、桂太郎[*1]、小松原英太郎[*2]に次ぐ三代目学長（大正八年二月〜昭和四年逝去するまで）として、当時のいわゆる「専門学校」を名実ともに「大学」へと基盤整備をし、育ててくれた掛け替えのない「恩人」の一人である。

私は拓殖大学に勤務してからこの二十年近く、この時期には毎年青山霊園の大きな楠木に守られている氏の墓前を訪れ花を手向けることにしている。

当初数名の先輩方に声を掛けられたのが始まりであるが、その先輩方も時の流れとともに欠けていき、今では印刷・出版関係の仕事をしている先輩と二人だけの墓参となっている。

後藤と本学との関係は古く、台湾協会[*3]（会頭桂太郎）が、現地の言語・文化・習慣に通じ、現地のために汗を流して業務に励む有為の人材を育成することを目的として一九〇〇（明治三十三）年に設置した「台湾協会学校[*4]」当時までさかのぼる。

＊1 **桂太郎**→ 71 頁。
＊2 **小松原英太郎**（1852–1919）岡山出身。新聞界から官界へ。知事、内務省警保局長、司法次官などを歴任。第 2 代拓殖大学学長。
＊3 **台湾協会**→ 254 頁。
＊4 **台湾協会学校**→ 254 頁。

後藤は開校まもない明治三十四年一月に台湾総督府民政長官として来校して、学生に講話し外地経営の難しさを述べた後「もしこの学校なかりせば（中略）台湾のみならず帝国の拓殖事業、すなわち殖民事業というものが成り立ち、或いは成功すべき目的はない」とまで言い、学生に対して大いなる期待感を述べている。

つい最近のことであるが、昭和七年十二月二十日の日付で本学より依頼先である後藤新平伯伝記編纂会[*5]あて発信した公文書が見つかり、次のように記録されている。

「後藤伯ガ拓殖大学ニ関係セシ事項調書」

（一及び二省略）

三、後藤伯ガ本學ニ於ケル貢獻

伯ガ民政長官タリシ時本學ノ前身タル臺灣協會學校ノタメ總督府ヨリ年々補助金（年額一萬二千五百圓）ヲ下附セラルヽニ至リタルハ伯ノ力ニ負フ所頻ル大ナルモノアリシナリ、

又本學ノ長ニ就任セラルヽ常ニ學生ノ訓育學校ノ發展ニ留意セラレタルガ特ニ本學ヲ以テ大學令ニ依ル正式ノ大學ニ昇格セシムルコトニ關シテハ絶大ナル力ヲ致サレタリ、即チ昇格ニ際シテ相當ナル基金ヲ必要トスルニ依リ鹽水港、明治、臺灣、大日本、東洋、ノ各製糖株式會社等ヲ勸説シテ總額金五十萬圓ノ寄附ヲ為サシメタルガ如キ若シ伯ノ偉大ナル聲望ト手腕トニ依ルニ非スンバ到底今日ノ拓殖大學ヲ見ルコト能ハサリシナルヘシ

＊5　**後藤新平伯伝記編纂会**　1930年末に成立。市政会館に事務所。会長・斎藤実、理事に池田宏、新渡戸稲造ら。伝記執筆は鶴見祐輔に。

となっており、改めて本学発展の大恩人であったことが確認された次第である。

また後藤が学長に就任した一九一九（大正八）年は創立二十周年の年であり、これを記念して制定された校歌三番「人種の色と地の境／わが立つ前に差別なし／膏雨ひとしく湿さば／磽确《こうかく》やがて花さかん／使命は崇し青年の／力あふるる海の外」は、学長としての後藤の外地経営の理念と本学卒業生が実践して来た姿をそのまま現しており、その志は今も伝承されている。

本学の八王子キャンパスの総長室には、今も後藤の書いた「茹古含今」という額が掲げられている。私は長い間、この言葉の示唆するところを考えてきたが、最近では元来医学者である後藤ならば、恐らく「古いものは現代に茹《ゆ》で直し、また新しいものは一度口に含んでその効用を確かめてから吸収しなさい」という後藤流の「温故知新」の教えではないかと思っている。

二十一世紀の今日、日本は再び大陸アジアからの強い等圧線に晒されている。これに正面から立ち向かうだけの「気概」と「経綸」を後藤新平から学ぶ必要を痛感している昨今である。

（ふくだ・かつゆき／学校法人拓殖大学理事長・創立百年史編纂室長）

笈を負ふて都に出づ

新潟経営大学教授・教育学　**中島　純**
2007.4

十数年前ある雑誌で、昨年ご逝去された鶴見和子さんに祖父・後藤新平についてお話を聴く企画が持ち上がり、編集者とともに練馬にあったご自宅を訪ねインタビューしたことがある。当時わたしは、大学院生。着物姿の和子さんの凛とした佇まいに圧倒されながら、興味ぶかい話の数々に心を震わせた（その記事は、鶴見和子著『鶴見和子曼荼羅　華の巻』藤原書店、に再録）。東北人のアニミズム信仰にシンパシーを覚えるという和子さんは、自身に東北人の血が流れていることを誇りに感じていると語られた。

帰りぎわに玄関で、和子さんから、こんな言葉を頂いた。「新平は、よく『笈を負ふて都に出づ』ということを言っていた。中島さんも、足元を見失わず、自分の原点を大切にして頑張りなさい」と。以来、折にふれ、後藤新平に向き合おうとするとき、この言葉を浮かべ、考えることがある。後藤にとって東北人としての出自はどのような意味を持ったのかと。

台湾と満鉄附属地で植民地行政官として治績を挙げた後藤は、第二次桂内閣で逓信大臣兼鉄道院総裁となり、寺内内閣では、内務大臣そして外務大臣と、副首相級の重職を歴任する出世を果たした。この間に、新渡戸稲造と組み、軽井沢、信濃木崎、淡路島、伊勢山田など各地で、夏期大学[*1]を設立、高等教育レベルの学術教養を地方人士に伝える社会教育事業に携わっている。なかでも、一九一七年

＊1　**夏期大学**　（信濃木崎・軽井沢）1916年、長野県を訪れた後藤が地元の平林広人の構想に共感し発足。財界の支援で組織化、有力講師陣を招聘。

に開講した信濃木崎夏期大学は、戦中、戦後にかけて、途絶することなく続き、九十年の歴史を刻んでいる。

そもそも、この夏期大学は、大学教育のデタッチメントからアタッチメントへの転回を説く、後藤の「学俗接近」の理想を実践したものであった。後藤は、地方にある向学の徒に向けて私費を投じ、通信販売による廉価の学術書シリーズを刊行したり、地方講演の開催と講師の派遣を事業とする「通俗大学会」を組織した。この通俗大学会が、夏期大学運動の推進母体となった。当代一流の学者であり教育者であった新渡戸は、最高のパートナーとなった。

後藤は、テクノクラートの先駆け的位置にある官僚出身の政治家であったが、藩閥を背景とせず、学閥に依拠することなく権力の中枢に君臨するのに、学問は人生を切り開く手段となった。東北出身者である後藤は、地方と呼ばれる文化的僻遠の地に暮らす者が、先端を行く学問と技術を獲得し、それをもって身を立て世に出ることの困難をわが身の経験から知っていた。それは後藤自身が、福島にある須賀川医学校[*2]で、訳書による課程中心の「変則医学」を修めただけで、帝国大学を出て、官僚の道を歩んだ学歴エリートとは異なった出世の仕方をしたからである。終生、読書家であり続けた後藤は、専門書、実用書の他に、古今東西の書を広く渉猟することで、高次の文明を見晴らす視野を獲得していった。夏期大学に端的にあらわれた「学俗接近」の思想は、後藤自身の出自と来歴にふかく根ざしていた。

後藤の晩年にこんな逸話がある。岩手県出身の学生で、東京に遊学している者の団体に在京岩手学生会なるものがあった。ある年、彼らのうち、日本大学の学生が、当時、内務省社会局にあった田子

＊2 **須賀川医学校**　1872年、経営困難な須賀川病院を権令安場保和が立て直し、付属事業として、医師養成の医学校を設置。74年後藤入学。

一民（岩手出身）をたずね、在京の岩手県出身の学生をもって一団となし、夏季休業を利用して、岩手県下で学術講演会を試みたい、相当な費用もかかるがその一部を適切な方面から寄付を仰ぎたいと相談した。田子は、それには後藤さんに願うのも一策である、とのことで、みずから願い出たところ、後藤はこの要請にこころよく応じ資金協力を行なった。一九二三年、在京岩手学生会が、その母体である岩手会から独立して初めての発会式を挙行しようとした際、ふたたび学生が田子を訪ね、後藤に出席を願ってほしいと頼ってきた。式の前日にである。このとき後藤は、日ソ関係改善に向けて労農政府の極東代表であるヨッフェを日本に招じ、交渉を図ろうという重大な外交局面に立たされていた。あまりに多忙で、右翼からの妨害に遭うなど緊迫した状況に身を置く後藤に、田子は恐縮した態度で面会し用件を申し述べた。すると後藤は、「ヨフヘ氏の事も大事だが青年学生はより大事だ是非行ってやらう」と答えて、発会式に約束どおりに臨席し祝辞を述べた。後藤の地位と立場を考えてみた場合に、常識をはずれた行動とも取れるが、郷土にかたむけた思いのふかさを物語っていよう（田子一民「後藤伯の思ひ出」新渡戸稲造著『後藤新平伯を偲びて』岩手学生会、一九二九年）。

辺境の地の出であることの負性をバネに、身を起こした後藤は、世界を舞台に活躍する国際派の政治家となった。一方で、地方にある青年に対しては、温かな眼差しを注ぎつづけた。後藤におけるグローバリズムとローカリズムを結びえたとき、この人物の核心をつかみえるのではないか――そう理解しながらも、後藤における東北的な精神性のありかを、満足に見いだせずにいる。わたしの後藤新平をたどる旅は、まだ途なかばである。

（なかじま・じゅん）

わが国初の「大学拡張《ユニヴァーシティ・エクステンション》」事業

京都大学名誉教授　**岡田渥美**
2010. 5

当初からのユニークな伝統

信州は大町市の、碧き木崎湖を眼下に望む丘上の樹間に、大正六（一九一七）年いらい今日まで九三年間、先の大戦下でさえ一度の休講もなく続いている——夏期限定だが——本格の「綜合大学《ユニヴァーシティ》」がある。後藤新平の肝煎りで生誕した信濃木崎夏期大学[*1]（通称）である。毎夏八月一日より九日間、自然・社会・人文の三学問領域から各三名、計九名の当代第一級の学者たちが、「信濃公堂」と矜持をもって命名された、古刹の専門道場かと見紛う百八十畳敷きの講義専用建物で、一日一人ずつ午前と午後を通じてたっぷり蘊蓄を傾ける。高い吹抜け天井のもと、蝉しぐれと涼風の最中《さなか》、満堂の坐学する「青衿《せいきん》」衆を前に大学院レベルの「質の高い」講座を展開する。その最も重い狙いは、「そもそも人間とは何者であり、如何に生くべき存在か」という根源的な問いを、各自の専門的立場を踏まえつつ、出来るだけ聴講者ともども考究することである。これが、開学いらいの伝統となっている。

＊1 **夏期大学**→ 260 頁。

「通俗大学」の理念と「大ども教育」の構想

この、毎年九日間で二千名を超す聴講者を集める夏期大学こそ、実は初めて我が国で一般市民に「本もの の学問と教養と」を、極めて廉価で提供してきた庶民高等教育のメッカである。しかも比較教育史の観点からは、世界的に極めて早い「大学拡張」なのである。と言うのも、片や副首相格の大臣《おとど》、後藤新平を中心に結成された民間の「通俗大学会」（大正四〜五年）のビジョンと、片や僻遠《へきえん》の信州北安曇郡の少壮小学校長、平林広人《ひろんど》（二十九歳）らが慫慂していた、子どもの教育に先立つ「大ども教育」の構想との、二つの流れが奇しくも相合して創成されたのが、本「夏期大学」だったからである。

後藤は、明治末より「世界に立って恥かしからざる」一般国民の心志向上・醇化を図るため、「学俗の接近ないし学俗調和」を唱道し、当時の日本を代表する各界名士と相語らって「高等学術の普及」を目指す通俗大学会を結成、「廣義ノ国民教育ノ一助」として庶民対象の高等教育普及に率先これ努めつつあった。他方の平林は、デンマークにおける農業と教育の振興による「国づくり・人づくり」を目的とする「国民高等教育施設」（Volkehøjskole）からヒントを得て、「万人に開かれた自由な総合大学」としての「サンマー・ユニバーシティ」計画を県内各方面で熱心に訴え続けていた。この両者が鉄道車中、僅か半刻ほどの会合で意気投合、即座に後藤が設立資金「一万両」を約した為、一挙に木崎夏期大学開設の目途がたった。

後藤新平の歓迎会（『信濃木崎夏期大学物語』北安曇教育会編、信教出版、1978 年）

「渾《すべ》て是れ性情莫逆《ばくぎゃく》の人」

本学では、「志学の徒」なら誰でも「自ら欲する講座を自由に選択して研鑽の途」に励み、以って自他の人間性陶冶を追求すべしとの基本理念が、今もなお堅持されている。そこには常に、より善美なる人間性への尊崇の念があり、人間教養（humaniora：より人間的なるもの）への活き活きした憧憬と心意が息吹いている。

この稀有なる学び舎がもつ、高い気品と風格はどこから由来するのか。かの「自治三訣」を謳い、「人を遺す者こそ上品《じょうほん》の人」と説いた後藤新平その人の、人格的「原質」とも呼ぶべき「人間への篤き思いの確かさ」に、その根源の秘密が潜んでいよう。そしてそれが、世代から世代へと大事に護り伝えられ今日に及んでいる。つまり、後藤の所謂「莫逆《ばくぎゃく》の人」同士の揺《ゆる》ぎなき絆が、今もって本学関係者の内面に確たるリアリティとして斉しく保持されている――この一事こそ、木崎夏期大学の真骨頂と観て間違いあるまい。

後藤新平の七言絶句（大正六年八月一日の開学記念茶話会にて詠ず）
山紫水明絶世塵　雨過四面更清新
青衿六百一堂會　渾是性情莫逆人

（おかだ・あつみ）

後藤新平の心を次世代に

後藤新平記念館館長　**及川正昭**
2008. 4

後藤新平の心が生きている

二〇〇七年度は、後藤新平生誕一五〇年で、係わりのあった地で、或いは、強い関心を持たれた方々に様々な形でシンポジューム、講演、出版等をなさっていただいた。

そうしたイヴェントを見るだけで、後藤新平の広さと深さと現代への繋がりを強く感じさせせられた。

出生の地、奥州市では実行委員会を結成し、市長を先頭に「生誕祭」「特別展示」「シンポジューム」「後藤新平と少年像」移転（羽黒山という山の中から新幹線水沢江刺駅前へ）が行われたのであります。その活動はエネルギッシュで力強さを感じさせ、すごさを感じました。でも、本当のすごさは、市民が自らの組織・力で誰に言われたでもなく水沢公園にある後藤新平像二基の周辺の早朝除草・清掃作業をし、別の人たちは後藤新平記念館・後藤伯記念公民館の清掃作業等を実施していたことである。

「後藤新平と少年像」が羽黒山にあった頃、少なくなったボーイスカウト水沢第三団（羽田地区）の子供たちは山に登り除草・洗浄草花の植栽をしていた。

そうした活動は、後藤新平を敬愛してやまないということもあろうが、「後藤新平の心が生きている」と実感するのである。後藤新平の死ぬことのない命が市民の中に生きているのである。

後藤新平と少年像の除幕式（胆江日日新聞社提供）

次世代の子供の育成

「心の受け継ぎ」は大変なことである。教育現場にいた時分、校長が「水沢の三偉人（高野長英[*1]・後藤新平・斎藤実[*2]）」についての子供たちへの継承の状況調査をしたことがあった。継承の度合いは極めて低かったが二〇％弱はあったように記憶している。あれから三十年程経過している現在、継承の度合いは更に低下しているのではないかと推測されるが、継承していく素地はまだ残っている

＊1 **高野長英**→ 32 頁。
＊2 **斎藤実**→ 32 頁。

ことを感じさせられたのである。

記念館としても手を拱いているわけではない。「子供と記念館」という事業を始めてから三年になる。「子供と記念館」事業とは、記念館から「後藤新平に関する問題」を出し、子供たちに答えてもらうもので、完全正答の子には「後藤新平記念館賞」というメダルを授与している。最初の年は参加校も参加者も少なかったが次第に増加し二〇〇七年は一八小学校・五五七名（完全正答二八八名）であった。

当方としては、メダル代は大変であるが、先生方が正答に近いヒントを出し「後藤新平記念館賞」と刻まれたメダルを子供を首にかけ褒めてやって欲しいものであると思っている。

学校で渡された「後藤新平問題」を持ち、母親や祖母と共に記念館に来て問題を解く子供。祖父母と共に早朝の清掃活動に参加する子供。そうして育った子供たちが、次代に後藤新平を語り継ぐのではないだろうか。

早朝清掃だけではなく、後藤新平生誕一五〇年の桃太郎旗を立てる活動、ステッカーを貼る活動、ポスター等を各施設等に送付する活動等々には、奥州・水沢に生まれ育ち、無償で黙々と下支えする姿があった。

これ等こそ後藤新平の心を受け継いでいる姿なのではないかと感じさせられた。

（おいかわ・まさあき／二〇一二年退任）

「そなへよつねに」──少年団の使命と自治の精神

早稲田大学台湾研究所　**春山明哲**

2014. 2

少年団運動と公民の倫理

最近必要があって明治・大正期の教育関係の雑誌を調べていたら、後藤新平の「少年団の使命」と題する文章を見出した。「少年団に対する世の逡巡、誤解を一掃し、其の振興の上に一新紀元を画したいと熱望し……教育時論を通じて広く天下に訴へたい」と後藤は書く。欧州大戦の際に少年団が「ミリタリズム」の権化であるかの様な誤解を生じたことは真に遺憾に堪えない、として後藤は次のように説く。

「少年団運動の有する真の使命は、国体を遵奉し忠孝を本とせる国家主義と同時に、博愛協調の精神により世界人類の幸福に貢献したいと云ふ、国際主義とを経緯とした一大倫理運動であって、児童の少年期に特有なる教育受能性の如き特性を利用して、熾烈なる愛国者たらしむる事と共に、国際的に陶冶せられたる公民たらしめやうといふのである。」（『教育時論』一四二四号、大正十四年一月五日）

重点が国際主義と公民の育成にあることは明らかであるが、注目したいのは「一大倫理運動」というところである。『少年団の歴史』（上平泰博・田中治彦・中島純、萌文社、一九九六年）によれば、一九二〇

『少年団研究』１巻４号より

年代前半、軍事訓練としてではなく公民教育の一環として少年団運動を理論化し運動の先頭に立ったのが後藤新平であった。

自治の精神と森林生活

一九二二（大正十一）年、三島通陽[*1]らの懇請により初代の少年団日本連盟総裁に就任した後藤は、いかにも後藤らしく調査研究に基づく多彩な啓蒙活動を展開していく。ここに取り上げた「少年団の使命」は、一九二四年に創刊された『少年団研究』に掲載された後藤の講演記録が基となっている。『少年団研究』には後藤の文章がたびたび載っていて、例えば「少年団の真価」（一巻四号、大正十三年八月）には、「人の御世話にならぬ様、人のお世話をする様に、そして酬《むくい》をもとめぬ様」という後藤の「自治三訣」が掲げられている。後藤は、少年団を「自治の訓練場」と考えたのである。

また、後藤は少年団の事業は「少年の心の如くに、大自然に触れてともに動きつつ始めて達成し得る」と述べ、「自然の大気を呼吸しつつ少年と共に楽しむ」という心持が少年団の真面目だとする。ボーイスカウトの創始者ロバート・ベーデン＝パウエルは、アーネスト・シートン（『動物記』の作者）からの提言、すなわちアメリカ先住民の神秘的で冒険的なキャンプの技術をウッドクラフト（森林生活法）として取り入れるというアイディアを採用したという（前掲『少年団の歴史』）。後藤はベーデン＝パウエ

＊1 **三島通陽**（1897–1965）政治家・小説家。東京出身。1920 年、日本初の少年団結成。1927 年、貴族院議員。1947 年、参議院議員。

ル[*2]をはじめとするボーイスカウト運動の著書をつぎつぎと翻訳して紹介している。後藤にとって「自治の精神」は、都市の建設・経営のみならず、大自然に触れる森林生活の基礎でもあった。

復興ボーイスカウト

一九二三(大正十二)年九月一日、関東大震災により文部省の中にあった少年団日本連盟事務所は全焼したが、連盟は「復興ボーイスカウト」を組織して被災者の救援活動を開始した(田中治彦『少年団運動の成立と展開』、九州大学出版会、一九九九年)。帝都復興院の中に事務所を置いた復興ボーイスカウトは、日比谷ほか市内五カ所に野外小国民学校を開設して、約二千名の罹災少年少女の教育にあたるほか、被災した少年少女の慰問・相談を行った。岳陽沼津少年団は、東海道線が東京―三島間で不通になったことにより、三島、沼津に避難してきた被災者に対する支援活動を展開している。

関東大震災の混乱のさなか、後藤は「少年団日本連盟組織宣言」を発した。この大災害に少年団の使命をあらためて世に訴えたのである。「訓練を受けたる少年は平時に於いては勿論、一朝事ある時に際しては自己の処置を誤らざる機知と胆力とを具へ、更に老幼婦女の危急を救ひ、社会百般の出来事に対し臨機応変の行動を為し得る所謂『準備ある』人たるを得るのである。」

十二月に定められた連盟徽章と帽章には「そなへよつねに」の文字があった。ベーデン＝パウエルが作ったスカウトの標語「Be Prepared」に対応する標語である。

(はるやま・めいてつ／早稲田大学非常勤講師)

＊1 **ロバート・ベーデン＝パウエル**(1857–1941)軍人。ロンドン出身。ボーア戦争で名声を得る。1908年ボーイスカウト設立。

ボーイスカウト誕生秘話

奄美・平田《へだ》在住　**新元博文**
2013.8

ボーイスカウトと郷中教育

明治四十四（一九一一）年六月、時のイギリス国王ジョージ五世の戴冠式に、明治天皇、同皇后が招待されたが、その名代として皇族の東伏見宮依仁親王ご夫妻と、随行員として乃木希典[*1]陸軍大将が派遣されることになった。

盛大な戴冠式の後、式典の一環としてボーイスカウトの訓練が、ロンドンのハイドパークで七月一日に行われることになっていた。乃木大将はこの訓練を各国大使らとともに検閲された。

ボーイスカウトは明治四十一（一九〇八）年に、ロバート・ベーデン＝パウエル将軍[*2]が南アフリカ戦争の経験に基き、軍隊の斥候訓練の方法を導入することで、イギリスの少年たちの心身を健全に育成し、国家社会の善良、有為な公民にすることを目的にして創立した六団体である。この訓練を検閲した乃木大将は創始者ベーデン＝パウエル将軍に対し、「一体このような立派な制度をどのようにして創始されたか」と質問した。これに対しベーデン＝パウエル将軍は「貴国の薩摩における健児の社（郷中教育）を研究し、その美点を斟酌して組織したものである」という趣旨のことを答えたと伝えられ

＊1　**乃木希典**→ 71 頁。
＊2　**ロバート・ベーデン＝パウエル**→ 271 頁。

ている。（竹下健一著『チェスト！　とことん薩摩の歴史館』出版共同販売、二〇一二年）。

世界に誇る大英海軍が、薩英戦争において負けた。薩摩の強さの秘密を探ると、「郷中教育にあり」とベーデン＝パウエル将軍は考えたという。この視点は間違いではないであろう。

日本では、後藤新平が少年団日本連盟初代総長となり、後藤の尽力により日本の少年団運動は一躍国際的存在となった。後藤は「訓練法や服装のことは、ベーデン＝パウエル将軍の創始にかかるボーイ・スカウトに採ったけれども、運動精神の真髄はわが国固有の武士道、ならびに『健児の社』に則った」（『正伝　後藤新平』第八巻）という。そのため後藤は大正十三（一九二四）年、三島通陽[*3]とともに少年団普及のために鹿児島県知事と鹿児島市長らと会見し、その折に「郷中」について聞き取り調査をしたのである。

「郷中教育」の功罪

「郷中教育」は同じ地域の年長者が年少者を指導することによって共に心身の成長を目指すもので、鹿児島県の教育行政で現在も重視されている。教師を置く訳でもなく、青少年組織の中で質実剛健な教育が施されて来たし、西南戦争の原動力もここにある。西南戦争の主役となったのは西郷隆盛の私学徒であり、それはまさしく郷中教育そのものであった。

しかしそれは明治維新を成し遂げた薩摩の下級士族の教育の根幹をなした訳であり、奄美の人間から見るとすぐに評価できない。

郷中教育は先輩に逆らうなという軍隊教育に適っていたものと思われる。集落での決めごとが最優

＊3　**三島通陽**→ 270 頁。

先され、たとえ法に違反することでも目をつぶってしまう、集落の先人、先輩の教えに従うべしという風潮は、「議を言うな」という薩摩の郷中教育の悪しき様態と思う。

西南戦争時に奄美の人々は明治維新を知り、砂糖の自由売買陳情団が上鹿する。代表団五〇人を谷山監獄に収容したのは、西郷の私学徒である。

集落の年中行事の中で、青少年が主体的に担ってきた伝統は素晴らしいと思う。奄美が米国の信託統治下に置かれた戦後において、青年団が中心となって集落の治安を含め行政すべてを支配していたのである。青年団が区長を推すということは昭和四十年代まで残っていた。その青年団活動を補うものとして処女会や少年団があった。現代は過疎化により、青年団が中心となって集落を守ってきた伝統も消えつつある。

富国強兵を国是にした明治日本が日露戦、日清戦を勝利に導き、薩摩出身武将らの軍功もある。しかし、三百年近くも薩摩の植民地にされ、砂糖地獄の中で生きた、奄美の民人の目からは、郷中教育を憧憬する士族体質には無批判ではいられない。

（にいもと・ひろふみ）

人

後藤新平を生み育てた人と風土

ふるさと（水沢・須賀川）

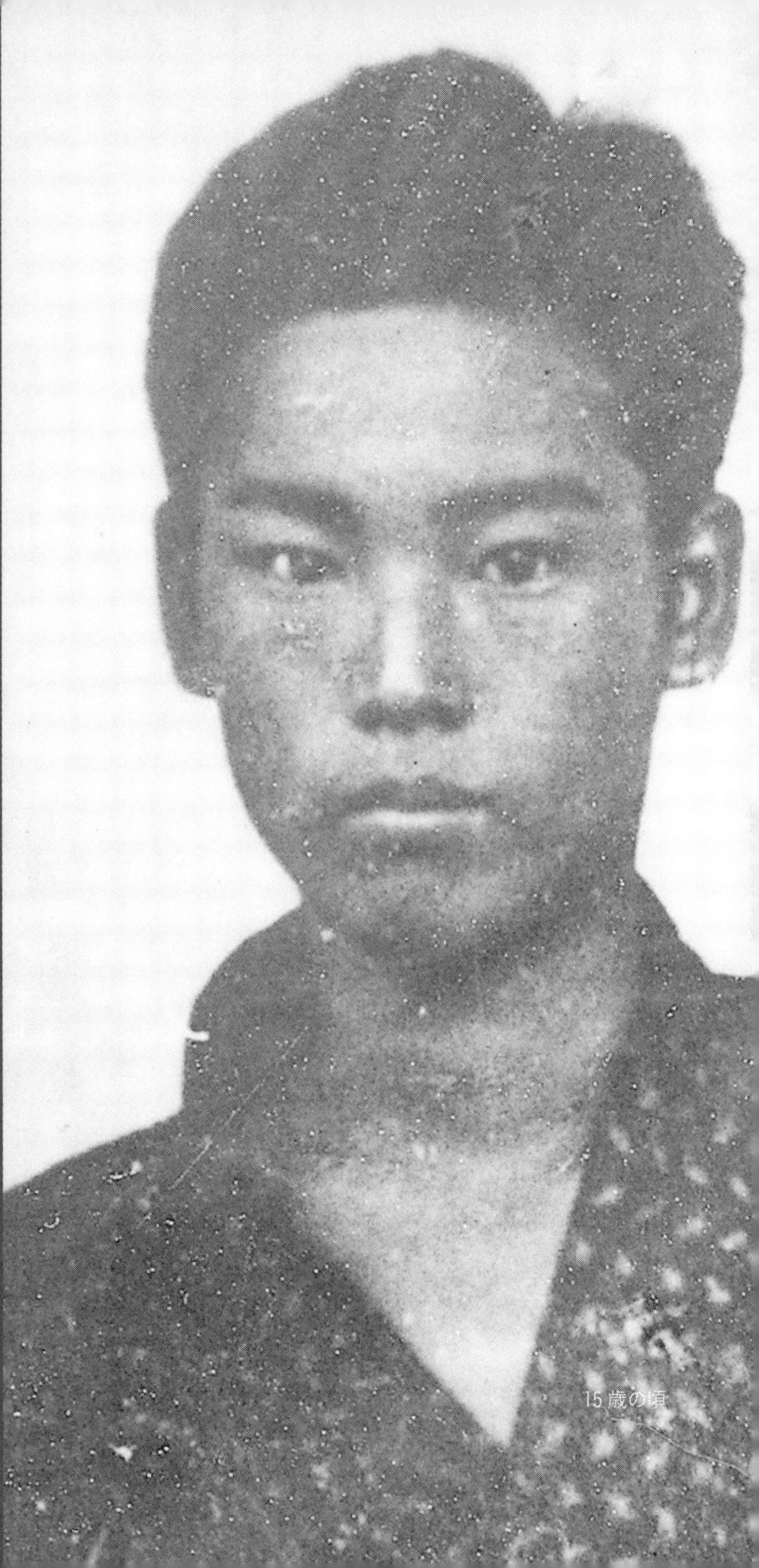

15歳の頃

ふるさと水沢と後藤新平

首都圏水沢人会副会長　**平澤永助**
2011. 12

ふるさとの歴史

私は水沢（現在の奥州市）の出身です。奥州市は平成十八（二〇〇六）年、水沢市、江刺市、前沢町、胆沢町、衣川村の五市町村が合併して誕生しました。

奥州市のある胆江地方（岩手県中西部）は、古代、日高見の国と呼ばれ、蝦夷《えみし》の独立社会が形成されていました。十二世紀、奥州藤原氏がこの地に平泉文化を築き上げました。江戸時代には伊達《だて》一門として水沢城主をつとめた留守《るす》氏が、明治維新まで城下町である水沢の発展に力を尽くしました。後藤新平は留守家御小姓頭・後藤実崇[*1]の子で、明治維新まで留守家の奥小姓として仕えていました。

幕末から昭和初期にかけて、当地に時代を動かす偉人が誕生しました。蘭学者・高野長英《たかのちょうえい》[*2]（後藤新平の親戚筋）、後藤新平、二・二六事件で凶弾に倒れた、岩手の生んだ二人目の総理大臣（一人目は原敬）、斎藤実《さいとうまこと》[*3]で、三偉人と呼ばれています。

＊1　**後藤実崇**→ 338 頁。
＊2　**高野長英**→ 32 頁。
＊3　**斎藤実**→ 32 頁。

後藤新平と斎藤実

実は、地元の水沢では、後藤新平没後第二次世界大戦中まで、後藤の名が話題にされることは、ほとんどありませんでした。後藤の知名度は、戦後もそれほど高かったとはいえません。後藤の存在に光が当たり、再評価の動きが高まってきたのは記念館が開館した昭和五十三（一九七八）年以降のことです。

後藤新平（左）と斎藤実（右）

後藤新平記念館は、日本で最初の公民館である「後藤新平記念公民館」の裏手に建てられました。この公民館は、正力松太郎[*4]が『読売新聞』買収時に資金を援助した後藤への恩返しとして、後藤の故郷に贈った寄付金で建てられたものです。それまで水沢には、後藤新平の生家が残ってはいたものの、後藤の偉業を偲ぶ記念碑や銅像、施設などは、なにもなかったのです。

後藤新平と斎藤実は一歳違いで、生家が近く、斎藤が後藤の葬儀委員長を務めるなど、親交がありました。ボーイスカウト[*5]の初代総裁が後藤新平、二代目が斎藤実です。

斎藤実夫人の春子は昭和二十（一九四五）年に、夫の生地水沢の邸宅に疎開しました。この邸宅は朝鮮総督府辞任時に朝鮮の官民から贈られた寄付金をもとに、人手に渡って

＊4 **正力松太郎**→ 151 頁。
＊5 **ボーイスカウト**→ 72 頁。

いた生家の跡地に文庫として建てたものでした。昭和十六年、斎藤子爵記念事業会によって隣に図書館が建設されましたが、これは現在の水沢市立図書館となりました。

最初の水沢市名誉市民であり、昭和四十六（一九七一）年九十九歳で生涯を終えるまで水沢で暮らした春子夫人に、多くの市民は親しみと敬意を抱いています。斎藤実記念館は、住宅と書庫に展示館を加えて、昭和五十（一九七五）年に開館しました。現在書庫には三万八二〇〇冊の貴重な資料が収められています。

首都圏水沢人会の活動

私が副会長を務める首都圏水沢人会は、昭和六十一（一九八六）年に発足しました。現在、会員は一〇〇人ほどで、首都圏在住の奥州市水沢区出身者の親睦交流を図るとともに、郷土の益々の発展に寄与することを活動方針としています。

近隣ふるさと会に参加して交流を盛んにしたり、奥州市と連絡を密にとり、奥州市が岩手県の中心となるよう協力したりもしています。岩手県人連合会でも存在感をアピールしています。年一度の講演会や、定期的な会報の発行など、広報活動もさかんに行なっています。

当会はいま、会員の高齢化という問題を抱えています。会の活性化のためにも、ぜひ若い世代の方に会員になっていただきたい。そのためには、魅力のある組織になる必要があると考えています。後藤新平の故郷である水沢の発展のために、今後も活動していきたいと思います。

（ひらさわ・えいすけ／首都圏水沢人会会長）

少年は大志を抱いていた

後藤新平顕彰会会長　**梅森健司**
2007.4

後藤新平は、生涯を通して何事にも身を挺《てい》し、果敢に挑んだ新興開拓の改革者であった。豪侠な新平も、昭和四年四月十三日、日本はじめ他国の人びとにも惜しまれこの世を去った。

新平の死後二年を経た六月、『水沢町誌』が発行されている。その中に「伯爵後藤新平小伝」が編集され、書き出しには「伯の誕生」の記事がある。

「一身は一夫《いっぷ》より起りて天下の木鐸《ぼくたく》となり、風雲に乗じて洪業《こうぎょう》を一世に樹《た》て、功を後昆《こうこん》に垂れて英名《えい めい》朽ちざる人を求むれば、伯爵後藤新平の如き蓋《けだ》し其の人なるべし。而して後藤伯は安政四（一八五七）年六月四日、吾《わ》が胆沢《いさわ》郡水沢に生まれ、夙《つと》に麒麟児《きりんじ》を以《もっ》て称せられぬ」とある。

水沢に生まれ育った新平に、私は子どもの頃から関心を抱いていた。戦争の渦中にあった当時、隣組で子どもたちだけの集まりもあった。ある晩、お年寄りが少年新平の話をしてくれた。天井の柱から荒縄で体をしばり、夜遅くまでランプの下で机に向かっている少年新平の姿が、頭から離れなかった。

後藤新平記念館には、新平が幼少の頃使用していた食器が展示されている。これを見た時、一そう新平の生い立ちに興味をそそられた。この食器は、水沢区羽田《はだ》町の当主小笠原《おがさわら》功さんより寄贈された

ものである。（小笠原功さんは今年二月五日逝去された）

四年前、私は当主であった功さんを、顕彰会の部長と訪問することができた。新平は小笠原家に里子として養育されていたのである。里親はケンさんといった。

水沢の吉小路生まれである新平が、なぜ北上川を越えた羽田町の里子として育てられたのか。小笠原家のある現在地窪《くぼ》は、吉小路からかなりの距離である。当主功さんから四代前の運蔵さんの妻ケンさんは、北上川近くの草井《くさい》沼という地の千葉家生まれであった。千葉家では当時寺子屋を営んでいた。そこへ新平の父実崇《さねたか》*1が師匠として往復していたのである。ケンさんが千葉家から小笠原家へ嫁いでいった縁で、新平は里子として預けられた。六歳ぐらいまで乳母ケンさんに育てられていた。新平は「おげんさん」と呼んでいた。

大正二（一九一三）年、八十八歳で天寿を全うしたケンさんへ、大臣となった新平は嗣子《し》忠蔵さん宛《あて》に弔文を送っている。さらに、別便で香典金拾《じゅう》円を送付している。とかく名をあげ経済が豊かになってくると、昔のことは忘れたふりをしがちである。逓信大臣兼鉄道院総裁後藤新平は、報恩感謝の念を片時も忘れてはいなかった。

新平が生まれて二年もたたない安政六（一八五九）年三月、柳町から火災が発生。西からの烈風でたちまち四方に燃え移り、五六二戸が焼失。そのわずか三カ月後の六月、今度は川口町より出火。六十戸余りが焼け、再度の大火災は水沢の町を九分九里なめつくした。

前代未聞の大火は、家屋も家財も焼失し、食うものにも困り果てた人びとは、お互いに顔を見るのもつらかったという。この貧困と挫折は、新平が東京市長を退任した四カ月後、関東大震災（大正十

＊1　**後藤実崇**→338頁。

二年九月一日）が発生し、ここでも未曾有の大災害に直面している。

新平が大伯父と呼んでいた幕末の蘭学者高野長英[*2]がいる。後藤本家の出身で姻戚関係にあった。鎖国の時代、開国論の長英は結果的に幕府から襲われ自害。その後、新平はよく「謀反人の子」とののしられた。そんな時、母の利恵《りえ》[*3]はよく長英について話を聞かせた。ことにも母からの庭訓《ていきん》（家庭の教え）は、きかん気の腕白少年新平にとって、負けじ魂の燃ゆる意欲が渦巻いていった。

しかし、維新後、後藤家主家の留守《るす》氏は、主藩である伊達《だて》藩の家臣であったことから、戊辰戦争で敗北。朝敵の汚名を着せられた。水沢家中《かちゅう》は貧困を極め、簡素倹約の一汁一菜は留守家の風習ともなっていった。屈辱、貧困、挫折は、少年新平の身にどこまでもまつわりついていったのである。

新平は少年期から世界に馳《は》せた政治家になっても、それを乗り越えようと徹底した雄大な計画を樹立していった。ビジョンの巨大さと政策に振るった手腕は、他の追随を許さなかった。彼の激しい気性が、異常な努力をかりたてていったのである。

私の手元に昭和四年十月号の『少年倶楽部』がある。「少年諸君、勉強しましよう。やりましよう」と、燃ゆる意気をふるい立たせている。新平の顔が六人の先頭に位置している。何より新平は少年の志《こころざ》す理想像であった。

（うめもり・けんじ）

＊2　**高野長英**→ 32 頁。
＊3　**後藤利恵**→ 338 頁。

水沢の三偉人

前・後藤新平顕彰会会長　**吉田瑞男**
2006. 10

水沢の三偉人

水沢市（現奥州市）では、古代歴史に刻む蝦夷《えみし》の英雄アテルイの顕彰碑をはじめ、「水沢の三偉人」と呼ばれる幕末の先覚者高野長英《たかのちょうえい》*1、先見の政治家後藤新平、孤高の政治家斎藤実《まこと》*2の三人の精神と偉業を後世に継承するために、現在三つの記念館を設置している。

後藤新平は一八五七（安政四）年、親戚筋である長英の没した七年後、実より一つ年上で同じ吉小《きちこう》路《じ》（旧侍屋敷）で生まれ、二人は竹馬の友として育った。現在、その生家は新平の墓代わりとして保存し、県有形文化財にも指定され、市が管理している。

新平の父実崇《さねたか》*3は、旧水沢藩士で学問・学芸に通じ、寺子屋を開いており、母利恵*4は、藩医坂野家出身の資性闊達な性格であった。

子供時代の新平の腕白ぶりがひどいことから漢学者武下節山《たけしたせつざん》*5の塾に託されたが、学問好きの俊英で、漢学や書の素養基盤はこの塾で培われた。この頃、喧嘩相手から〝謀反人の子〟と呼ばれ、後で母から長英について詳しく知らされたことは新平の一生に大きな影響を与えている。

*1 **高野長英**→ 32 頁。
*2 **斎藤実**→ 32 頁。
*3 **後藤実崇**→ 338 頁。
*4 **後藤利恵**→ 338 頁。

一八六九（明治二）年、胆沢県庁が水沢に置かれ、新平の才能を見出し、後に岳父ともなる大参事安場保和[*6]や、その部下阿川光裕[*7]との巡り合いも新平の生涯の道筋や方向に大きく寄与している。

顕彰会発足の経緯と展望

二〇〇一年、須賀川市（福島県）での医学校時代の新平をテーマにした市民劇「明日を繋ぐ橋」を観劇。新平に寄せられる誇りと親近感に感動し、水沢の公的顕彰事業に加え、民間諸活動の必要性を痛感した。二〇〇二年五月、当時東京都副知事をされていた青山佾《やすし》先生（現本会顧問）を記念講演講師に迎え、「後藤新平顕彰会」が設立した。そして現在に至るまで、関係機関、団体、市民などの参加協力で、着実に顕彰事業を推進している。続いて高野長英、斎藤実顕彰会も発足。「水沢の三偉人」の顕彰活動は一層の高まりを深めている。

明二〇〇七年は後藤、翌〇八年は斎藤の生誕百五十周年の節目の年である。奥州市では、記念事業の効率的、相乗的運営を期するため両顕彰会を主軸に本年二月、市長を会長に記念事業委員会を結成し、本年度から四年間のスケジュールで全国発信を含む諸準備、諸活動に現在取り組んでいる。

既に東京では、〇五年より「後藤新平の会」がスタートし、全国的視野で多彩な事業が行われている。水沢の記念事業には、さらなる連動支援を切願している。

限りない未来感溢れる発想

二十一世紀は「変革と選択」の時代とも言われているが、紛争のない国際社会、貧困や苦悩の少な

＊5 **武下節山**（不詳－不詳）漢学者。堀籠膽水の弟子。朱子の説を採り、真儒の風があり、後藤幼時の師であった。

＊6 **安場保和**→ 18 頁。

＊7 **阿川光裕**（1845–1906）官吏。東京出身。安井息軒門下で漢籍を学ぶ。安場保和の依頼で後藤を預かり教育。

い人類の幸せへの願いも空しく、多くの不安、課題が累積し、打開の道程は閉塞状態を続けている。

そのような現状のなか、「今、なぜ後藤新平か」との刮目のキーワードに対して示しうるのは、五十年、百年先を見通した新平の先見性であり、長期的展望や広大なアイデア、ビジョンの集積と天性の逞しい行動力ではなかろうか。即ち、これまでに見たことも、聞いたことも、行われたこともない、限りない未来感溢れる発想を示す新平像に、われわれは魅せられるのではなかろうか。

伊藤博文は新平に対して「君の生まれるのが遅すぎた。そして早すぎた」と……。しかし、新平没後七十有余年、いまなお国内外、とりわけ台湾、満州に残した公益、民衆福利の偉大な足跡、功労は広く語り継がれている。

晩年の新平は、「政治の倫理化」運動に心を砕き、また、新しい時代を担う後世に希望を託してのボーイスカウト活動の推進など、その一生は最後まで理想追求一筋の道を歩み続けた。

私利私欲、藩閥、学閥、閨閥なく波瀾万丈の生涯に悔いはなかったと思われてならない。

　人のおせわにならぬよう
　人のおせわをするよう
　そして、むくいをもとめぬよう

自立自尊、日常規範の源泉「自治三訣」である。万人齊《ひと》しく知り、学び、伝承する名言であり、尊い遺産でもある。

（よしだ・みずお／故人）

自治の町・須賀川と後藤新平

須賀川後藤新平の会会長　**菊地大介**
2013. 10

須賀川に根づく自治の精神

私の住んでいる福島県・須賀川《すかがわ》は、歴史的にも古い町で、鎌倉時代からの歴史があり、江戸時代に入るまでは城下町であったが、江戸時代に入ってからは東日本でも有数の商人・宿場町として栄えてきた。ゆえに城はないが財はある町だった。

その後、江戸末期に入り、天明の大飢饉がおこる。東北地方だけでも三十万人の餓死者がでたとされている。

この大飢饉のなか一人も餓死者をださなかった藩主がいる。それは白河藩主松平定信[*1]である。なぜそれができたのか？　それは定信自ら率先して倹約し、そして町の商人から農民までみんなで寄金しあい、その資金で米を買い、藩の全てに平等に分配したからである。では、定信はどうしてこのような対策ができたのか？　なんとその原点は須賀川に存在していたのである。

須賀川は当時白河藩領内であり、定信は度々須賀川を巡行していた。定信は飢饉対策をどのようにしたらいいか悩んでいるとき須賀川を訪れ、そこで衝撃をうける。それは、須賀川に自治の精神が存

＊1 **松平定信**（1758–1829）江戸後期老中。白河藩主。田安宗武の子。藩政に尽力。田沼意次失脚後、老中となり寛政の改革を主導した。

在していたことを知ったからである。

大飢饉を乗り越える

この大飢饉の時の最大の問題は食料であるが、その食料不足から発生した問題が間引きである。間引きとは食糧難になり子供を育てる余裕がないので、生後すぐに殺してしまうことである。その大飢饉の中、一人の子供も殺さず、餓死者もでなかったのが、須賀川なのである。

松平定信自画像　鎮国守国神社所蔵　天明７年（1787年）

商人町であった須賀川は、ある一定の財力を持っていたことから、商人自ら民衆のために身銭をきり、お互いにお金を出し合い様々な独自の制度を作り出していく。その中の代表的な制度として「赤子養育制度」がある。子供は絶対に殺してはいけないと、子供がいる家庭にその集めた資金を平等に配分している。現代の金額にすると五万円ぐらいを毎月配分していた。そしてその後に、民衆も協力したいということになり、毎月少額の金額でそして一律にお金を出し合うことになってくる。これを「町益金」と名付けお互いを助け合う「互助」の精神が確立されたわけである。この時から「自治の町・須賀川」が誕生したわけである。

そして定信は須賀川巡行の際、民衆自ら町を治める「自治」という考え方に初めて気づかされる。この須賀川の「自治的精神」を白河藩全体に普及させ餓死者をださないという決断をしていくことになる。そして定信の大飢饉対策は大成功を治め、天明の大飢饉における藩政を立て直した手腕を認められ、徳川御三家の推挙を受けて、老中首座・将軍輔佐となっていく。つまり定信が老中まで出世できた根源には、「自治の町・須賀川」の存在があったことになる。

後藤新平と須賀川

そして、後藤新平が卒業した須賀川医学校（現・公立岩瀬病院）の成り立ちもまた同じで、須賀川の商人たちがお金を出し合って創立された医学校である。その須賀川医学校を卒業し、医学・生物学等の知識を持って、偉大な政治家となっていった後藤新平には、松平定信と共通するものがある、と私は考えている。

それは、自治と須賀川である。私は、後藤本人も江戸末期から続いている自治の町須賀川を現認し、そして又本人が卒業した須賀川医学校自体が自治の精神をもって始まっていることから、後藤新平の「自治三訣」の根源も須賀川にあるのかもしれないと思っている。

18歳頃の後藤新平（右）

須賀川はこれから東日本大震災からの復興にのぞもうとしている。自治の町須賀川として、後藤イズムの「自治三訣」が復興には不可欠であることは確かだ。

（きくち・だいすけ）

後藤新平を師と仰いだ十河信二

後藤新平顕彰会会長　**梅森健司**
2011.9

後藤に見出された十河信二

「鉄道院に来い！」後藤新平のこの一言で、十河《そごう》信二（一八八四―一九八一）の人生は大きく動いた。一九〇九（明治四十二）年、鉄道院総裁となった後藤の下で、十河は経理部長となって働いた。

歴史に「もし」は許されない。しかし、もし鉄道院総裁が後藤でなかったなら、十河は国鉄以外に就職していたかもしれない。また、東海道新幹線の開通もおそらくなかった可能性が大きい。

私が「後藤新平記念館」に勤めていた二〇〇二（平成十四）年十一月、十河信二のご令息和平《わへい》氏が夫人と連れだって来館された。八十三歳のご高齢ながら、東京都国立《くにたち》市から東北の地までおいでくださったことに感激した。翌年は父信二の二十三回忌に当たり、その前に念願の後藤新平記念館を訪ねたいということからであった。

館内展示室を案内しながら、和平氏から直接後藤への想いを伺えたことは、何よりの感銘を受け胸に迫る思いがあった。

一階の「相馬事件」の前では感慨深く見入っておられたが、「父も疑惑収監されたことがありました」

と切り出された。それは、関東大震災後に起きた「復興院疑惑事件」のことである。土地収容や鉄道物品購入で、請負業者等から二万円の賄賂を受けとったとのことで信二は入獄となった。「父は一歩も引かず、逆に検事に一三カ条の質問状を叩きつけたのです」。結局無罪となったものの、世間の目は冷たく、一家はいわれなき屈辱に耐えなければならなかったのである。

十河が保釈されたその日、後藤は十河を自宅に招き、「これでお前も一人前の資格ができた。男子たるもの一度は獄舎の冷や飯を食わねば」といわれたそうだ。後藤が入獄となった相馬事件では、無罪放免後、後藤は衛生局長の座を失った。が、日清戦争直後に帰還兵や船舶の検疫をなしとげ、生涯で最も忙しい日々を過ごした。その成功率は、世界中にもとどろいていった。

十河和平氏夫妻（左が筆者）（写真は二枚とも筆者提供）

十河は後藤に見出され、後藤からいやというほど親心を学びとっていった。十河は、後藤譲りの精神がやがて第四代国鉄総裁となったときも、頭から「広軌」線が離れないでいた。東海道の輸送力増強が当時の急務であった。遠い先の日本を考え、いかに大金が必要であろうと、東京から大阪に一気に広軌線を敷設することが必要と判断した。それを説得するのに、十河はかつての後藤と同様に苦心した。専門家は反対、政治家も不賛成という

後藤新平の肖像を指差す十河信二氏

中で、ついに、四年後には着工にこぎつけていった。後藤には達成することのできなかったことが、半世紀後、十河によって可能となったのである。

「明治をつくったのは後藤新平である」

和平氏は落ちついて話してくれた。「鉄道を枕にし死ぬ覚悟で新幹線を走らせた」。後藤から託された最大の悲願「東海道新幹線」は、一九六四（昭和三十九）年十月一日開業を見ることができた。そして十月十日は東京オリンピックの開催。関東大震災復興において後藤の偉大さが現れた幹線道路や環状線。オリンピック成功の陰には「後藤新平あり」と、当時の鈴木俊一副都知事の評価は大きかった。

十河邸には大きな後藤の肖像画がかかげられてある。父の信二は、「明治をつくったのは後藤新平である」と、たえず口にしていること止まなかったという。その十河信二も、後藤に負けじと昭和をつくることに気を吐いていったに違いない。

こんなエピソードがある。十河が後藤の娘愛子を、同級生である鶴見祐輔に紹介し、縁をとりもったことである。その鶴見祐輔が著した『後藤新平』は、後藤の生涯にわたる原本ともなっている。

（うめもり・けんじ）

家族・親族

前列左から　後藤新平、母・利恵子、姉・初勢
後列左から　一人おいて長男・後藤一蔵、一人おいて長女・鶴見愛子

わが父・後藤新平

河﨑武蔵
2007. 4

一九二〇（大正九）年八月一日午前七時二十分に、私は父後藤新平と、母河﨑きみの間に三男として生れた。

新平ときみの間には、男子五人女子二人が生れたが、長男は幼くして亡くなり、次男兵衛と四男清は近年亡くなった。五男小五郎と長女松子、次女多満子は健在である。

鶴見俊輔氏は雑誌に

「新平の女性関係はメチャクチャで……。」と書いているが、これに反論する資料を、残念ながら私は持ち合わせていない。確かに後藤新平は女性にもてた。

私の出生届は生れてから二十六日もたった八月二十七日に、京都の下村当吉[*1]の実子（三男）として出されている。

下村当吉は、後藤が内務省衛生局長をしていた時の部下で、日清戦争勝利の後、凱旋して来る二十六万人の将兵の防疫消毒の設備の建設及び防疫の実行の為に、後藤と共に不眠不休で防疫作業を完遂した後藤の片腕であった。

従って私は戸籍上、下村当吉とうのの実子で後藤新平、きみとは関係ないということになる。

＊1 **下村当吉**（1856–1929）技師。京都出身。日清戦争凱旋兵検疫の際、消毒汽缶設計などの主任となり、工事を完成。生涯後藤と親密。

同様な方法は、新平ときみとの間に生れた四男二女全てに適用され、

兵衛（次男）清（四男）→藤田謙一＊2（日本商工会議所会頭）

武蔵（三男）松子（長女）→下村当吉

多満子（次女）小五郎（五男）→後藤彦七（新平の実弟）

それぞれ下段の人々の実子として戸籍に入った。（多満子は後藤彦七の元から四竈《しかま》家に養子となった。）

この方法は新平が考え出したものと思われる。やがて新平亡き後、子供達が母きみの元に戻って来られるよう、これらの人々に子供を託した。事実後年、子供達は皆きみの元に帰って来て河﨑を名乗った。

河﨑武蔵氏（後藤新平の墓前で）

新平は尚それでもきみや子供達の将来が心配で、更にもう一段ガードをかけることを忘れなかった。それは我々子供達が「五奉行」と呼んでいた方々である。

永田秀次郎＊3（東京市長、拓殖大学学長）

増田次郎＊4（日本発送電初代総裁）

浜野　茂（実業家。「新宿将軍」と呼ばれた同名の相場師の二代目）

正力松太郎＊5（読売新聞社社主）

後藤一蔵＊6（新平の長男）

驚くべきことにこれらの方々は、新平が

＊2 **藤田謙一**→ 233 頁。

＊3 **永田秀次郎**→ 25 頁。

＊4 **増田次郎**（1868–1951）実業家。後藤逓相の秘書官。のち大同電力社長。1939 年国策会社として設立された日本発送電初代総裁。

自分の死後の子供達の面倒を託された約束を（激動の世の中にも拘わらず）果し、子供達を見守ってくれた。一例をあげれば、永田秀次郎氏は戦時中、南方の司政官をやって居られた。日本との行き帰りに台北帝大で学んでいた私を、増田次郎さん（当時台湾電力総裁）と二人で招いて下さり、安否を気遣って下さった。台北の草山温泉で父の思い出話を聞かせて下さったことを懐かしく思う。此の様なつながりは、母きみが盆暮に健気に家族の現状報告をこれらの方々に続けていてくれたおかげでもあろう。

一九二八（昭和三）年十一月十日に京都御所で昭和天皇即位の大礼が行われることになった。これ迄不況が続き、更に大正天皇が崩御され、世の中の暗いムードが即位の御大典で、京都の町は漸く華やかな飾り附けで明るくなった。

特に下村の家では、後藤が陞爵されて伯爵になるというので、大喜びで家の一部を改造したり、純銀の洗面器を注文したりで、使用人も忙しい日が続いた。

新平ときみは御大典のかなり前から下村家へ滞在していた。

或る日、新平は上機嫌で私に「一緒に風呂へ入ろう」と誘った。湯船につかった新平のすき通る様な白い肌がピンクに染まって美しかったのを覚えている。新平は顎髭を私の頬にこすりつけて、「痛いか、痛いか。」とふざけ、又一方で「オッカサンの言うことをよく聞けよ。」と東北なまりのずうずう弁で何度もくり返した。

京都の言葉にはない「オッカサン」が妙に耳に残った。その当時は下村の母の言うことを聞くようにと諭しているのだとばかり思っていたが、今になって考えてみると、この時の「オッカサン」は、東京のおばちゃん、つまりその時は実母とは知らないきみのことを考えていたに違いない。

＊5 **正力松太郎**→ 151 頁。
＊6 **後藤一蔵**→ 339 頁。

伯爵になって大勢の人々から祝福を受けた新平は、翌一九二九（昭和四）年四月四日朝、岡山に講演に向う途中、夜行列車の中で第三回目の脳溢血で倒れ、京都府立医大病院で四月十三日に亡くなった。

一方河﨑きみは一九七一（昭和四十六）年、子供達と孫に惜しまれながら七十四歳の生涯を閉じた。生前新平が「妙操院如是喜美信女」という戒名を考え、墓石の字は自ら筆をとって準備した多磨墓地の墓にきみは眠っている。

尚、下村当吉は新平の病院につめかけて憔悴しきっていたが、新平の死後二カ月で新平を追うように亡くなった。多くの人々は殉死だと囁いていた。

（かわさき・むさし／故人）

〝平成の後藤新平〟待望論

元日本銀行副総裁　**藤原作弥**

2007.6

河﨑武蔵中尉と判沢弘軍曹

私事で恐縮だが、拙著『満洲　少国民の戦記』（新潮社）に河﨑《かわさき》武蔵《むさし》という人物が登場する。同書は終戦直後、旧満洲・安東（現遼寧省・丹東）で難民生活を送っていた敗戦国民、日本人同胞のボランティア活動を描いたノンフィクションである。

河崎武蔵氏は学徒出陣（台北帝大）で海軍中尉。香港の海軍基地から航空部隊員約六十名を率い、朝鮮・鎮海基地に向う途次、安東で終戦を迎えた。安東では戦犯逃れのため軍服を炭鉱夫の作業衣に着替え、田原酒店の二階に身を潜め、逼塞生活を送っていた。

ある時、河崎中尉らは国民党系中国義勇軍と共に、その当時安東市を支配していた共産党八路軍[*1]・市政府に叛乱を企てた。だが、クーデターは、見事に失敗、監獄に放り込まれ、思想犯として身柄を公安局に移される。公安局では日本人の民主連盟の委員から毎日洗脳教育を受けた。その時、河崎中尉の洗脳を担当したのが、学徒出陣（早大）し、安東で敗戦を迎えた判沢弘《はんざわひろし》[*2]・陸軍軍曹だった。

この二人は立場こそ違え、同じ学徒出陣で同世代、毎日生活を共にするうちに不思議なほどにウマが合った。二人は洗脳どころか思想信条も肝胆相照らす仲になり脱走を企てようとした……。

とんでもない勘違い

その後のストーリーは拙著にゆだねるが、安東時代のさまざまな秘話を物語ってくれたのは、まず、父の友人だった故・判沢弘氏。判沢氏は当時、東工大教授で社会思想史を講じていた。河崎武蔵氏については、判沢氏から、元満鉄総裁の後藤新平の外孫、と聞いていたので本にもそのように記した。そして「大胆なクーデター計画は雄大な着想で知られたおじいちゃん譲りの血筋だろうか」というコメントを付け加えたりした。

私が同書を執筆した当時、河崎武蔵氏は日本バイエル副社長。多忙の中、何度か取材に応じていた

*1 **八路軍**　抗日戦争中、華北にあった中国共産党の軍隊。華中・華南の新四軍と共に抗日戦の主力。日中戦争後、人民解放軍と改称。

*2 **判沢弘**（1919–1987）思想史家。東京工業大学教授。近代日本思想史が専門。著に『土着の思想』など。

だいたが、私はご本人に後藤新平との関係について直接、確認する作業を怠った（新聞記者＝当時＝としては失格である）。それどころか、判沢氏から、同じ『思想の科学』の同人だった鶴見俊輔氏やその姉の鶴見和子氏が後藤新平の孫と聞いていたので、鶴見氏と河﨑氏は孫同士の間柄――と思い込んでいた。とんでもない勘違いだった。河﨑武蔵氏が後藤新平の実子と知ったのは、旧満洲・安東からの引揚者の親睦団体である「安東会」の出席者からそのことを聞き及び、確認してからのことだった。私は遅ればせながら早速、河﨑氏にお詫びし、あわてて拙著・初版の記述の誤りも訂正した。

「生活文化大国」へ

後藤新平という人物に、従前にもまして強い関心を抱くようになったのはそれ以来のことである。北岡伸一や杉森久英の伝記や小説を読み、その人物のスケールと構想力に驚嘆した。そして近代国家・日本の物心両面におけるインフラストラクチャーの開祖としての偉大さに思いを致すようになった。生地の水沢に足を運んだことも何度か……。ジャーナリストの師である粕谷一希氏のお誘いで「後藤新平の会」発起人の末席を汚したのもそうした因縁からだった。

河﨑中尉は〝満洲少国民〟だった少年時代の私にとっての英雄だった。その父である後藤新平は戦前の日本にあっては「世界の中の日本」の視座で物事を考える希有な大人物だった。

戦前戦後に「軍事大国」「経済大国」という二つの大失敗を犯した日本が今、青写真を描くべきグランドデザインは「生活文化大国」であろう。そのためにも〝平成の後藤新平〟が待望される。

（ふじわら・さくや）

『無償の愛』を書き終えて

ノンフィクション作家　**河﨑充代**
2010.1

後藤新平の晩年を支えた祖母

現在の日本史の教科書の中で後藤新平がどのように扱われているのかについては不案内だが、私が中・高校生だった頃の教科書には新平に関する記述は無かった。昭和三十年代後半は、日本の過去の大陸への進出はすべて悪であったという史観が支配していた。台湾の民政長官、満鉄の初代総裁を経験した新平への言及は少なく、あるとしても、おおかたの評価は、日本の領土拡張主義の権化といったものであった。そのことは孫の私を少なからず悲しませていた。だが、祖母河﨑きみは、新平の詠んだ、

寝覚めよき　ことこそなさめ
難波江の　よしとあしとは
云うにまかせて

を地で行くかのように、世間の新平に対する評価の変遷を気に掛ける素振りも見せなかった。きみは芸者として新橋のお座敷に上がっていた十四、五歳のときに新平と出会い、間もなく落籍された。そ

れから約二〇年、新平が亡くなるまでをともにし、父を含む七人の子供を儲けた。

きみの下で育った叔母松子が年頃のころ、訪ねてきたきみの新橋時代の友人が、「お嬢さん、御前様（新平）の噂話を耳にしても悪く思わないであげてくださいよ。周りの女《ひと》たちが放っておかなかったんですからね」と庇《かば》うほど、新平の人気は高かったという。

その新平が、数多の女性の中から河﨑きみを見出し、下田歌子[*1]までも動員して、きみを好みの女性に鍛え上げた。きみはそれに応えて、新平が生きていた間は、新平しか眼中にないといった態度で尽くした。私が祖母と接した頃には、すでに新平が逝ってから四半世紀が過ぎていたわけだが、その頃でもまだ、自分と子供たちが新平の名を汚すようなことがあってはならないとの想いが、生活の隅々まで行き渡っていた。

河﨑きみ（26 歳頃）

新平が残したもの

新平が車中で倒れる前に、ボーイスカウト[*2]運動で新平の右腕であった三島通陽《みちはる》[*3]に、「よく聞け、金を残して死ぬ者は下だ。仕事を残して死ぬ者は中だ。人を残して死ぬ者は上だ。よく覚えておけ」と言い残したことは有名である。その言葉は、最近、プロ野球の野村克也前監督の座右の銘としても知られている。

＊1 **下田歌子**（1854–1936）女子教育者。岐阜出身。華族女学校創立に参画。実践女学校・女子工芸学校を創設。愛国婦人会会長。

＊2 **ボーイスカウト**→ 72 頁。

＊3 **三島通陽**→ 270 頁。

新平が亡くなったとき、残ったのは借金だけで、自宅の母屋さえも満洲国大使館に手放さなければならなかったという。新平ときみとの間にできた子供のうち五人は、信頼できる人々の実子として預けられていた。新平はきみにその五人の子供を養子に迎え、育て上げるという仕事を託した。きみが新平を信頼したと同じぐらい新平もきみを信頼していたのだろう。きみはその仕事を必死でやり抜いた。新平がきみに残した色紙に、

　時を待ち、分を守り、
　機を知り、寡黙なれ。
　大才あらば、必ず大用あらん

とある。きみはこの言葉を養育上の信条として生涯を生き抜いた。一九七一年の暑い夏、この世を去った。

＊　＊　＊

二〇〇九年、新平は没後八〇年を迎えた。きみも、すでにその三十七回忌の法要も済ませるほど時間が経過した。二人の間に生まれた子供たちも欠けはじめ、残る四人――武蔵、松子、多満子、小五郎も八十代である。父、後藤新平の名を傷つけぬようとのきみの遺言を大切に守り、きみの子供たちは、自分たちが新平の子であることを自《みずか》らこれまで明かさずにきた。

このたび縁あって藤原書店から、『無償の愛――後藤新平、晩年の伴侶きみ』と題する本を上梓した。新平は没後三十五年以上経ってなお、きみに「一生に一人の人にめぐり逢えれば、残りは生きていけ

るものですよ」といわせた男である。新平から引き受けた仕事をやり遂げたという、心底からの充ち足りた歓びのことばだったろう。

新平ときみ。齢の差は親子以上に違うが、お互い扶け合いながら無私の精神、無償の愛で生涯を生き抜いたふたりだった、と思う。

（かわさき・みちよ）

時代を超える「作品」

前衆議院議員　**椎名素夫**
2006. 4

後藤新平への尽きぬ興味

昔からあちこちに「偉い人」はいるが、多くは同時代でも「知る人ぞ知る」存在にとどまり、また一世を風靡し、位人臣を極めても時代の変遷とともに忘れ去られる「偉人」も多い。

その中で、後藤新平は没後、最も多数の伝記が刊行されている一人である。

普通なら忘れ去られるような時の経過にもかかわらず、一人のひとの生涯への興味が持続し、そこから何らかの教訓、示唆を汲み取ろうと思わせるのは尋常のことではない。このあたりに新平を理解するがあるのではないだろうか。

新平叔父の助言

私の父椎名悦三郎《えつさぶろう》＊1は後藤新平の姉初勢《はつせ》＊2の婚家を継ぎ、従って新平の義甥に当る。

大正十二年に大学を出て農商務省に採用が決まり、新平叔父に報告に行った。ところが新平はとくに喜ぶ様子もなく、それはよかったが、仕事に就くのを延ばす訳にはいかないのか、と尋ねた。曰く、「役人は、法律をいじり回して、専ら人と人との間の調整にあたる。しかしこれから大切になるのは、法律だけでは処理できない『人と物との関係』だ。自然科学の素養が皆無では、ものの役に立たない。一、二年、北里研究所にでも預かって貰うよう私から頼んでもよい」

思いもかけぬ話に即答もできず、義伯母に意見を聞いた。「とんでもないことを言うのは何時もの悪い癖だ。せっかく役所の試験も通ったのに、そんな無駄なことを」というので話は立ち消えになった。

後年、満州国に出向して新国家の産業政策を担当することになったが、資源調査の資料も貧弱を極め、計画どころではない。そのとき、後藤の叔父の忠告が記憶に蘇り、その意味を理解したと言う。

これは、戦後、私が高等学校で理科系を選択した際に、意外なほど喜んで、実は昔こういうことがあったと父から直に聞かされた話である。

その時の父の熱心な話し振りから察するに、大学卒業直後に貰った新平叔父の助言は、そのときは実行されなかったけれども、よほど強い印象として父の頭に残っていたに違いない。

＊1 **椎名悦三郎**（1898–1979）政治家。岩手出身。後藤の甥。満洲国勤務を経て、戦後官房長官、通産相、外相を歴任。日韓条約をまとめる。

＊2 **後藤初勢**（1845–1925）後藤の姉。椎名辨七郎に嫁し、夫の没後、後藤家に帰り家政を助け、誠実善良な資質を以って周囲を支えた。

時代を越える後藤新平の「作品」

読んだり聞いたりするうちに、この人の生涯は学ぶべき、面白い物語の宝庫ではないかと思うようになった。自分の年齢とそれに伴う経験の蓄積が進むにつれ、益々その感じが深まるのである。

かれの物事に向かうアプローチはこんなことだろうか。何か思い付くと、ただの思い付きに終らず、具体化するための道筋を即座に書き上げる。その場限りの案でなく、遠くを眺め、将来を見据える観点を必ず具えているのが特徴だ。そして、理解者を得て好機を掴むと、みずから手掛けて大仕事を実際にやってみせる。

こうして実地に手がけた結果の「作品」が時代を越えて生き続けたのである。

「作品」と書いたが、彼のような「仕事師」が興味を持ったすべて（言動、逸話、書き物、建物、都市計画や開発計画とその成果、インフラ、無形のシステムなど）は「作品」と呼ぶのが適切だろう。かれの「作品」にはすべて独特の個性と迫力があり、ひとは紛れもない「後藤新平の作品」を時代を越えて観るのである。時代を越えた彼の「作品」はこうして「同時代性」を保持し続けるのだろう。後代の人々が伝記を書く意欲を持つのもごく当たり前のことかも知れない。

「後藤新平日めくり」

たまたま最近、「いつも吾を見てゐるごとき戒めの言葉を載せて壁の暦は」（読賣歌壇　藤野寛己氏作）が目に止まった。

いま「後藤新平日めくり」を作って本当の仕事をすべき人々に配布し、かれの現実的な忠告に触れ、智慧を汲み取る人の数を増やすという考えはどうだろうか。

（しいな・もとお／故人）

二人の和子、武家の女の系譜

東北芸術工科大学教授　**赤坂憲雄**
2007.12

二人の「和子」

六月の末であったか、はじめて水沢市の後藤新平記念館を訪ねた。思いがけず、小さな発見がいくつもあった。あの赤いポストも、海水浴も、公民館も、市民大学も、どれもこれも後藤とのかかわりがあった。たとえば、展示されてあった「復興都市計画一覧図」には、とりわけ関心をそそられた。その帝都復興計画の見取り図に眼を凝らしていると、後藤がまさしく、東京という都市景観の基礎をつくったことが実感される。

それから、この記念館では、わたしは二人の「和子」に遭遇して、驚きに打たれた。後藤の妻は恩師である安場保和*1の次女、賢夫人の名の高かったという和子*2である。その肖像写真が展示されてあっ

＊1 **安場保和**→18頁。
＊2 **後藤和子**→351頁。

た。しばらくは気付かずに、ただ眺めていた。だれか、よく似た人を知っていると、唐突に思った。次の瞬間、ああ、鶴見和子[*3]さんだ、そう、小さく叫んでいた。わたしの知る鶴見和子さんに、まさしく瓜二つの顔が、そこにあった。

（左）後藤和子、（右）鶴見和子

武家の女の系譜

鶴見さんは後藤新平の孫にあたる。祖母の和子が亡くなって二カ月後に、鶴見さんは生まれた。シベリア出兵と米騒動の年、一九一八年のことだ。後藤家で生まれた最初の孫になったので、外孫でありながら祖母の名前をもらった。名前ばかりでなく、祖母の生まれ変わりだといわれた孫娘の和子は、この生まれ変わりを終生信じつづけた。「おばあさんの生まれ変わりだから、おばあさんがしたいと思ってしなかったことをやりなさい」と、親に言われながら育った。祖母の和子は文才があり、歌を詠み、学問好きであったらしい。早死にをしている。

＊3 **鶴見和子**→ 49 頁。

後藤新平の関連系図を眺めているうちに、女たちの系譜が気にかかった。後藤新平の母・利恵[*4]、妻・和子、その長女・愛子、孫娘・鶴見和子――。まさに武家の女の系譜そのものである。鶴見さんのたたずまいの美しさなど、そうした武家の女としての特徴だと知れば、納得がゆく。

鶴見和子の反面教師

鶴見さんはいわば、祖父・後藤新平と父・鶴見祐輔を反面教師として、政治や権力志向にたいする拒否の姿勢をつらぬきつつ、みずからの社会学を創造的に織り上げていった人である。それは内発的発展論と名づけられた。それぞれの地域がみずからの歴史・文化・風土を糧として、それぞれに固有の発展の道をたどる、そのための哲学といったところか。そこにもじつは、後藤新平の影があったかと思う。

なにより発想の構えが似ている。後藤はたとえば、台湾民政長官の時代に、自然村的な都市や農村の秩序がどう作られているか、いかなる慣習法が存在するか、それを徹底的に調査したうえで、統治政策を決めた。政策はその土地にあった実質で考えるべきだ、と語った。鶴見さんの内発的発展論とは、そうした後藤の政治を、上からの権力に拠らずに下から組織しようとしたものではなかったか。ここでも、鶴見さんにとって、後藤新平は一個の反面教師であったのかもしれない。

後藤はイデオロギーの隙間に生きた政治家だった、といわれる。そういえば、後藤新平の演説の録音テープを聴いた。まるで子守り唄のように、その語りかけてくる声が、不思議に耳に心地よかった。たしかに、演説は下手だったにちがいない。妙に、東北が匂う。東北からの、後藤新平の再評価が必

＊4 **後藤利恵**→ 338 頁。

要になりそうだ、と感じている。

（あかさか・のりお／学習院大学教授・福島県立博物館館長）

後藤新平と鶴見祐輔

早稲田大学非常勤講師　**上品和馬**

2011. 11

後藤の部下として補佐

一九一二年十一月、鶴見祐輔（一八八五—一九七三）は、師と仰ぐ新渡戸稲造[*1]（一八六二—一九三三）の媒酌によって、後藤新平（一八五七—一九二九）の長女・愛子と結婚した。このとき、後藤は五十五歳、鶴見は二十七歳であった。一高時代から雄弁家として名高かった鶴見は、帝大卒業後の十四年間を官界に過ごしたが、その間ずっと後藤の部下として彼を補佐した。例えば、後藤が指揮した「東亜英文旅行案内」[*2]を執筆するためにアジア各国を視察して回ったり、「東京市政調査会」[*3]設立のために、アメリカの政治学・歴史学・都市問題の権威であるチャールズ・A・ビーアド（一八七四—一九四八）を後藤に引き合わせたりした。

＊1 **新渡戸稲造**→ 151 頁。
＊2 **「東亜英文旅行案内」**　後藤が鉄道院総裁時に着手。全5巻、細密な地図と写真を多数挿入し、1917 年に完結。Ch・A・ビーアドにも贈呈。
＊3 **東京市政調査会**→ 53 頁。

それぞれの発想

後藤も鶴見も、元々似たような帝国主義観を持っていた。しかし、国際関係に対する発想は異なっていた。

後藤にとって、台湾統治や満鉄を中心とする満州経営は、世界の文明化に貢献し、台湾、清国、ロシア、満州に利益をもたらし、ひいては日本の対外発展を可能にしようとするものであった。日中露という対立関係にあるものの中に共通の利益を見いだし、うまくコーディネートすることによって、この対立関係を新たな統合関係に変化させ、より高い次元で互いを活かそうと考えたのである。つまり、国際関係における「統合」に着目した。そして、彼が国際関係の要であると捉えていたのは、「通商」であった。

それとは対照をなすのが、国際関係の中の「対立」に着目した勢力均衡論であり、「外交」によって国際関係を処理していこうという考え方である。時代はこちらの方向へと流れていた。後藤の発想は、古くなりつつあったのである。

鶴見は、日本が、世界で最も隆盛しつつあったアメリカと協調することで、日本の活路を拓こうとした。政治家になるために官界を去った彼は、アメリカ各地を回って、大衆に英語講演で訴えかけ、アメリカの世論を親日の方向へ変化させる「広報外交」を行った。これは国際関係におけるイデオロギーの力を重視する発想であった。

広報外交は、大衆の意見が国政に吸い上げられるような民主主義の国家でなければ有効ではなかった。その意味で、鶴見は、混乱する中国において広報外交を行う意義が見いだせなかった。また、鶴見自身の発想が脱亜入欧であり、中国に対して彼の目線が向いていなかった。この点でも、中国に対して統合関係にまで止揚していこうとする後藤の発想とは異なっていた。

自国中心主義を超えて

後藤の没後、鶴見は「後藤が生きていたら、満州事変にどう対処しただろうか」と述べている。後藤の発想は、元来、経済的なものであって、軍事的なものではなかった。彼は基本的に中国の内政に介入することを好まなかったし、中国を日本のための原料供給基地にするという発想を持っていなかった。したがって、満州事変以降の日本の対中政策をよしとしたとは考えがたい。

前列右から三人目が後藤新平、左端の女性の膝に抱かれているのが鶴見和子、後列右より鶴見祐輔、後藤一蔵。

鶴見は、満州事変以降、日本の対中政策を擁護し、さらに第二次世界大戦中は戦争遂行内閣に寄り添い、その結果、戦後、約五年間の公職追放を受けた。

台湾や満州を文明化することは、世界の文明国の一員たる日本の使命であると考えた後藤の行動には、ためらいが感じられない。しかし、彼は文明の普遍性を強く信じていたことで、人種差別や自国中心主義を超越していた。その点、鶴見の発想は、自国中心主義であり、日本の国益を第一に考えていた。その相違に時代潮流が影響したことが、二人の行動を分けたと言えるかもしれない。

ところで、後藤は癇癪もちであったが、女婿の鶴見に対してだけは落雷しなかった。もし落ちていたら、鶴見の代表的著書『正伝・後藤新平』は、いま存在していないかもしれない。

（うえしな・かずま）

細川家と安場家と後藤新平

細川護熙元首相夫人　**細川佳代子**
2013.7

伊達藩への恩義

後藤新平翁は肥後熊本、細川家とも縁がございますので、少しそれをご紹介させていただきます。新平翁の出身地、岩手県の水沢地方は、江戸時代は伊達藩で、明治維新になったとき、一時期胆沢県という県でした。そのとき安場保和（一八三五―一八九九）という、熊本の横井小楠[*1]の一番弟子と言われた旧細川家の家臣が水沢に参りまして、十三歳から十四歳ぐらいの少年を給仕として雇用し、中でも優秀な子供たちを集めて勉強をさせ、育てました。その中におられたのが、後藤新平さんです。ほ

＊1 **横井小楠**→18頁。

かには、斎藤実[*2]さんという後の総理大臣もその少年たちの一人だったようです。

どうして熊本出身の安場保和が、元伊達藩だった水沢の少年たちに教育を授けたのでしょう。歴史をさかのぼること一七四七年、肥後細川の七代藩主に宗孝という方がおられます。その方が、江戸城内で後ろから切りつけられて亡くなるという大事件が起きました。

城内で刃傷沙汰があるとお家取り潰しという決まりもあり、細川家はお家存続の危機を迎えたわけですが、なぜ殺されたかと申しますと、実は人違いだったのです。遠江相良藩板倉家のお家騒動の中で、恨みを持っていた分家の当主が本家の藩主を、隠れていて後ろから切りつけたのです。

では、なぜ間違ったのか。板倉家の家紋は九曜巴の紋で、細川家は普通の九曜の紋。城内が薄暗かったので、家紋を見間違えてしまったというわけです。（余談ですが、この事件以降、細川家は細川九曜という独自の紋を作り、家紋をこれに変えました。）

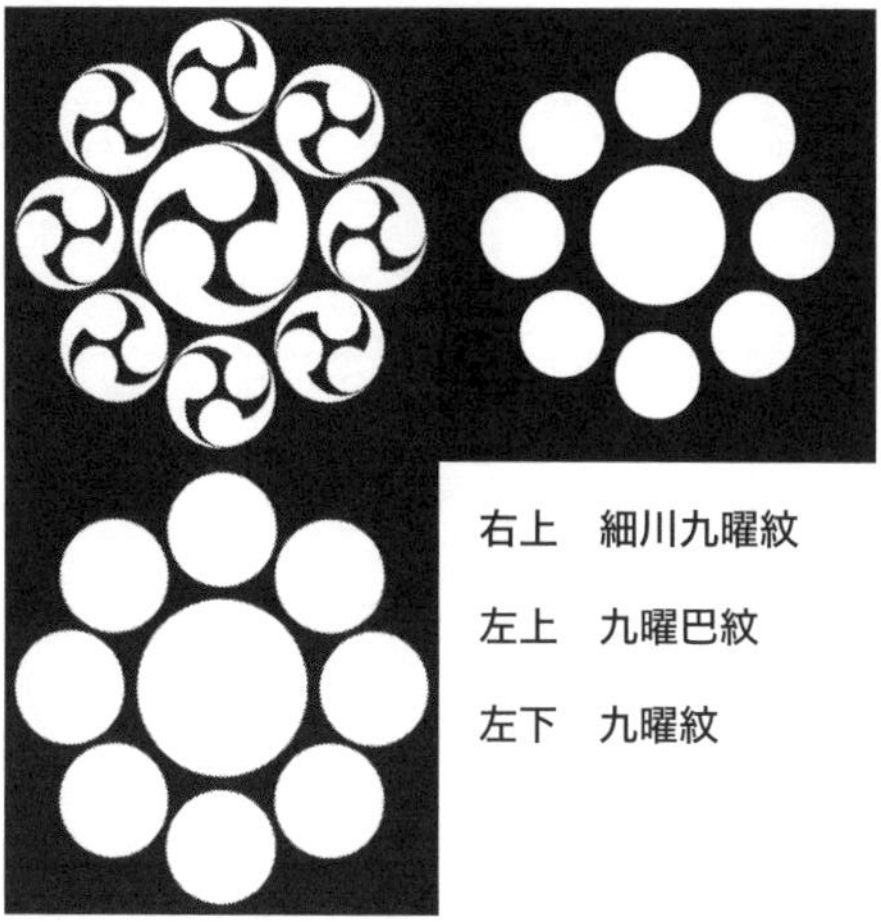

右上　細川九曜紋
左上　九曜巴紋
左下　九曜紋

細川家は大変な危機に陥ったわけですが、そのときに伊達藩の六代藩主、伊達宗村という方が幕府との間に立って取りなしてくれたおかげで、お家取り潰しを免れたということです。

窮地を救ってくれた伊達藩への恩義を細川家並びに家臣はずっと忘れなかったといいます。家臣の中でも古くからいろいろな歴史の場面に登場する安場家もその恩義

＊2 **斎藤実**→ 32 頁。

を忘れずにいたのでしょう。明治維新の際、安場保和は水沢に赴任して恩返しをなさった。そうした歴史の繋がりの中に後藤新平翁がいらっしゃるのです。

細川家の側近だった安場家

安場家についてもう少しお話すると、この安場家は四百数十年前、近世細川家の初代・幽斎[*3]からの側近です。関ヶ原合戦前夜に、幽斎が一万五千の敵方の兵に囲まれる中、二カ月間田辺城に籠城し、五百の女子供、年寄りがみな死ぬ覚悟で守っていました。このとき一番活躍したのが安場九左衛門です。この籠城の結末ですが、「古今伝授」保持者の幽斎を死なせてはいかん、という天皇の命令で城を明け渡すことになりますが、関ヶ原において東軍を有利に導いた籠城戦として知られているところです。

そして時代がずっと下がりまして元禄時代、忠臣蔵で有名な大石内蔵助以下十七名は、仇討ちの後お預けの身となって細川家の屋敷で二カ月間過ごしました。最後に幕府から切腹の沙汰が下りまして、細川家の邸内でお一人お一人切腹して果てられました。一番はじめに大石内蔵助が切腹された。そのときに介錯をなさったのが、安場一平という方です。

切腹の場面を描いた絵が細川家に残っていますが、座ってもろ肌裸になって、まさに短刀を突き刺そうというところです。後ろで剣を構えている安場一平は当時随一の剣の達人であったと言われ、だからこそ大事なお役目を言い渡されたと伝えられています。

このように、細川家と大変縁の深い安場家ですが、水沢に赴任した安場保和の次女、和子は後藤新

＊3 **細川幽斎**（1534–1610）安土桃山時代の武将・歌人。足利家のち織田信長・豊臣秀吉・徳川家康に仕える。近世歌学の祖と言われる。

平の妻になったので、両家は親戚になったということも補足しておきます。

（ほそかわ・かよこ）

後藤新平の魅力

大胆にして細心

早稲田大学教授・日本近現代史・アジア経済論　**小林英夫**

2007.4

人間的なおもしろさでは後藤新平に始まって後藤新平に終わる。私が最初に後藤新平に接したのは学部時代の「日本政治概論」で、彼がたいへんな艶福家だったという話を聞かされたときだ。その教授は、脱線ついでに話術巧みに彼の女性関係について語った。詳細は忘れたし他の受講者がどうだったかは知らぬが、私は後藤に好感をもった。「大胆にして細心」。

その後台湾研究、満鉄研究を続けてきたが、この「後藤観」は強まることはあっても弱まることはなかった。後藤の台湾統治、満鉄創業でもその点は随所に見られるが、私がその観を強くしたのは、一九八〇年代半ばのこと、『満鉄社報』復刻に当たって最初から毎号の内容をチェックする機会が与えられたときのことだ。『満鉄社報』とは、満鉄が創業以降ほぼ毎日、重要決定事項や社告を社員に配布したものである。創業からほぼ毎日欠かさず発行されたが、初期の社報には毎号必ず後藤が筆を採っていた。社員への心掛けから細かい規程にいたるまで、おそらく草稿に相当赤入れが入ったものと思われる凝った文章が重なっていた。

こんな細かいことばかりかと言えば、逆にスケールの大きさに驚かされたエピソードには数限りない。この点は多くの論者がすでに述べているので細かくはふれないが、植民地統治の手法の大きさや都市計画の雄大さはいうまでもないし、その是非に関しては論議もあろうが、ともかくも「夢」があるのである。しかし単なる「夢」かといえばそうではなく、その都度予算案が出されているから数字の大きさはともかく、それなりの裏づけをもっていた。

こうした「大胆にして細心」という相矛盾する要素を持っていたことが彼の限りない人間的魅力に繋がっているのだと思う。首尾一貫した人間など糞おもしろくもないし、人を惹きつける魅力も乏しい。矛盾したものが大きければ大きいほどその人間的魅力は大きくなるし、仲間や部下を取り込む範囲や量も広がる。だから「大胆にして細心」という後藤の特徴が彼を政治家として比類のない異才にしたのだと思う。それが少し突っ走って女性関係にまで及んだのではないか。

部下に恵まれたというのも、そうした後藤の人間的な大きさがあってのことだと思う。部下としては、台湾時代から満鉄時代までの中村是公[*1]や満鉄時代の岡松参太郎[*2]など、その数は十指に余る。是公は後藤を継いで第二代目総裁になるし、岡松は京都帝国大学法科大学教授として、わが国にゼミナール型授業方式を導入した人物としても知られている。早稲田大学に岡松の文書が寄贈され、浅古弘教授の下で私もその整理事業の一端を手伝わさせていただく機会を得たが、後藤が大きなアイデアを出し、それを岡松が具体化していく裏舞台を垣間見ることができて有意義だった。後藤の名前で出された文書の中には岡松が草稿を書き、後藤の目を通して後藤の名前で発表された文書は数多い。おそらく二人が議論しながら作成したのだろうが、後藤の文書だと信じてもおかしくない一体化ぶりだった。そうした人使いのうまさは、天性のものがあったのだろうが、その天性なるものを一言で言えば「大胆にして細心」に尽きるのではないか。

＊1　**中村是公**→ 24 頁。
＊2　**岡松参太郎**（1871–1921）法学者。熊本出身。東京帝大卒。1899 年京都帝大教授。翌年台湾で旧慣調査に従事。のち満鉄理事に。

昨今の政治家を見るにつけ思う。「後藤の前に後藤なく、後藤の後に後藤なし。」

（こばやし・ひでお／早稲田大学名誉教授）

不思議な縁

俳優　**森繁久彌**

2007.4

わたしが当時の満州新京放送局に勤務が決まり、その地に降り立ちまず驚いたのは、駅前広場からまっすぐのびる幅四十メートルくらいはあろうかという広い道だった。内地では想像だに出来ない大都市で、わたしたち日本人の自慢のひとつであった。南満州鉄道（満鉄）も、この大都市も、後藤新平の手により成し遂げられた偉業である。

後年、テレビで後藤新平の役を（テレビ東京「大風呂敷 後藤新平」）を演るとは、何か不思議な縁《えにし》を感じる。混沌とした今の日本国に後藤新平の様な人物がいたらと思うのは私だけだろうか……。

（もりしげ・ひさや／故人）

「シチズン」と命名した後藤新平

シチズン時計株式会社　代表取締役社長
梅原　誠
2005. 12

〝大風呂敷〟大いに結構

東北大学で同じ岩手県出身、同級で、しかも同じゼミであった水沢出身の荻田定介君から、同郷の偉人の本を貸すから読めと、卒業後何年かした忙しい頃、いきなり草柳大蔵著『実録・満鉄調査部』が送られてきた。暫くは忙しさに紛れて開けずに放っておいたが、電話で追いかけて来て、読んでみてどうだった、と矢の催促。止む無く読み始めたら、面白くアッという間に上下二巻を読むことが出来、何故もっと早く読まなかったかと悔いた。

これは〝実録〟と銘打っていてもフィクションではあろうが、志を持ったエリート調査部員が、朝の定刻よりも早く自発的に出社したとか、短期間に狭軌の鉄道線路を欧州にそのままつながる広軌にしたとか、将に器の大きい大人物の面目躍如である。調査部の方々は戦後の日本復興に活躍されたとも聞いている。

満鉄総裁前の、台湾民政長官時代の今でも残っている道路に代表される近代化、また満鉄総裁後の、関東大震災時の帝都復興院総裁としての今も一部残っている道路・公園など都市開発の超大計画、イ

山崎亀吉（現シチズン時計株式会社 尚工舎時計研究所創設者）

デオロギーも越えたロシアなどとの関係、青少年育成、郵政・放送など、幅広く長期視点と幅も奥行きも合わせ持つ構想力を発揮した後藤新平。まさに〝大風呂敷〟大いに結構で、もし今ご健在ならどういう政《まつりごと》をされたのであろうか。

私と後藤新平

自分の会社、シチズン時計株式会社は、その名称が後藤新平との縁があることは、かなり後で知ったことであるが、前身の時計研究所時代の製品に、会社の創設者、山崎亀吉[*1]が同じ貴族院議員の誼で、後藤新平伯からつけられた製品名が「シチズン」であり、その後昭和五年に新設した会社名にも採用したのである。さすがに太平洋戦争中は敵性語ということで憚り、大日本時計と言う名前を使ったそうであるが、終戦後直ぐにもとの名称を用いたようである。

八〇年代に『我太平洋の懸け橋たらん——新渡戸稲造』で成功した岩手県のTV局が、今度は『後藤新平』を主題で製作したいのでスポンサーをと言われたが、決定できる立場に居なかったので残念であった。

また私は、合格通知を先に貰った工学部に入学したが、祖父の「医者になれ」の強い願いを入れて受験した福島県立医大に入学していたとしたら、大人物の後輩だったかと感懐一入《ひとしお》である。

（うめはら・まこと／二〇〇八年退任）

＊1 **山崎亀吉**（1870–1944）実業家。明治 25 年東京に貴金属装身具店・清水商店を開業。大正 7 年尚工舎時計研究所を設立。シチズンに。

人間、この奥深きもの

作家　**小島英記**
2009.3

英雄たちの女性関係

明治以降の優れた人物を二十人、『男の晩節』という本に書いたことがある。むろん、後藤新平も取り上げた。先年、このテーマで講演をした時、大真面目な質問に立ち往生した。その人はこう訊いたのである。

「講師が話された偉大な人たちを私も尊敬し、そのように生きたいと思っているが、彼らはなべて女性関係が派手である。それも手本にすべきだろうか」

何という質問だ。女性の聴衆の視線が一斉に集まった気がした。「昔から英雄、色を好むと申しまして……」。思わず口にして絶句した。

私が不倫小説専門の作家なら、答えは簡単だ。そもそも、こんな質問が出るわけもない。しかし、いまは伝記作家として招かれている。真摯に事実を語るしかない。私は、こんな話をした。

かつて江戸城無血開城の立役者だった山岡鉄舟[*1]を書いたとき、女性関係のすごさに驚いた。本人の意識では命懸けの色情修行だが、そのために妻の英子は自害するといって諫めたほどだ。

＊1　**山岡鉄舟**（1836–1888）政治家・剣術家。江戸出身。無刀流を創始。江戸開城に尽力。維新後、明治天皇の侍従。

鉄舟と関係の深い傑物、勝海舟にいたっては、妾が六人いて、その多くは屋敷に女中と同じようにして住み、朝晩は夫人の居間の前廊下に伺候して、三つ指をついてお目ざめの挨拶をした、と子母澤寛が書いている。

海舟は「家のおたみ（正妻）は男に生まれたら立派な政治家になれる人間で、おれの手をつけた女どもが、一緒にいて、俺の家に風波一つ起きないのは、あれの偉いところだ」とうそぶいていたが、その実、夫人は愛想をつかしていた。

破天荒の魅力

後藤新平の女性関係も相当なものだったらしい。彼は恩人の安場保和の二女和子と結婚し、長男一蔵、長女愛子をもうけ、ある女に産ませた静子を養女にした。眉目秀麗な彼はもてたのである。

孫の鶴見俊輔によれば「男女関係は本当にめちゃくちゃ（略）結婚してすぐ、そこに女の赤ん坊（静子）が届けられてくるんです。妻になったばかりの後藤和子は、それをちゃんと引き受けて、育てるんですからね（略）それはハリウッド映画の世界だね（略）ほとんど乞食同然の人間を引き上げてくれた恩人の娘が細君になっているんですよ。よくそんなこと、できたね。やはりそこには確かに新平の人間が表れていると思う」。

おそらく新平は無邪気なのである。晩年、少年団日本連盟総裁になってボーイスカウト[*2]活動に熱を入れ、「後藤総長弥栄の歌」を少年たちが歌うのを喜んだ。「僕らの好きな総長は　白いおひげに鼻眼鏡　団服つけて杖もって　いつも元気でニーコニコ」

＊2　**ボーイスカウト**→72頁。

無邪気が過ぎて、政党政治家には向かず、壮大なビジョンを十分に活かせなかったのが悔やまれる。しかし、人間としての新平は、良識の尺度からはみ出した破天荒なところがまた魅力なのである。大事業をなす人物は、エネルギーレベルがずば抜けて高い。かといって、その逆は真ならず。精力家でもつまらぬ者はつまらない。

男女の問題にフランスなぞは、まことに寛容なもので、大統領の愛人に目くじら立てることもない。総じてラテン系や海洋民は性に大らかといわれる。とはいえ、この場で不倫を勧めるわけにもいかない。

「時代が違いますし、妻子を悲しませるのはいけません。願わくば煩悩を陶冶され、聖人君子の道をめざされてはいかがかと……」。講師、しどろもどろのうちに会場は爆笑の渦である。

（こじま・ひでき）

今なお色褪せない後藤新平の言葉

明治大学大学院・都市ガバナンス研究所研究員　**阿部直哉**
2011.7

次代を担う若者たちへ後藤新平の遺した言葉（以下、太字の部分）がある。それは含蓄に富み、英知溢れるメッセージとして伝わってくる。

金を残して死ぬ者は下
仕事を残して死ぬ者は中
人を残して死ぬ者は上

天下有為の人材育成を実践

後藤は天下有為の人材育成を説くだけでなく、それを実践したことでも知られる。一例を挙げると、台湾総督府時代、技師として新渡戸稲造、*1土木の長尾半平《はんぺい》、*2鉄道で長谷川謹介《きんすけ》、*3医学で高木友枝《ともえ》、*4調査で岡松参太郎《さんたろう》らを抜擢して人材を揃えた。力量ありと見込んだ人間にチャンスを与え、とりわけ若手に数多くの出番を提供している。その尺度は、あくまでも日本の将来を担える人材かどうかの一点に絞られた。人材登用で恩に着せるとか、自らの配下に置くという狭量さは微塵もなかった。今さら列挙するまでもないが、後藤は台湾民政長官、初代満鉄総裁、鉄道院総裁、逓信大臣、内相、

＊1 **新渡戸稲造**→ 151 頁。
＊2 **長尾半平**（1865–1936）官吏・政治家。後藤が台湾総督府土木局長に抜擢。以後、鉄道畑を進む。衆議院議員。教文館初代社長。
＊3 **長谷川謹介**（1855–1921）官吏・鉄道技師。山口出身。台湾縦貫鉄道を完成。台湾総督府鉄道部長・鉄道院副総裁を歴任。

外相、東京市長を歴任。第二次山本権兵衛内閣で内相兼帝都復興院総裁として関東大震災後の東京復興に奔走した。晩年には少年団日本連盟総裁を引き受け、ボーイスカウト[*5]活動にも力を注いだ。

藩閥・学閥・閨閥が立身出世に有利、というより不可欠とも言える時代に、三閥に無縁どころか軍部にも政党にも依拠しなかった後藤が、強烈なリーダーシップを発揮できたことはもはや奇跡に近い。とてつもない磁力を発散させた男だったのだ。終生、「下駄はちんばでも歩くは正道《せいどう》　襤褸《ぼろ》はさげよが首さげぬ」の心意気を貫いた。偉業を成し遂げた理由を「天賦の才」と決めつけるのは簡単である。藩閥・学閥・閨閥の呪縛がなく、首相の座を射止めるという野心だけで政治に与しなかったからこそ、大仕事につながり、歴史に名を刻んだことを忘れてはならない。徒党を組まず、組織に埋没せず、私利私欲を捨てて、自由な発想で、国家のグランド・デザインを描いた後藤新平の真骨頂である。

一方で後藤の抱くプランが気宇壮大だったため、ときに「大風呂敷」と揶揄されたこともあった。台湾、満州、東京——どこにいても緻密な調査・分析に基づいて数字を弾き出した。それを根拠に計画立案がなされた。が、これを理解できた当時の人たちはむしろ少数派だったのだろう。それゆえ誤解を生んだのも事実だった。周囲の雑音など全く気に掛けず、ただただ「沈香《じんこう》も焚《た》け、屁《へ》も放《ひ》れ、自ら信ずる事は大胆にこれを為せ」をモットーに勇往邁進したのだ。後藤のアイデアがいかに先見性に富んでいたか——今日になって我々は再認識させられることになる。

今こそ後藤のビジョンを

後藤新平は、当時の教育事情について「昔時《せきじ》の教育は手彫《てぼり》細工、今の教育は機械《きかい》細工」と表現した。

＊4 **高木友枝**（1858–1943）医師。福島出身。日清戦争凱旋兵検疫ではコレラ血清療法を行う。台湾の衛生医学発展に多大な貢献をした。

＊5 **ボーイスカウト**→72頁。

言い得て妙であるが、この言葉は現在もそのまま当て嵌まるのではないだろうか。後藤の足跡が今の教育現場でどのように伝承されているかと、高校で使用する日本史教科書を開いてみた。俄かに信じ難いことだが、業績どころか「後藤新平」という名前すら載っていなかった。東日本大震災後、その復興計画に関連して関東大震災時の後藤ビジョンが、メディアでクローズ・アップされる昨今だけに残念至極と言わざるを得ない。

東日本大震災に直面し、政治指導者の不在、危機管理能力の欠如が改めて浮き彫りになった日本にあって、社会全体に漂う閉塞感は広がるばかりだ。国難のときだからこそ、後藤の軌跡を辿り、それを検証する絶好の機会でもある。

「真の日本の建設者は無名の青年たちである」、「古き三角塔上の冠石《かんせき》たらんよりは、新しき三角塔下の礎石《そせき》たれ」、「永久の児童たれ」、「学校を出《い》づる時は教科書と筆記録を焼却し、改めて社会的新学生となる覚悟あれ」――これらは、若者たちの士気を鼓舞し続けた後藤新平の処世訓であり、今なお色褪せることはない。

（あべ・なおや／ジャーナリスト）

後藤新平の「心ばえ」

早稲田大学台湾研究所　**春山明哲**
2013.2

カーネギー平和財団、ビーアドへの配慮

一九二一（大正十）年四月一日、日比谷図書館において米国・カーネギー平和財団から寄贈された図書一八二八冊の授受式が挙行された。今澤慈海日比谷図書館長の開会の辞で始まった式では、財団代表や米国代理大使のほか、後藤新平東京市長が挨拶している。後藤はこの前年十二月、渋沢栄一[*1]らの粘り強い要請を受け東京市長に就任した。

写真で見ると式典の雰囲気がよく伝わってくるが、おそらくこのような国際的なイベントは市立図書館にとって初めてのことではなかったか。図書館に光をあてようという後藤の配慮もあったかも知れない。面白いのは翌一九二二年七月にカーネギー財団からまた手紙が届いたことで、その趣旨は、後藤市長が送ったお礼状と物品に対するお礼であった。書簡が収められた「スクロールと優雅なる包装とは、当財団記録所に保管仕り」久しく記念したい、とのことであった。この日英両文の後藤の礼状とは後藤が花押を施して、緞子に貼り込み表装し、象牙の軸で巻物とし、さらに古代紫の紐を用いて桐の箱に入れ、古代紫房付の紐で結ぶ、という大変凝ったものであった。『市立図書館と其事業』

＊1　**渋沢栄一**→ 192 頁。

カーネギー国際平和財団寄贈図書授受式
（壇上は後藤新平）1921 年 4 月 1 日

の大正十二年一月号には、それらの写真が掲載されている。

このような後藤新平の「心ばえ」は、昭和二年八月三十一日付の東京市政調査会長・後藤新平からチャールズ・ビーアド博士への報告にも感じられる。一九五八（昭和三十三）年に東京市政調査会が編集・発行した『チャールズ・A・ビーアド』に資料として収録されているこの報告は、ビーアドが初来日した一九二二年九月から五年後の一九二八年にビーアドに送られ、一九五五年メアリー夫人が編集した“The Making of Charles A. Beard”に“A Five-Year Report by Viscount Goto”として掲載されたものの翻訳である。

これは、ビーアド来日以来「五年の歳月は貴下の御寄与をして如何なる成果を齎らしめたるか。小生は此の点に関して此の際若干のご報告を申上げ」、合わせて市政の現状と東京市政調査会の事業の一端を知らせたい、という趣旨の報告であった。この報告は相当の長文であり、また、ビーアドの滞日中の行動や講演が直接間接にどう影響したのかを、新聞や雑誌の論説や記事、専門家の著書を引用するなど、きわめて実証的に述べている。例えば、その中には大阪市長・関一の「市政調査研究の急務」、田川大吉郎の『都市政策汎論』などがあり、また、後藤のコメントが添えられているのも興味深い。私が驚いたのは五年の歳月を経過してなおビーアドにこのような調査報告書を作成して送る後藤の配慮である。

震災記念堂の建設

「後世児孫をして永く之を記憶せしめ、斯る不慮の天災に処する途を考慮せしむることは、独り児孫の為めのみならず、亦犠牲者を安慰するの道なり」。関東大震災の翌年、一九二四（大正十三）年八月、東京震災記念事業協会設立趣意書の一節である。永田秀次郎[*2]東京市長を会長とし、渋沢栄一、後藤新平、阪谷芳郎[*3]を顧問として設立されたこの協会は、「全市中最も惨禍を極めたる本所区横網町陸軍被服廠跡に、記念堂を建設」し、犠牲者を永久に追弔すると共に、「不言の警告を百世に垂れんと」企図したのである（『渋沢栄一伝記資料』第四九巻所収『被服廠跡』より）。

一九三一（昭和六）年完成した記念堂の庭にある高さ九尺五寸、径五尺五寸の石造大香炉の背面には故子爵渋沢栄一、故伯爵後藤新平をはじめとする芳名が列記されていたそうである。現在東京都慰霊堂となっている横網町公園には見当たらないが、帝都復興に協力した後藤と渋沢が手を携えて「不言の警告」を後世に遺そうとした「心ばえ」はいかなるものであったろうか。

一九二三（大正十二）年四月、母利恵の死去に伴いその霊前に捧げるべく後藤が再刊した『訓誡和歌集[*4]』には、米国に外遊した後藤の門出をことほぎ「九五歳利恵子」が贈った歌が載っている。

梓弓ひく手はいかにつよくとも　的つらぬくは心なりけり

後藤新平の心ばえの源のひとつは、この後藤家の庭訓にあったのではなかろうか。

（はるやま・めいてつ／早稲田大学非常勤講師）

＊2 **永田秀次郎**→ 25 頁。
＊3 **阪谷芳郎**（1863–1941）財政家・政治家。岡山出身。1901 年大蔵次官。蔵相、東京市長を歴任。1917 年貴族院議員。
＊4 **『訓誡和歌集』** 保田光則編。後藤の父・実崇が家庭教育の資材とした。後年後藤は幾首かを常に朗吟、自戒し、かつ近親者に説いた。

威風堂々のズウズウ弁

毎日新聞専門編集委員　冠木雅夫
2012. 2

大物の風貌と抜群の人気

写真で見る後藤新平は威風堂々、まさに「大物」の代表といった風貌である。首相の座についたことはないが、誰と並んでも負けない見栄えだろう。「これほど立派な顔の日本人はそういまい。美《び》髯《ぜん》に鼻めがね、なかなかのおしゃれで、笑うとなおよい。大正期の女性誌ではルドルフ・バレンチノと並んで美男の代表に挙げられた」と森まゆみさんが『毎日新聞』の「今週の本棚」の欄（二〇〇八年三月二日）で紹介しておられた。身体に比べて顔が大きいので、なおさら堂々と見えるのだと解説する人もいる。

だが、いったん口を開けばズウズウ弁で、演説も下手というのだから、その不釣合いに驚いた人も多かっただろう。

では実際、どんな話しぶりだったのか。今は便利な時代である。後藤新平記念館（奥州市）のホームページで誰でもその肉声を聞くことができる。いわく「政治の倫理化ど（と）申すことは何が（か）非常に難しいこど（と）のように聞こえるが（か）も知れませんが……」。なるほど見事な東北なまりである。私も福島県の会津地方、蔵とラーメンの町、喜多方市の出身なので、後藤の肉声にますます愛着を感じたものである。うまい演説ではないかもしれないが、格調高い内容ではないか。

とにかく、戦前の政治家で後藤ほど人気のある政治家はいなかったそうだ。政党の基盤を持たない大衆政治家という不思議な存在である。その秘密はなんだったのか。私に答があるわけではない。良くも悪くも「大風呂敷」といわれる大きな構想力、西欧文明を貪欲に取り入れた先進性。それらが前提だとしても、それだけではない気がする。ズウズウ弁も含めた得体の知れない人間の大きさがカリスマを形成したのではないか。大物然とした風貌や男ぶりも、もちろん大きな要素だったに違いない。

東京放送局（後の NHK）によるラジオの仮放送開始（大正 14（1925）年 3 月 22 日）

後藤の多面性と奥の深さ

後藤の多面性、奥の深さといえば、最近の二冊の本が震災復興をめぐる対照的な指摘をしている。

筒井清忠氏の『帝都復興の時代――関東大震災以後』（中公叢書）では震災復興の仕事が、実は普通選挙[*1]実施と新党結成に向けて画策する後藤の政治的野心によるものという。だが政略の拙劣さ、甘さにより失敗する。だが、私にはそれはそれで後藤の面白さが増した気がした。野

＊1 **普通選挙**→ 163 頁。

心満々の後藤が権力奪取に向けて無謀な闘いを仕掛け見事に失敗した物語。

もう一つ、北原糸子氏の『関東大震災の社会史』（朝日選書）では、後藤が関東大震災直後、民衆、ことに貧民の救済策を立案したことが指摘された。渋沢栄一[*2]らと会って民間との協力で救済の基本枠組みを作ったこと、それがあの「帝都復興の議」（九月六日）に先立って行われたという。帝都の復興というハード面に目が行きがちだが、後藤の関心はより広く民衆に向いていたのではないか。

震災復興の仕事半ばで野に下った後藤は、ほどなく日本初のラジオ放送を計画していた東京放送局（ＮＨＫの前身）の初代総裁[*3]に推される。鶴見祐輔著『正伝　後藤新平』第八巻によると、かねてからラジオ放送に強い関心を持っていた後藤の就任に世は「これこそ真のはまり役だと、喝采した」という。当人の意欲も生半可ではなく、一九二五年三月二十二日の仮放送開始の際の総裁あいさつ、というよりも演説は力がこもっていた。無線電話（ラジオのこと）が「都会と地方」「階級」「老幼男女」の障壁をなくす「文化の機会均等」をもたらすなどなど、先進的な放送論を展開したのだ。

マイクの前に立つ正装した後藤の写真を見ることができるが、この演説も堂々たる東北なまりだったに違いない。


（かぶき・まさお）

＊2 **渋沢栄一**→ 192 頁。
＊3 **東京放送局初代総裁**→ 143 頁。

底知れぬ危うさと魅力

産経新聞文化部編集委員　関　厚夫
2012.3

裸一貫から首相候補に

「今、なぜ後藤新平か」に答えを出すのは簡単ではない。というのも後藤には「功」と「危うさ」そして「罪」が、人並み外れて同居しているからだ。

たとえば、現代の著名人で「後藤型」といえるのはだれか。「小異を捨てて」という条件付きではあるが、筆者の頭に浮かぶのは、大阪市長の橋下徹氏（政治家としての橋下氏の功罪を公正に論じるにはまだ時間が必要だが）である。

議論を深めるために、まずは後藤のキャリアをおおまかに振り返ってみよう。

愛知病院長兼医学校長（名大医学部の前身、二十四歳）―内務省衛生局長（三十五歳）―台湾総督府民政長官―満鉄初代総裁―逓信相（五十一歳）―内相・外相―東京市長（六十三歳）―内相（六十六歳）―となる。

次に主な功績をみると、明治政府の手にあまっていた台湾経営の成功や不祥事続出だった東京市の再生、内相としての関東大震災への対応（もっとも、日本民俗学の祖、柳田国男はこの時期の後藤に好意をよせながらも、「場馴れた政治家の考へ出しさうな、面白い一趣向を立てたが、数箇月の後には破綻百出で、とんと締めくくりの附かぬものになつた」と回想している）などが挙げられよう。

一八五七年生まれの後藤は、維新期に〝賊軍〟とされた、仙台藩の一門・留守家の家臣の出身。さらに「俺は若い時、負い籠一つ担いで東京へ出てきたのだ」という境遇を考えれば異例の出世である。しかし、「総理大臣に」の声はあってもついに実現しなかった。なぜか。

「後藤は人を使うか人に使われるかだ。ところで後藤を使うということはなかなか難しい」。かつての上司で初代衛生局長、長与専斎[*1]の後藤評だが、後藤は彼を「使う人」に恵まれた。初代内閣総理大臣・伊藤博文や日露戦争を勝利に導いた陸軍大将・児玉源太郎[*2]、日露戦争時の首相・桂太郎[*3]である。しかしながら、後藤が五十代の後半にいたるまでに、伊藤は非命に、児玉と桂は病に斃れる。

卓越した個ゆえの蹉跌

筆者は後藤を「官僚政治家」とする見方に与する。後藤が吉田茂（官僚政治家としての彼の栄達の一端は岳父であり、外相や内大臣を務めた牧野伸顕にある）の先達となる〝ワンマン首相〟になれなかったのは、壮年期以降、後ろ盾が次々と志半ばで世を去ったためだといえよう。

加えて、である。

《あれ程の識見と、材幹と、さうして功名心と度量とを有つて居られて、孰れかと云へば、十分に政界に其の驥足を伸ばすことが出来なかつたのは、（中略）主として時勢の産物たる政党の背景を有しなかつた為であつて、後藤伯（爵）ほどの見識家に似合はぬことと思はれて、故人の為に之を惜しむ》

〝ライオン宰相〟、浜口雄幸[*4]の追想である。後藤はかなりの後年まで、政党、つまり民主主義と相容

＊1 **長与専斎**→ 152 頁。
＊2 **児玉源太郎**→ 70 頁。
＊3 **桂太郎**→ 71 頁。

れない側面があった。詳細は割愛するが、第一次内相・外相時代の彼に筆者は、ファシズムや独裁・軍国主義の「危うさ」さえ感じる。

政治の倫理化運動で演説する後藤新平

後藤が晩年近くに提唱した「政治の倫理化運動」[*5]は、そんな過去の自分への決別という、画期的な意味があろう。

しかし彼はまもなく、最初の脳卒中の発作に襲われ、三度目の発作が起きた昭和四（一九二九）年、七十一歳の生涯を閉じる。

さて、このコラムの結論である。

後藤新平がいまの世にあったとして、日本が直面している閉塞状況を打破する処方箋となったかどうか、筆者は答えに窮する。

ただ、これだけはいえると思う。もしいま後藤がいれば、少々怪しげではあるが、われわれにとって非常に魅力的な選択肢の一つになったであろう、と。

（せき・あつお／産経新聞社編集局編集委員（東北特派員））

＊4 **浜口雄幸**（1870–1931）政治家。高知県出身。蔵相・内相を経て立憲民政党総裁となり1929年組閣。金解禁を実施。右翼テロで死亡。
＊5 **政治の倫理化運動**→163頁。

「後藤新平文書書翰史料」の世界

中京大学教授　檜山幸夫
2010. 11

現在、後藤新平の故郷である岩手県奥州市（旧水沢市）にある後藤新平記念館に所蔵されている「後藤新平文書」のなかに、三五四六通の書翰史料（書状・葉書・電報等）がある。歴史史料としての書翰の価値は、歴史の真相を語っているところにあるが、実は、その書翰史料を別の角度から照射して見てみると、違う世界が見えてくる。

そもそも、後藤新平文書書翰史料の特徴はその膨大な量と書翰そのものの多彩性にある。大きく分類すると、(a)後藤新平に送られてきた来信書翰、(b)後藤新平が差し出した本人書翰、(c)第三者間の書翰、(d)後藤新平の妻子や親兄弟などの後藤家関係書翰、(e)その他の書翰からなっていることで、このなかで特異なのが(b)の本人書翰と(d)の後藤家書翰類であろう。

(b)には、三三八通にのぼる後藤の自筆の下書きと、龍居頼三などに代筆させた書翰草稿とがあり、この下書きに記されている推敲の跡から、非藩閥政治家として薩長藩閥権力中枢で活躍せざるをえなかった政治家後藤の慎重さと、加筆・訂正・削除から垣間見えてくる後藤の本音や心境といったことなど、さまざまなことが判ってくる。

また、(d)には、後藤が父実崇[*1]、母利恵[*2]はもとより妻和子や子息の一蔵[*3]・愛子・静子に送った、また

＊1 **後藤実崇**（1822–1883）後藤の父。水沢生れ。留守家に仕え、1865年小姓頭に任ぜられる。経学詩文・国学・和歌に通じていた。

＊2 **後藤利恵**（1825–1923）後藤の母。水沢生れ。留守家の侍医の筆頭・坂野長安の長女。長い同居生活で新平に深い感化を及ぼした。

は彼らから送られた手紙や絵葉書をはじめ、姉の初勢や弟の彦七から佐野彪太と鶴見祐輔など親子姻戚間での往復書簡が収められている。この重厚さに、新平を核とした後藤家の結束の固さがうかがわれるとともに、それが祐輔が執筆した伝記『後藤新平』の密度の濃さとレベルの高さの背景になっていよう。

情報網の広さと家族の絆

さて、多彩な後藤新平文書書翰の素材に注目してみると、さらに違った世界が見えてくる。一般的には、歴史学研究では書翰史料は書面に書かれた内容だけを見るが、それに素材を加えると別のものが浮かび上がってくる。後藤書翰史料には、台湾総督府や関東都督府・内務外務宮内陸軍各省・在外公館・東京府市・帝国大学・南満州鉄道をはじめ国際連盟・少年団日本聯盟・在米日本人会といったような官署機関組織の罫紙や用箋が多く、私信というより公信に近い私信といった性格の書翰が多い。ここから、政治家後藤の情報網の広さがうかがえる。

さらに、Tokyo Club用箋や日本郵船乗船客用レターペーパーから東京はとの会伝書鳩通信の伝書鳩通信用箋といったものまで、さまざまな書翰類が残されてもいる。このような書翰類の残り方から、後藤が如何にあらゆる交信記録を大事に保存していたのか

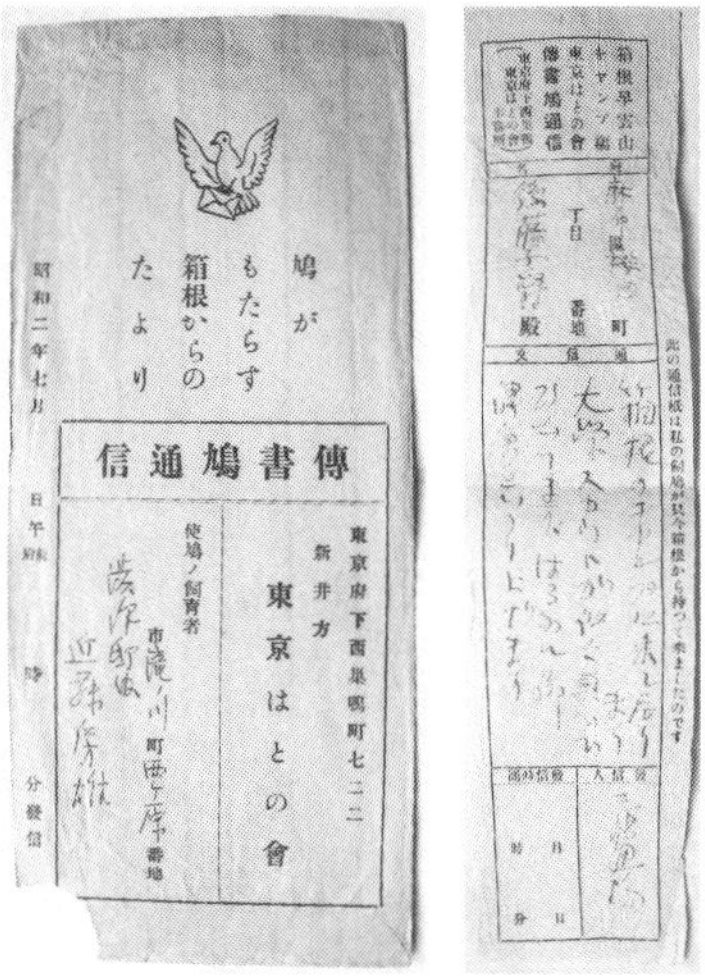

伝書鳩通信用箋

＊3 **後藤一蔵**（1893–1954）後藤の長男。華族。コロンビア大学卒。鐘ケ淵紡績に入社、のち天竜川電力に転じ常務取締役に。

が判ってくる。
　このような考え方は、父母の教育に原因していたのではないだろうか。後藤書翰史料では、父実崇書翰が二通で父宛書翰が四五通、母利恵書翰一通で母宛書翰五通、妻和子書翰一通で和子宛書翰一二通、一蔵書翰八通で一蔵宛書翰二六通といったように、実は書翰を残していくというのは、父母から受け継いだものであり、さらにそれが息子にも引き継がれていったものであることが判ってくる。さらに、こまめに手紙を出すというのも後藤家の伝統のようでもある。外地勤務や外遊などの多い後藤は、旅先から多くの手紙を家族に書き送っているが、それが絵葉書でありレターペーパーであった。しかも、それは一蔵に受け継がれ、一蔵も旅先から父や母に絵葉書を、さらに愛子には記念葉書を送っている。後藤の成功の陰に、手紙のもたらす政治家としての通信網と家族の絆とがあったといえよう。

（ひやま・ゆきお）

「私は東京拘置所で後藤新平に助けられた」

作家・元外務省主任分析官　**佐藤　優**
2011.2

拘置所での持ち物検査

私は後藤新平に助けられたことがある。二〇〇二年夏、東京拘置所の独房でのことだ。拘置所では抜き打ちで房の捜検《そうけん》がある。囚人の持ち物を検査し、規則に反する行為が発覚すると物品は没収され、懲罰の対象になる。

当時は旧監獄法が適用されていたので、独房内ではパンツ、シャツ、それぞれ三枚以内、書籍三冊以内、石けん一個、ノート原則一冊（特別許可を得れば三冊まで可）という厳しい規則が適用されていた。捜検のとき私は押収される危険がある物をいくつか持っていた。まず輪ゴムとビニール袋だ。どちらも自殺、自傷防止という理由で所持を禁止されていた。囚人は梅干しと白菜の漬け物を自費で購入することができる。そこについている輪ゴムを私は密かに蓄え、書類の分類に使っていた。さらに食パンを購入したときのビニール袋をゴミ箱代わりに使っていた。その他ノートを五冊持っていた。

輪ゴム、ビニール袋は没収されても仕方ないが、ノートを持って行かれると困る。捜検は三人でなされる。二人の若い看守が房内を徹底的に検査する。年配の看守は廊下にいる。その間、囚人は廊下で壁を向いて立っていなくてはならない。屈辱感を覚える。年配の看守が、「あなたは外務省でロシアを担当していたんですね」と話しかけてきたので、こんなやりとりをした。

「そうです。モスクワに七年八カ月いました。一九九五年に東京の外務本省に帰ってきてからもずっとロシアを担当していました」

「実は僕の親父はハルビン学院[*1]出身なんですよ。後藤新平のつくった学校です」

「知っています。僕が外務省に入った頃は、ソ連課（現ロシア課）にハルビン学院出身の外交官が何人かいました。ロシア語だけでなく、ポーランド語やセルビア語を上手に操る人もいました。外務省研修所のロシア語の先生もハルビン学院出身でした」

ハルビンへ旅立った後藤新平（1925年4月26日）ハルビンの日露協会学校（ハルビン学院）第一回卒業式に総裁として臨席する後藤は、盛んな見送りのうちに東京駅を出発した。

外務省の先輩から聞いた話

そのとき私はハルビン学院出身の外務省の先輩から聞いた話を思い出した。その先輩は牡丹江の領

＊1 **ハルビン学院**　日露戦争後、日本・ロシアを繋ぐ人材の育成を目指し、榎本武揚らを中心に設立された「日露協会」を前身に、1920年、対ロシア通商の拠点として設立された。

事館に勤務しているときにソ連に攻め込まれ、スパイ容疑をかけられ一九五六年の日ソ国交回復までシベリアのラーゲリ（収容所）に入れられていた。母国語のようにロシア語を自由に操った。その先輩は、「僕のロシア語は監獄仕込みだからね。ロシア人は個人的にいくら親しくしていても、あるとき掌を返すことがある。あの国の制度がよくないからだ。もっとも日本の外務省だっていっしょだよ。いざというときは平気で人を切る。僕たち牡丹江の領事館員は運が悪かった」と言っていた。

ノートを没収しなかった看守

「そうですか。親父からソ連やロシア人についてはいろいろな話を聞きました。親父もロシア人の家に下宿して言葉を覚えたと言っていました。あなたもこんなことになってしまったけれど諦めないで。活躍する機会が必ずあるから」

「いや、もうああいう切った張ったの世界はいいです。ここでのんびり本を読んでいるのも悪くないです」

そんな話をしていたところに捜検を終えた若い看守が出てきて、「パンツが七枚、シャツが五枚、石けんが三個、それにビニール袋一枚、輪ゴム多数、ノートが五冊でてきました」と年配の看守に報告した。年配の看守は、「そうか。それじゃ次の房」と言って、これらの物品を没収せずに隣の独房の捜検に移った。ノートが没収されずにほっとした。このノートが後の私の作家活動にとても役に立った。だから私は後藤新平に恩義を感じている。

（さとう・まさる）

ゆかりの同時代人

右から、後藤、原敬、一人おいて浜口雄幸、寺内正毅、犬養毅、水野錬太郎

ふたつの植民地――後藤、斎藤ふたりの政治家

胆江日日新聞社代表取締役社長　**佐々木隆男**

2007.4

旧日本帝国時代の植民地、朝鮮と台湾は、現在でも日本に対する考え方にそれぞれ大きな開きがある。

朝鮮半島では、日韓条約を締結して戦争および植民地支配の清算が終わった韓国ですら、いまでも「親日」がまるで「親ナチ」と同じでもあるかのように追及の対象にされている。いわば、国家をあげて「反日的」なのだ。

最近は「韓流ブーム」とやらで、庶民レベルでの反感は影を潜めたが、政治の世界ではいまでも、歴史観の違いがすぐに頭をもたげる。感情的対立が起きやすい状況に変わりはない。

一方、台湾はその逆で、日本に対する「違和感」とか「うらみ」という話はあまり聞かれない。多くはとても日本に親近感を抱いている。とても「親日的」だ。

私は、台湾旅行で食べた「ムツゴロウのスープ」のおいしさを、しばしば人に勧めるのだが、それもこれも、台湾のあの親日的な雰囲気があっての上のことだ。

わが地方、奥州・水沢は、朝鮮総督だった斎藤実[*1]（一八五八～一九三六）と台湾の民政局長だった後藤新平（一八五七～一九二九）をともに輩出した。ふたりは一歳違いだが、「郷の秀才」といわれ「立生館[*2]」

＊1　**斎藤実**→ 32 頁。

＊2　**立生館**　藩校。10 歳の後藤はここで経史・詩文を修めた。1869 年、郷学校となって再興される。後藤は入学し、皇漢学・和算を学んだ。

という郷校で机を並べた。その幼馴染のふたりが、ともに日本の植民地経営にあたっていたというのも、何かの縁というほかないだろう。

斎藤は筆まめで、人に優しい気配りの人だ。朝鮮支配も「文治」として、弾圧を加えるようなことは極力避けた。自らが爆弾テロを仕掛けられつつも、である。（総督就任時、ソウル・南大門付近で馬車に爆弾を投げつけられた事件があり、警備三十人以上が負傷している。）

斎藤には、戦に敗れて支配される人の気持ちが分かる。自らも賊軍として、官軍に悔しい思いをした一人だからである。

けれども、朝鮮の人たちが斎藤をどう思っているのか、といえば、他の総督のように恨まれること「蛇蝎のごとく」まででではないけれども、やはり「植民地支配者」としてのそれなのだ。最近になってようやく、韓国でも斎藤の「文治」への評価がなされるようになってはきたが、「感謝」などというようなことはありえない。恨みの程度が低い、というだけのことだ。

斎藤実（1858-1936）
（国立国会図書館ウェブサイト）

半面、台湾での後藤新平はどうか。近代化に貢献したまさに恩人の扱いだ。

後藤と斎藤は性格が大きく異なる。正反対といっていいかもしれない。斎藤が「情の人」なのに対して後藤は「信念の人」だ。才気ほとばしり、気配りよりも今自分は何をなさなければならないかを、わき目もふらずに考える人であった。

結果、後藤によって台湾のインフラは本土をしのぐほどに整備された。学校、道路、灌漑用水なども整った。とくに衛生政策は、疫病、風土病に悩んでいた台湾にとって、その暮らしを一変させた。現在の台湾で、親日的な人が多い理由は、後藤新平が推進した「衛生政策」にこそ伏線が隠されている。

日本が戦争に敗れて引き揚げた後、台湾には蒋介石率いる国民党軍が入ってきた。巡洋艦、駆逐艦に分乗し、彼らが港に着いたとき、台湾全土から歓迎の人々が集まった。日本の支配を離れ、中華の支配に入ることに、台湾の人々にはある種の高揚感があったという。多くが戦前、中国から渡来してきた人たちだったからである。

ところが、軍艦から下りてくる国民党軍の姿を見て、台湾の人たちは幻滅した。笠をかぶり、天秤棒に生活用品をつるした人々が中華民国の正規軍だというのである。しかも、あたりかまわず汚物をたれながし、つばを吐き、ごみを捨てた。略奪もお構いなし。まさに、前近代的ごろつきのようなありさまだった。

幻滅した台湾の人たちは、その支配下に入ることに抵抗した。すると蒋介石は、軍事弾圧を指示する。多くの人は殺され、多くはやむなく支配に従った。そして彼らは懐かしんだ。日本支配を、である。

後藤新平の衛生政策の普及がなかったならば、台湾の人たちの親日も生まれなかったに違いない。

その点、韓国では、台湾と違い、日本に代わって支配したのは、軍政とはいえ、同胞だった。同胞もそうとうに国民をいじめたが、教育を取り仕切る国家は「反日」を貫き通したから、国民には反日以外の行き場がない。斎藤実の情も国家民族教育にはかなわなかった。

帰省して水沢の駅に降り立った斎藤実を、周囲の人たちは拍手で熱烈に迎えた。斎藤は満面の笑みで、見知った人の姿を探し、頭を下げては、握手をして歓呼にこたえた。

後藤新平が水沢駅に降り立ったときも、周囲は歓呼で迎えたが、後藤は照れたように帽子を手で静かに上げただけで、表情を大きく崩すこともなく、手を振るでもなく、急ぎ足でその場を立ち去ろうとした。その様子をみて「後藤さんは水沢があまり好きでないのかもしれない」と言う人さえあったという。それもこれも、故郷を持ち上げる斎藤との違いを意識した話だったのだろう。

忙しく「政治の倫理化」[*3]を訴えて全国を行脚していた後藤が亡くなると、葬儀委員長は気配りの人、斎藤が務めた。

その場の気配りより、長い目で将来を見据える「先見性」が後藤の真骨頂。斎藤もそれを高く評価していて、ボーイスカウト[*4]も初代が後藤で、二代目会長が斎藤だった。斎藤は後藤の前にしゃしゃり出るようなことはしなかった。

シャイで、しかしおしゃれで、庶民性には欠けるけれども清廉であろうとする「後藤イズム」。同郷人としてはとてもあこがれているが、クールな後藤にとって、そんな慕われ方は迷惑な話なのかもしれない。むしろ、台湾の人たちの「親日」をこそ、照れながらも喜んでいる気がする。

（ささき・たかお／故人）

＊3 **「政治の倫理化」**→ 163 頁。
＊4 **ボーイスカウト**→ 72 頁。

後藤新平と新渡戸稲造——「衛生・パブリック」と「公共・ソシアリティ」

東京女子大学学長　湊　晶子
2007. 9

後藤新平は一八五七（安政五）年水沢に、新渡戸稲造は一八六二（文久二）年盛岡に生まれ、共に岩手県を故郷としつつ、一〇〇年先を見据えて先駆的構想をもって時代をリードした人物である。後藤新平は医療、交通、通信、都市政策、メディア、教育など多分野にわたって貢献した。また新渡戸稲造は両家の反対を押し切ってメリー・パターソン・エルキントンと結婚し、平和主義者、教育者、特に女子教育者（東京女子大学初代学長）として先覚的理念をもって時代をリードし、「太平洋の架け橋」となるべく東奔西走した。

私はこれまで新渡戸夫妻の生涯について資料収集して来たが、日本の近代史を見直す上で欠くことのできない後藤と新渡戸の接点についても研究を深めてみたいと思うようになった。

後藤新平から新渡戸稲造へ

後藤新平は常に社会的しがらみを超越して人々の能力を見ぬき、適材適所に登用し、才能を存分に発揮できる場を提供するのに労を惜しまなかった人である。後藤は台湾総督府時代、アメリカで静養中だった新渡戸を殖産局長として高給をもって迎えた。その時の様子を新渡戸は『偉人群像』の中で次の様に記している。

「突然時の農商務大臣曾禰荒助といふ人から手紙が来てわが輩に台湾に奉職する意なきやを質して来た。病気が十分回復した程度でもなかったからその旨をもって断った。程ならずして再び児玉総督と後藤民政長官の切なる希望であるからとて折返し手紙が来た」と。

若さのため身分は五等官だが俸給は一級俸という破格の待遇で迎えられた。さらに後藤は新渡戸の比類ない才能を大切にし、京都帝国大学や東京帝国大学の教授に次々に推薦した。新渡戸の生涯を語る時、後藤の存在を忘れてはならない。

新渡戸メリーから後藤和子[*1]へ

新渡戸の『偉人群像』の最終章が、「後藤伯に対する和子夫人の内助」で終わっていることから、いかに和子夫人が後藤を支えたばかりでなく時代をリードした人物であったかを知ることができる。

新渡戸稲造（1862-1933）
（国立国会図書館ウェブサイト）

結婚二十五年を迎えた明治四十三年のある夜、後藤が新渡戸邸を訪ね、メリーがアメリカに帰国する時和子を同行させてほしい旨依頼した。後藤はその旅を和子へのプレゼントにしたいとの申し出であった。メリーと和子の自立した女旅の実現であった。勿論ホワイトハウスでのルーズヴェルト大統領夫人との会見は、両国間で高く評価された。後藤和子を語る時、新渡戸メリーの存在を忘れてはならない。

＊1 **後藤和子**（1866–1918）後藤の妻。安場保和の二女。1883年9月に結婚。

後藤の「衛生・パブリック」と新渡戸の「公共・ソシアリティ」

後藤の「衛生」の原理は、民族、国、性を越えて「生を衛《まも》る」という「パブリック」の概念に立脚したものであった。近代日本形成期の「教育の目的」は、「大日本帝国国家の目的」と一致結合すべきであり、「公」は「国家」であり「主」であり、「私」は「個人」であり「主に対して従」の関係にあった。その様な潮流の中で、後藤は個人の自立があって初めて国家があるという近代感覚を「衛生」の原理の中に見出していたのである。

新渡戸は「公共」という概念を「ソシアリティ sociality」という言葉で表現した。絶対者・創造主との縦関係・垂直的関係において確立された人格が、水平的に交わる時はじめてそこに公共世界が広がると述べた。ソシアリティの世界は「国家ありて個がある」のではなく、まず個が確立されてはじめて可能となる。

後藤はこれを「衛生」に求め、新渡戸はキリスト教を基盤とした理念に求めたと言えよう。同郷の人として、同時代を生き抜いた二人の先駆的な思想は、現在《いま》を生かす貴重な精神《こころ》である。

（みなと・あきこ／広島女学院大学学長）

後藤新平と新渡戸稲造

財団法人新渡戸基金常務理事　**内川頴一郎**
2010.6

後藤を見出した安場と児玉

「よく聞け、金を残して死ぬ者は下だ。仕事を残して死ぬ者は中だ。人を残して死ぬ者は上だ。よく覚えておけ」

後藤新平は晩年ボーイスカウト[*1]運動のリーダーとなる。運動の右腕となった三島通陽[*2]にこう言った。人を残して死ぬ者は上だという言葉が響く。後藤新平は誰を連想し、人を残して死ぬ者――と言ったのであろうか。

真っ先に頭に浮かぶのは安場保和[*3]を指しているのではないだろうか。安場保和は維新後、胆沢県庁の大参事として水沢に赴任してきた。新平の夫人、和子は安場保和の次女だった。十八歳で二十七歳の新平と結婚した。新平は胆沢県庁時代に給仕として仕えこれが縁で福島県須賀川医学校[*4]に進学する。安場の支援があったからだ。新平の出世の端緒となる運命的出会いである。

「安場は人（新平）を残して亡くなった」。後藤新平が描いたもう一人の人物は児玉源太郎[*5]陸軍大将であろう。児玉こそ日本が台湾領有時代に第四代総督に任命し、後藤新平を台湾民政長官として縦横

＊1　**ボーイスカウト**→ 72 頁。
＊2　**三島通陽**→ 270 頁。
＊3　**安場保和**→ 18 頁。
＊4　**須賀川医学校**→ 261 頁。
＊5　**児玉源太郎**→ 70 頁。

後藤新平（左）と新渡戸稲造（右）（提供・東京市政調査会）

に腕を振るわせた。児玉が上司として新平をよく使い、それにこたえる実績を上げたからこそ、後藤新平がいう「人を残し死ぬ者（児玉）は上だ」と重なる。

「人を残して死ぬ者は上だ」と評価している人物の三番目は誰か。後藤新平その人を指している。そう思って私は新平を観察している。新平が残した人物は、新渡戸稲造である。

新平に説得された稲造の見識

新渡戸稲造は札幌農学校教授時代に重度の神経症を患って、はじめ群馬県伊香保温泉、その後、カリフォルニア州モントレーに転地療養をする。伊香保温泉で療養中の一八九九（明治三十二）年三月二十七日、佐藤昌介（岩手花巻出身　北海道大学初代総長）らとともに日本で初めて農学博士号を授与される。著書、『農学本論』『農業発達史』等に込められた学識が評価されたからである。

病気療養中に博士号を授与された新渡戸稲造に着目したのは台湾民政長官時代の後藤新平である。病いが治って札幌農学校教授に復帰しようとしていた新渡戸稲造であったが、後藤は断れないような説得力ある長文の電報を寄せて稲造をくどいた。

ついに札幌農学校への復帰をあきらめて、親友の宮部金吾に台湾行きの決意を伝える新渡戸稲造であるが、その心境は「士は己を知る者のために死す」ということであったろう。新渡戸稲造は臨時台湾糖務局長として、台湾農業の大発展の基礎を築いた。

新渡戸稲造は三年有余勤務してから京都帝大教授、旧制一高校長、東京帝国大学教授、拓殖大学学監、東京女子大学初代学長を歴任するが、第一次大戦が終わり、戦後処理を行うパリ平和会議が一九一九（大正八）年一月十八日から始まる。

後藤新平は「六千億円かかった大芝居が終わった。一つ見物しておかなくては……」と新渡戸稲造らを誘い、一九一九（大正八）年三月四日に米欧視察の旅に出る。これがきっかけとなり、新渡戸稲造は日本に割り当てられた国際連盟事務次長に就任する。やがて新渡戸稲造は「ジュネーブの星」と評されるほどの活躍をする。新渡戸稲造の国際連盟時代の最大の功績はバルト海のオーランド領土紛争に終止符を打ったことにある。これを「新渡戸裁定」という。バルト海オーランド諸島はヘルシンキ（フィンランド）とストックホルム（スウェーデン）を結ぶ六六五四の嶋嶼から構成されている。全体の面積は六七八八平方キロメートル、前人口は現在二万七千人。オーランド諸島はマリーハム市にあってここに住民の半数が住む。島の住民は七割以上がスウェーデン系。その骨子は以下のようなものである。

一、オーランド諸島の帰属はフィンランドとする。
二、公用語はスウェーデン語として、固有の文化を保障する。
三、軍事、外交を除いて島に高度の自治権を持たせる。

四、非武装、中立地帯とする。

今もオーランド諸島はこれを堅持し、バルト海の平和が保たれている。新渡戸稲造を「永遠の青年」と言ったのは賀川豊彦[*6]であり、人を育てた後藤新平の真価を伝えている。

（うちかわ・えいいちろう／一般財団法人新渡戸基金理事長）

ふたりの「手の人」――徳富蘇峰と後藤新平

大阪大学大学院・国際公共政策研究科教授　**米原　謙**

2010. 8

後藤の実行力と独創的な構想力

「革命の大悲劇を演ずるには、三種の役者を要す、序幕に来るは預言者也、本幕に来るは革命家也、最後の打出しに来るは、建設的革命家也」。

徳富蘇峰（一八六三―一九五七）は、名著『吉田松陰』でこのように述べ、預言者を「眼の人」、革命家を「眼に見る所、直ちに手にも行ふの人」、建設的革命家を「手の人」と呼んだ。

蘇峰の分類に従えば、後藤新平は典型的な「手の人」というべきだろう。大日本帝国の形成期に、かれは台湾民政長官・満鉄総裁・東京市長など、テクノクラートとして歴史に残る仕事をした。

＊6 **賀川豊彦**（1888–1960）牧師。兵庫出身。神戸の貧民街で伝道。のち労働運動・農民組合・生協活動を指導。著に『死線を越えて』。

後藤新平（前列左より２人目）と徳富蘇峰（前列右）

むろん「手の人」は、与えられた設計図にそって建物を建てるだけではない。蘇峰が大久保利通[*1]や木戸孝允[*2]を例としてあげていることでもわかるように、「手の人」は独創的な構想力も兼備していなければならない。後藤が民政長官として実現したインフラ整備・民生の安定・産業の開発などは、植民地官僚として創意に満ちたものだった。それは大久保・木戸が明治国家建設で果したのと同様に、その後の日本の植民地統治に範型を残したといえる。

言論界における蘇峰の仕事

蘇峰もまた、後藤とは違った意味で「手の人」だった。蘇峰は、何よりまず、明治大正期を代表する言論結社である民友社[*3]の創設者であり、『国民之友』と『国民新聞』の社長兼主筆だった。社長が論説記者を兼ねて成功したのは、蘇峰を除けば、ライバル新聞『日本』の陸羯南[*4]だけだろう。しかし『日本』の場合は、羯南の病気のために日露戦後に廃刊になった。『国民新聞』の場合、蘇峰は苦しみながら昭和初期まで新聞経営を続けた。むろん経営的には多くの

＊1 **大久保利通**（1830-1878）政治家。薩摩藩士。殖産興業政策を推進。
＊2 **木戸孝允**（1833–1877）政治家。長州藩士。薩長同盟を結び倒幕運動を指導。「五箇条の御誓文」起草に参画、版籍奉還などを推進。
＊3 **民友社**　1887 年徳富蘇峰が創立した出版社。『国民之友』を発行。90 年に『国民新聞』を創刊。社員に山路愛山・竹越与三郎ら。

無理をし、政府から資金提供を受けて、自他共に認める「御用新聞」とされた。しかし蘇峰が言論界の「手の人」として、世論をリードし、あるいは国論形成に果した役割はきわめて大きかった。

徳富蘇峰（1863-1957）

いささか文脈が異なるが、蘇峰はその驚くべき多筆でも「手の人」というに値する（もっとも多くは口述だったので「口の人」（！）というべきかもしれない）。事実上の処女作ともいうべき『将来之日本』を出版したのは一八八六年で、死の直前の一九五六年まで、その筆が止まることは一日としてなかった。出版した著書は三百数十冊、著書に収録されていない文章がどれほどあるかは想像を絶する。蘇峰が関心をもった分野は、政治はもちろん、歴史・文学など多岐にわたる。

蘇峰の七〇年の執筆人生は波乱に満ちた近現代史と重なっており、当然ながら、その主張も多くの紆余曲折があった。しかしそれはしばしば民衆の無意識な欲望や怒りを抉り取ったものであり、常に世論の数歩前を見つめながら、他の追随を許さない明快さとレトリックで表現した。

後藤新平と徳富蘇峰。一方は植民地経営のテクノクラートとして、他方は日本ナショナリズムのアジテーターとして、ともに大日本帝国のために献身した「手の人」だったといえる。高野静子編著『往復書簡　後藤新平―徳富蘇峰』（藤原書店）によれば、二人のやりとりは一八九五年に始まる。しかし二人の人生行路が政治的に交差した時間は、意外に短かったのではないだろうか。それは後藤が逓信大臣として入閣していた第二次・第三次桂内閣と、その後の立憲同志会創立の時期である。蘇峰はこ

＊4 **陸羯南**（1857–1907）新聞記者。津軽藩出身。新聞『日本』を創刊。国民主義の立場で、政府への批判的政論で活躍した。

のとき「政治狂言の作者」のつもりだったのに「政界の馬の脚の働き」までしたと、自伝で語っている。後藤もまた、外見上、新党結成の「参謀長」のように見える役割をした。しかし両者の交渉を示す資料を、私はまだ見つけることができない。

（よねはら・けん／二〇一三年退職）

後藤新平と内藤湖南

京都府立朱雀高等学校教諭・内藤湖南研究会会員
小野　泰

2009.2

台湾での短い遭遇

後藤新平と内藤湖南（一八六六〜一九三四）が同時に台湾で活躍した期間は、わずか一月に過ぎない。明治三十一（一八九八）年一月、当時『台湾日報』主筆であった湖南は病床の親友を見舞うために一時帰国していた。三月に東京・芝で開かれた第二回台湾会の席上、湖南は初めて後藤に会った。「ア、第一期の民政局長であつた者を惜しいことをした」とその印象を記している。戻りの船中では、児玉源太郎新総督・新民政局長後藤以下の官吏、軍人、銀行家、湖南等新聞記者が和やかに同舟の旅を楽しんだ。しかし一月後、湖南は再び帰国の途に就いた。総督府による『台湾日報』・『台湾新報』二紙

内藤湖南（1899年頃『内藤湖南全集　第2巻』より）

の新聞統合に抗した為とされている。在籍は前年四月からの一年間に過ぎなかった。

自治こそ台湾統治の柱

湖南が『日報』で度々提起した改革案は具体的であり最後の「革新雑議」では、官吏淘汰・地方行政組織など六項目を掲げた。「なるべく旧慣により、簡易な行政組織とする事」、「保甲制度を活用し、清国の県行政も参照する事」等を提案している。着任当時、朝野の人士を一堂に招いた宴席で児玉が「吾が改革案の十中八九は君が論に尽くされている。」と語ったという。一方後藤は、同年一月末井上馨[*1]蔵相に宛て「台湾統治救急案」を提出して民政局長に抜擢された。「最も改革を要する急務は、従来から同島に存在した自治行政の慣習を恢復する事である。」とし、先ず民を安撫した上で土匪《どひ》を招降させ同時に行政の簡素化を図りつつ道路・鉄道・港湾等を整備し拓殖の実を進めるという内容である。やがて保甲制度も実施される。奇しくも二人は地方自治こそが台湾統治の鍵であると各々の方法で認識していた。

台政をめぐる湖南の批判

帰国した湖南は『万《よろず》朝報』に転じ、特に十一月から翌年三月まで台政問題を度々取り上げている。『万朝報』は廉価と激しい政府攻撃で、人気を博していた。湖南の議論は具体的であり、児玉・後藤によ

＊1 **井上馨**（1835–1915）政治家。長州出身。第一次伊藤内閣の外相として条約改正に尽力。過度な欧化政策を推進。内相・蔵相など歴任。

る台湾統治策の着実な成果については素直に評価している。批判点は、大風呂敷ともいえる巨額の事業公債・土匪招降時の行き過ぎ・新聞統制策の三つに集約できる。時恰《あたか》も大隈内閣から第二次山県内閣への交替期と重なり、地租増徴案を柱とする増税問題が焦点であった。湖南は台湾財政問題を政治の駆け引きや議会対策に終始させず、帝国議会の場で国民に説明責任を果たせと批判した。

また『正伝・後藤新平』には、後藤が台湾のみならず内地の新聞操縦にも意を用いていた事、『万朝報』については湖南が事情に精通しているので得策でないと差し控えた事を記す。ただし、一連の批判で湖南は「失政」ではなく「失措《しっそ》」と書いている。

彼が『大阪朝日新聞』に転じた後、明治三十四（一九〇一）年に書いた「台湾行政改革の説」では「行政改革が簡素化し、旧慣も尊重されつつあり喜ぶべき変化である。」と一定の評価を与えている。湖南は藩閥政治にこそ矛先を向けていたのである。

後年、湖南は後藤の人となりに敬服していたことを人に語っている（『日本の名著四一・内藤湖南』、中央公論社）。後藤は『清国行政法』等の調査事業を手掛けたが、依嘱を受けた織田萬[*2]・狩野直喜[*3]は京都帝大で湖南の同僚となる。湖南も「所謂日本の天職」（『内藤湖南全集』第二巻、筑摩書房）等で、日本の天職は坤輿《こんよ》（世界）に日本の文明・学術を弘めることだと主唱していた。後藤と湖南は、共に人との絆を大切にしていた。台湾の統治を共に考え、時に論争した二人の交流の跡が、今後更に明らかになる事を心から願う。

（おの・やすし／京都府立北嵯峨高等学校教諭・博士（文学）、内藤湖南研究会会員）

＊2 **織田萬**（1868–1945）行政法学者。肥前出身。京都帝大教授。『日本行政法原理』などで日本行政法学の基礎を築いた。貴族院議員。

＊3 **狩野直喜**（1868–1947）中国学者。熊本出身。京大教授。経書研究では清朝実証の学を祖述。俗語文学研究も。著に『中国哲学史』など。

星一と後藤新平

ノンフィクションライター　**最相葉月**

2007. 11

後藤新平の援助と口添え

後藤新平に興味を抱くようになったのは、星新一[*1]の評伝の取材を進めていたときである。星新一の父、星一[*2]が刊行していた在米日本人向け新聞『ジャパン・アンド・アメリカ』の経営が危ぶまれたときに資金援助をしたのが、台湾民政長官時代の後藤新平だった。その後、星一は星製薬を設立するが、星製薬が国産モルヒネを一手に製造販売することになったのも後藤の口添えがあったためで、それゆえに憲政会加藤高明内閣発足と同時に政争に巻き込まれ、阿片法違反の嫌疑で起訴されたのを機に崩壊の道を辿った。

星新一はこの経緯を『人民は弱し　官吏は強し』で発表し、さらに父親に関わりのあった著名人の小伝をまとめた『明治の人物誌』でも「後藤新平」を執筆している。なぜ星一は失墜したのか。父の死後、会社を人手に渡した息子としては、確認せずにはおれなかったのだろう。

＊1　**星新一**（1926–1997）小説家。東京出身。父の星製薬の経営から離れ、作家生活へ。ショートショート形式を確立。祖父や父の伝記も。

＊2　**星一**（1873–1951）実業家・政治家。コロンビア大学卒。星製薬を設立。衆議院議員となり、戦後も当選。星製薬商業学校を創立。

毎朝、後藤宅へ

ただ子が親を書くと、身内に甘くなることは避けられない。星の親子関係の真相に近づくためにも、私は後藤と星一の間にどのような交流があったかを知る必要があった。資料調査からたんに互いの権力や財力を利用しあった関係ではないことは間違いないと思われ、それを確認するために鶴見俊輔さんにお会いしたこともある。鶴見さんは『人民は弱し 官吏は強し』の文庫に解説を寄せ、星新一が後藤伝を書くときには後藤の執事らを星に紹介した。後藤の晩年、麻布桜田町の同じ敷地に住んでいた鶴見さんは、毎朝七時に星一が大型の外車に乗って後藤のもとにやってきたのを目撃したという。

「毎朝会っていたということは、毎日新たなひらめきがあったということ。後藤が星一に毎朝会ったのは国会議員だったからでも星製薬社長だったからでもない。創意ある人物だったからです。後藤自身、ひらめきと根性のある人で現金をためることに執着しなかった。台湾日日新聞記者の尾崎秀実の父親[*2]や渡仏した大杉栄[*3]を支え、正力松太郎が読売新聞を買収するときも自分の土地家屋を抵当に入れて援助した。創意ある人は応援した。だから手元にはお金が残らなかったのですが」

星一（1873-1951）

斬新なアイデアを支えるもの

まるで星一だ、と私は思った。いや逆だ。星一がまるで後藤新平だ。事実、星一は後藤新平の真似ばかりしていたという声

＊2 **尾崎秀実の父（秀真）**→377 頁。
＊3 **大杉栄**（1885–1923）社会運動家。香川出身。アナボル論争参加などで労働運動に影響大。関東大震災時に妻伊藤野枝らと共に殺される。

を取材中何度も耳にした。後藤の「自治三訣」は、星製薬の標語「親切第一」（君に対しては忠となり、親に対しては孝となり、子に対しては愛となり、友に対しては信となり、他人に対しては同情となり、物に対しては大切となり……）に通じる。土地や住民の調査や町のネットワークを重視する「生物学の法則」は、星製薬が全国初のチェーンシステムを敷いたり、託児所を設けて女性の就労を支援したりしたことに活かされている。創意ある人々を支援するパトロン的人柄も同様。星製薬からは写植で知られる森沢信夫[*4]ら有能な技術者が育っている。星製薬の社報や建物を見れば、後藤の衛生や予防医学の考え方も影響を与えたことがわかる。正門をスロープにして車のタイヤについた泥をいつでも水で流せるようにしたり、大学の講堂をバリアフリーにして階段を無くしたり、といったことだ。

都市を生命体とみなすように、企業を生命体とみなす。後藤の国家構想を企業や学校経営において具現したのが星一なのである。ちなみに時代の先を行きすぎたために周囲の理解を得られず、大風呂敷といわれたことまで後藤と同じだった……。

どれほど斬新なアイデアも、それを推し進めるシステムと社会的な理解がなければ頓挫してしまう。星一と星製薬の失墜を通して私は、それを強く実感した。

（さいしょう・はづき）

＊4 **森沢信夫**（1901–2000）写植の発明者。兵庫出身。1929 年実用第一号機を完成。活字なし印刷の進展に寄与した。

後藤新平を支えた異才、岸一太

後藤新平プロジェクト　**能澤壽彦**

2013. 3

多元的才能の発揮

岸一太《きしかずた》の名は、『正伝・後藤新平』に僅かに載る。だが他資料とも重ねる時、その大器ぶりが浮上する。明治七（一八七四）年生まれ。ドイツ留学で耳鼻咽喉科を修め、医学博士に。台湾に渡り、総督府医院長兼医学専門学校教授。この頃後藤新平と出会い、生涯の親交を結ぶ。後藤が満鉄総裁の時は、大連に移り、満鉄医院長に。

他方、発動機を製作し、大正五（一九一六）年、飛行機「岸式つるぎ号」を完成。赤羽《あかばね》に飛行機製作所、飛行士訓練所を兼ねた、民間初の飛行場を開設する。また、鉱山業にも進出。製鉄工場を作り、大正八（一九一九）年砂鉄精錬法の研究で、勲四等旭日賞を受ける。後藤が東京市長になると、東京市嘱託として都市の塵芥処分に関する発明を献策。関東大震災後は、後藤から帝都復興院技監に抜擢された。

眩暈を誘うような、八面六臂の多元的才能である。後藤が組織のトップの折、岸は様々な立場で彼を支えている。

岸一太（昭和7年刊の書籍の口絵写真より）

異色の神道教団を創始

だがここに、今一つの顔を加えたい。それは宗教者としての側面である。大正十（一九二一）年、第一次大本教弾圧事件[*1]があった。この時、岸は著名信者の一人であった。だが、これを機に教団を去っている。その後、岸は朝鮮巫女・高大業《こうたいごう》に出逢い、昭和三（一九二八）年、明《みょう》道会《どうかい》を創始する。その名称は、高に憑《かか》る明道霊児による。そして岸は、明道を通じて平田篤胤の霊言を得つつ、神界の真相を探る。その結果、八意思兼《やごころおもいかねの》大神に至り、教団の主神に迎える。天照大神の天の岩戸隠れに対し、解決策を立案した、知恵自在の神である。

だが、大本教の分派的存在で、かつ朝鮮の巫道の影が落ち、更に天孫系の古典神を祀る路線は、当局を刺激した。昭和初期、国家神道や国体思潮が高揚し出す中、神秘主義的宗教は警戒された。

こうした状況下、昭和五（一九三〇）年十一月、岸と高は拘留されてしまう。憶測中傷に満ちた新聞記事に、今は触れぬ。「神人《じんにん》交通」と称した修法に、特に疑いがかけられたようだ。翌六年六月、岸と高は保釈された。そして同年十二月、予審終結が決定した。当時のこうした事件では常套的手段だったが、共に精神疾患によるものと処理され、無罪とされた。

だが、教団は痛手を負った。約四千人いた会員は激減した。昭和九（一九三四）年、岸は明道会の会長職を退いた。これを機に、惟神《いしん》会と名を改め、今日に至っている。岸は昭和十二（一九三七）年に没

*1 **第一次大本教弾圧事件**　1921年、京都府警察部が綾部の大本教本部を急襲、出口王仁三郎と幹部を検挙。神殿は破壊された。

した。享年六十四。

両者に通底する精神性

改めて思う。後藤と岸は、共に医学から出発している。人間一身を癒す医の道から、後藤は大きく国家の健全を設計する政治の道へと歩む。岸も、諸発明・研究、諸事業を介し、大きく社会や国家への貢献を果たしてゆく。

岸の多才能を支えたものは何か。教団創始の事実から推せば、根底には何らかの宗教性があろう。大本教には、理想世界を激しく求める変革思想が根にある。大本教に惹かれた岸にも、似た傾向があったろう。しかも、大正期に大弾圧を経験する。この激動の運命を潜って、数年間、国家と霊性、神と天皇などにつき厳しく自問を重ねた日々があったろう。

その結果、天の岩戸神話にまで遡り、教理を導き、実践者を育もうとしたか。主祭神・八意思《やごころおもい》兼神《かねのかみ》の名義は、「多くの心を以って、多元的思考力を発揮させる神」と解せよう。正に岸にふさわしい。後藤は、岸の信仰を解したであろう。彼もまた、八意式《やごころしき》の大器であったゆえに。

（のうざわ・としひこ）

後藤新平のビーアドへの注文

ジャーナリスト　開米　潤
2010. 9

後藤新平のビーアドへの〝注文〟

「東洋の実情を審《つまび》らかにせずして欧米の実例を東洋にあてはめようとするのは無駄である。まずは日本の歴史、地理、住民及び風俗人情を勉強せよ」。

これは大正十一（一九二二）年九月、東京市長だった後藤新平が発足して間もない東京市政調査会[*1]の顧問として招聘した米学者、チャールズ・ビーアドに口頭で伝えた〝注文〟である。すでに世界的に著名な歴史家であり、政治学者に向かって「日本を勉強せよ」。すごい度胸である。やや高飛車な物言いにビーアドはちっとも拘泥せず、それから半年、汚物が垂れ流されている現場に行っても笑い飛ばして「東京の街を良くするためには何が必要か」を考え続けた。

後藤新平の注文――それは、現代にも通じる卓見であるが、それだけではなかった。後藤は自らビーアドを引率して市内の施設見学に出かけたり、京都、大阪、神戸、名古屋の各都市を旅して回った。各地で講演会を催してビーアドが日本国民に直接、語り掛ける場を設けた。しかも、講演前には壇上に立ってビーアドを紹介するという厚遇ぶりで「延べ三十五回、出席者は通計一万人」（『東京市政調査

＊1 **東京市政調査会**→ 53 頁。

後藤新平とビーアド夫妻

会事歴』、一九三六年)。大興行だった。
努力はすぐに形となった。ビーアドは翌年三月に帰国すると米雑誌に「後藤新平論」を執筆。その傍ら『東京市政論』(東京市政調査会、一九二三年十二月)に取り組み、日米で出版した。これは東京論であると同時に日本論だが、実に科学的であり、外国人にありがちな偏向は一切ない。今、読んでも引き込まれるすごさがある。「日本の古い美しい建築が外国式の建築によって破壊されている。西洋文明の諸便利を採用すれば都市は便利になるばかりでなく美麗になると信じているようだが、是ははなはだしき誤解である」。これは圧巻である。

歴史は太平洋に移る——帝都は日本式で復興せよ

大正十二年九月一日、大震災が首都圏を襲い、壊滅的な打撃を被った。内務大臣(後に帝都復興院総裁を兼務)だった後藤はすぐにビーアドに電報を打った。再来日を求めたのだ。するとほぼ同時にビーアドからも電報が届いた。そこには「新路線(幹線道路)を設定せよ、該路線内の建築を禁止せよ、鉄道停車場を統一せよ」とあった。ビーアドが再び日本を訪れたのは十月六日。四十日間の滞在中に破壊された帝都を検分して回り『東京復興に関する意見』（一九二四年十月）をまとめた。「歴史の舞台は大西洋より太平洋に移りつつある。貧弱なる帝都は列強の間に伍するとき国家の尊厳と威容とを傷つける。①日本建築の様式を総ての公共建築物に取りいれよ。②純粋の日本式の記念建造物を造れ。③公園は総て純粋の日本式となせ——」。だが、ビーアドの助言が実際に東京の街造りに活かされたのは太平洋戦争後のことである。……

昭和四年に後藤新平が亡くなってもビーアドは日本を思った。後藤の最大の理解者である彼は、後藤の死と軍国化の進展を結びつけてとらえた。鶴見祐輔[*2]や松本重治[*3]といった後藤に連なる若い俊秀たちに、平和の尊さ、リベラルの意味を問い続けたのも、彼らに後藤の面影をみてとったからだった。歴史は確かに太平洋に移りつつあった。しかし、それは悲劇の舞台としてだった。

（かいまい・じゅん）

＊2 **鶴見祐輔**→ 47 頁。

＊3 **松本重治**（1899–1989）ジャーナリスト。大阪出身。1932 年、新聞連合社上海支局長。1952 年、国際文化会館設立。民間外交に貢献。

後藤新平の謎——堤康次郎との接点

詩人・作家　**辻井　喬**
2007. 10

父が掛けた後藤の軸

後藤新平は矛盾した性格を一身に集めているところがあって、人物像をまとめにくい指導者である。そのために「大風呂敷」などと呼ばれたりもしていたのだが、十九歳年長の大隈重信[*1]なども「早稲田の大風呂敷」と言われたりしていたことを考えると、これは指導者のひとつの特性なのかもしれないという気がしてくる。

僕の父親の、玄関を入った広間の横の壁に戦国時代の武将小早川隆景が子孫のために残した家訓を、後藤新平が写したという横広の軸が掛けてあった。それは、

おもしろの遊芸や身を滅ぼさぬほど

に始まって、何事もほどほどにして我を忘れてはいけないという、年長者が後輩に向って言いそうな、いかにも平凡な言葉が書き連らねてある書だった。なかなかの達筆ではあったが、僕のなかにある後

＊1 **大隈重信**（1838–1922）政治家。佐賀藩士。1888 年外相として条約改正に当る。98 年板垣退助と憲政党を結成、最初の政党内閣を組織。

藤新平のイメージとは一致しないような気がしたのを覚えている。父が長くその軸を目立つところに掛けておいたのは、誰が読んでも抵抗のない内容であったからというよりも、自分と後藤新平の深い関係を誇示したかったからではないか。

堤康次郎（1889-1964）

実務的行政への関心

政治家としては、大隈重信の一番年少の弟子という立場にあった父は、大隈と後藤の関係が年齢の差以外にも、政治的な立場の違いもあってそれほど親密とは言えないのを知っていて、事業についての指導は後藤新平に受け、政治については大隈重信に、彼の没後は大隈門下生の先輩たちに教わっていたようであった。

それは適確な選択であったと僕には見える。後藤の政治についての野心はそれほど強いものではなかった。彼には四方八方に布石し政界の大勢力になろうと努力していた形跡は少ない。それよりも、当時は日本の植民地であった台湾の行政、満鉄（南満洲鉄道）の経営、そして関東大震災後、知事として東京の復興に力を発揮する、といった、実務的行政に関心があったようである。

後藤が指導した二つの事業

僕の父親が後藤新平の直接の指導を受けたと思われる事業が二つある。そのひとつは軽井沢地域の避暑地開発であり、もうひとつは国立《くにたち》における学園都市の建設である。

軽井沢の場合はすでに政界財界の有力者が避暑地として夏の間滞在するようになっていたが、後藤新平の発想は上流階級を対象とした別荘地の開発ではなかった。後藤の考えは近い将来、日本の中産階級も必ず別荘地で夏を過す時代がやってくる。そのためには考えられる限り安い土地を手に入れて総合計画を立てて開発すべし、というのであった。そのためには最少一千万坪は必要であり、発電、給排水などの基本設備は自前で用意すべし、というのであったらしい。

学園都市についてはヨーロッパの教会を中心にした学問のセンターを持つ都市を、日本の場合は計画的に造る必要があるという意見であった。ここには「文装的武備[*2]」という概念を提示してアジアを文明化し、世界に貢献しようとする後藤の思想の国内版がその片鱗を見せている。しかし、外国語の習得は苦手で留学生であった時も外人との交際を避けてばかりいたという後藤新平、教養の点でも、彼が男爵を授けられた時、人々はそれを蛮爵と呼んだという逸話が残っている彼が、都市の形成などについて計画性の弱い我国にあって、なぜこのようなアイデアを持つことができたのかは、後藤新平の謎を解く大きなテーマのように僕には思われる。

（つじい・たかし／故人）

＊2 **文装的武備**　満洲を守るに、軍隊配備より、鉄道・港湾など都市的施設整備で、教育・衛生・学術などの発展を図る方が得策とする論。

後藤新平と伊藤野枝[*1]

平民社資料センター　**堀切利高**
2008. 12

大杉栄の拘禁事件

水沢市立後藤新平記念館には、伊藤野枝の後藤新平宛書簡一通が保管されている。「東京市日比谷公園市政会館内　後藤新平伯伝記編纂会」の茶封筒に入って。茶封筒の表には「大正七年三月九日附伊藤野枝子よりの来簡」、「大杉栄[*2]を拘禁せし件に就て内相たる伯に云分ありとて面会を申来れるもの」との内容注記があるので、年月からも大杉栄の『獄中記』（春陽堂・一九一九年）所収の「とんだ木賃宿」（日本堤署拘禁事件）に関する書簡であることが分かる。

「とんだ木賃宿」とは、三月一日の労働運動座談会の帰り、電車もなくなったので泪橋の木賃宿にでも泊ろうかと、和田久太郎[*3]ら三人と連れ立って行く途中、通りかかった吉原大門前で酔っ払いの器物破損騒ぎに係わって巡査と言い合いになり、職務執行妨害で木賃宿ならぬ日本堤署に二晩、警視庁に一晩、東京監獄に五晩泊められた事件である。

多角恋愛の末の葉山日蔭茶屋事件によって孤立した大杉は、ようやく大正六年十二月末、伊藤野枝と共に『文明批評』を創刊し、亀戸の労働者街に移り、翌年二月より有吉三吉方での労働運動座談会

＊1 **伊藤野枝**（1895–1923）女性解放運動家。福岡出身。青鞜社に参加。のち無政府主義運動に挺身。関東大震災時、夫大杉栄と共に虐殺。
＊2 **大杉栄**→ 363 頁。

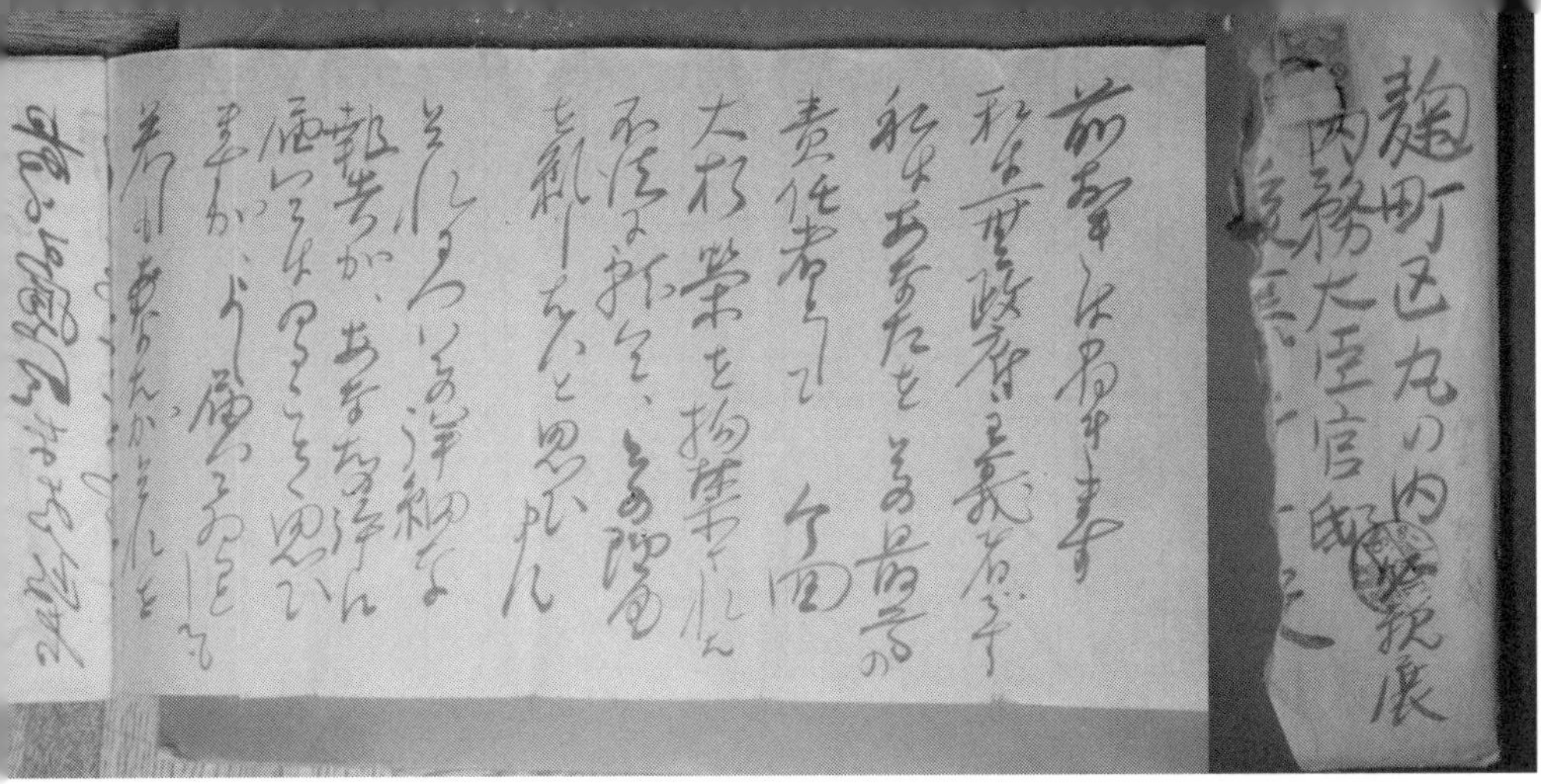

後藤新平宛ての伊藤野枝書簡（冒頭）と封筒（後藤新平記念館所蔵）

に出席するなど再び動き出してきたので、警視庁が警戒していた矢先の事件であった。警視庁はこの些細な事件に飛びついた。

大杉拘留の一報を聞いた野枝は、一緒になって初めての体験に「一日の晩から三日までろくに眠れなかった」という。しかし事に処して後向きにならないのが野枝さんである。まだ乳飲み子の魔子を知人に預け、警視庁、東京監獄を駆け回る一方、「みんなで協力してできるだけの事はやって見ます。そして各々に何かのいい結果をもつて、あなたを迎へる事が出来たら、どんな嬉しいでせう。それにしても早く結末がついてくれるといいと思つてゐます」（「獄中へ」）。と思えば、ただ待っているだけの野枝さんではない。和田たちは釈放されたのに大杉だけ帰されないのはなぜか。警察には糺したい疑問がいくつもあるのだ。かくて警察の最高責任者内務大臣に直接面会を求める手紙を出す。そこには前年十一月、直接訪問した大杉に後藤新平は会ってくれた人物であるとの記憶があったのではないか。

＊3 **和田久太郎**（1893–1928）無政府主義者。兵庫出身。大杉栄らの運動に参加。『労働運動』を編集。服役中の秋田監獄で縊死。

後藤新平に面会を求める

その封筒表書きは「麹町区丸の内　内務大臣官邸　後藤新平殿　必親展」、裏には署名はなく、ただ「三月九日」とのみある。

「前おきは省きます／私は一無政府主義者です／私はあなたをその最高責任者として　今回大杉栄を拘禁された不法に就いて、その理由を糺したいと思ひます……」と始まる、巻紙四メートル近い長文の筆書きの書簡である。それは面会をお願いするというより、面会を要求する抗議の姿勢で貫かれた昂然たる文章であった。だが中には「ねえ、私は今年廿四になったんですからあなたの娘さん位の年でせう？」のような一節もある。新平の長女愛はたしかに野枝と同じ明治二十八年生まれ。鶴見和子、鶴見俊輔の母であるのは言うまでもない。

さて、はたして野枝は後藤新平に面会したのであろうか。その有無を伝える記録はないが、この書簡を出した三月九日に大杉は釈放されているので、後藤新平と野枝は会うことがなかったと推測している。

大正十二年九月十六日に大杉栄、橘宗一とともに彼女が虐殺された時、奇しくも彼は内務大臣であった。警視総監の報告でこの事実を知った彼は閣議で陸相と対決し、隠していたこの事件を発表に至らしめたと言われている。

（ほりきり・としたか／故人）

尾崎秀実[*1]の肩越しに見え隠れする後藤新平

映画監督　**篠田正浩**
2006. 9

後藤新平との出会い

私が後藤新平の名前を知ったのは故郷の岐阜である。織田信長が天下布武の号令を発した金華山の山麓に広がる公園の一角に、板垣退助の銅像が聳えている。私たち小学生はその銅像の写生を命ぜられ、私は板垣の鼻下に蓄えられた髭の形を写すのに苦労したものである。

一八八二（明治十五）年四月六日、市内の集会所で民権運動の演説の最中、板垣は暴漢に襲われ「板垣死すとも自由は死せず」の名言を吐いて、一躍その盛名を世に鳴り響かせた。実際の発言はジャーナリストの修辞によって喧伝されたものであり、受けた傷もたいしたことではなかったという。しかし政界の大物の遭難ということで、急遽、岐阜に呼び出されたのが名古屋の愛知病院院長である後藤新平だった。

岐阜提灯と長良川の鵜飼でしか知られていない町に板垣退助が、歴史を運んでくれたことが私は嬉しかった。後藤新平の名はそれに関係づけて覚えた名前である。

＊1 **尾崎秀実**（1901–1944）中国研究家。東大卒。朝日新聞記者。第一次近衛内閣のブレーン。1941年ゾルゲ事件で逮捕され、44年に処刑。

尾崎秀実（1901-44）

六十余年後の再遭遇

その頃、小学五年生の心を奪ったのは真珠湾奇襲であった。さらにその翌年、掲載された新聞記事は更に私を驚愕させた。尾崎秀実《ほつみ》という岐阜県出身の新聞記者がリヒャルト・ゾルゲ[*2]というソ連のスパイと共謀したとして検挙されたという。同郷人に売国奴が出た、というショックは私の生涯から消えることはなかった。

あれから六十年余が経った二〇〇三年、私は映画「スパイ・ゾルゲ」を完成させた。その研究の途上で、しばしば後藤新平の名前に遭遇した。

尾崎秀実と後藤新平の台湾

尾崎秀実の本籍は岐阜とされているが、少年期は台湾で過ごしている。父の秀真《ほづま》が後藤新平と旧知の仲で、日露戦争の名参謀であった児玉源太郎[*3]が台湾総督のとき後藤は民政局長（のちに民政長官）に起用され、尾崎の父はその文才を後藤に買われて台湾日日新報の記者に迎えられたのである。「これが後藤民政長官か」とヨチヨチ歩きの秀実が口走って周りをあわてさせたと、弟で文芸評論家だった尾崎秀樹《ほつき》は『ゾルゲ事件』（中公新書）に書き残している。

台湾は日本がはじめて植民地経営を体験した土地である。後藤新平は民政長官として風土病の根絶

＊2 **リヒャルト・ゾルゲ**（1895–1944）ドイツの共産主義者。1924年コミンテルン本部に所属。1933年来日、41年ゾルゲ事件で検挙。死刑。
＊3 **児玉源太郎**→70頁。

やサトウキビの栽培で住民の生活向上に努力したことは知られている。日本降伏直後の台湾を描いた侯孝賢《ホウシャオシェン》監督の「悲情城市」（一九八九年）でも、日本人が経営していた病院や日本人教師の家族の姿を好意的にみつめる本省人が描かれており、それらの光景から私は後藤新平の台湾を想像したものである。

尾崎秀実が入学した台北中学は、彼の感想によれば「後藤さんの初《はつ》ものぐいの結果である西洋式の中学」（風間道太郎『尾崎秀実伝』法政大学出版局）であったという。この生意気盛りの中学生は、宴会から人力車で帰宅した父が、チップをねだる台湾人の車夫をステッキで追い払うのを目撃してはげしく父にくってかかった。尾崎は少年時代に見た植民地に君臨する宗主国の人間の後ろめたさや原罪につき動かされ、それが遠因となってゾルゲ事件にはまり込んでいったのではないか。

震災後の後藤と尾崎

彼は関東大震災に東京帝大法学部の学生として遭遇する。大杉栄、朝鮮人虐殺の悲劇を揺曳《ようえい》した震災直後、内務大臣として復興事業に辣腕を振るっている後藤の姿を、尾崎はどのように眺めていたのだろうか。

後藤が死んだ一九二九（昭和四）年、尾崎秀実は朝日新聞記者として上海でアグネス・スメドレー[*4]やゾルゲの知己となっており、尾崎の前途は危険が満ちあふれていた。その二年後の満州事変がどんな意味をもったのか、後藤新平は知る由もない。

（しのだ・まさひろ）

＊4 **アグネス・スメドレー**（1892–1950）米国女性ジャーナリスト。ドイツの新聞通信員として 1928 年中国を訪れ、八路軍に従軍した。

尾崎行雄別邸で講演する浅野総一郎（中央）と後藤新平（その右）（1925 年 5 月 18 日）
（『図説　中村天風』海鳥社、2005 年より）

実業家との交流

渋沢栄一／益田孝／安田善次郎／大倉喜八郎／浅野総一郎
——後藤新平と実業家たち

後藤新平プロジェクト　西宮　紘
2012.6

明治実業界の巨頭との交流

明治維新という革命を担い、近代日本を築き上げたのは治国平天下の理想に燃えた志士や政治家・軍人たちばかりではない。彼らと共に富国強兵を目指し、自ら殖産興業を体現し、経世済民の使命に燃えた実業家たちこそ、近代資本主義の礎を築いた人々である。両者は車の両輪となってひたすら欧米列強に伍すべく邁進し続けた。

政治家と実業家との関係と言えば、常に権力と金、あるいは政党と財閥といった視線がまとわりついてくる。『〈決定版〉正伝　後藤新平』（以後、『正伝』）は、そういう視線をできるだけ避けるかのように記述されている。それでも例えば、後藤新平（一八五七―一九二九）と伊藤博文（一八四一―一九〇九）がロシアの蔵相ココフツォフ[*1]と伊藤との会談を計画した場所は、大倉喜八郎[*2]（一八三七―一九二八）の向島別邸（倉春閣）、とある。それが伊藤博文遭難の遠因となったのであるが。

後藤は、大倉に対する追悼文「ある感謝」（鶴友会編『鶴翁余影』昭和五年）の中で、「往年私が伊藤公爵と他人を避けて談論したいやうな場合、毎度向島の別荘に厄介をかけた……得て有り勝ちな目前の

＊1　**ココフツォフ**（1853–1943）ロシア首相。露仏同盟の強化と独との緊張緩和に努力。満鉄総裁後藤と親交を持つ。革命後、仏に亡命。
＊2　**大倉喜八郎**（1837–1928）実業家。越後出身。日清・日露戦争で軍部の御用商人に。東京商法会議所、東京電燈会社、帝国ホテル等創設。

右から渋沢栄一、益田孝、安田善次郎、大倉喜八郎（国立国会図書館ウェブサイト）、**浅野総一郎**

亭主振りは巧みに隠して、背後から亭主の肝煎加減を座敷の出入や配膳の上にまで届かせたもので……」と回顧している。

こうした目で『正伝』を観ていくと、さまざまな実業家、わけても渋沢栄一[*3]（一八四〇―一九三一）、益田孝[*4]（一八四八―一九三八）、安田善次郎[*5]（一八三八―一九二一）、大倉喜八郎、浅野総一郎[*6]（一八四八―一九三〇）といった明治期実業界の巨頭たちと、後藤が密接な交流をもっていたことが観えてくる。今挙げた実業家たちは、いずれも政治献金や賄賂を嫌い、政権に媚びず、官憲におもねらず、欧米の文明技術を日本に根付かせようと腐心した。そして個人的な起業のみならず、合本主義を掲げ、四人五人と束になって日本中に無数の起業とその運営に携わり、茶の湯や公的・私的な結合や集まりを通じて横のつながりをもち、さらには、廃仏毀釈以来、外国に大量に散逸しつつあった文化財を守ろうと美術品の収集に奔走し、帝国劇場を創立するなど、文化芸術の支援にも力を注いだ。

「悪友会」の面々

後藤を囲む「悪友会」と称するものがあった。その会員の一

＊3 **渋沢栄一**→ 192 頁。
＊4 **益田孝**→ 391 頁。
＊5 **安田善次郎**→ 123 頁。
＊6 **浅野総一郎**（1848–1930）実業家。富山出身。浅野セメントを立ち上げ、更に海運、港湾・土木・鉱山・造船・鉄鋼・電力などに進出。

人金杉英五郎[*7]の言によれば、「後藤伯の大規模なる諸建案は天下一品であったが、これには終始匿《かく》れたる一参謀の在りしことを見遁《のが》すことは出来ぬ。それは稀代《きだい》の知謀家杉山其日庵主人（杉山茂丸）である。……今より二十年ほど前より『悪友会』なるものを組織し毎月二回会合して先《ま》ず後藤に各種の建策を為し、引き続き書画の批評、暴飲暴食等をするのであった。」（『正伝』第四巻、二五頁）とある。

この会がいつごろ組織されたかは定かでないが、会には、杉山茂丸や日本郵船社長の近藤廉平[*8]、芝浦製作所社長の岩原謙三、日本郵船副社長で中国長江航路の湖南汽船社長の加藤正義などもいた。そのほかに、台湾以来の知己として、関西の大実業家藤田伝三郎[*9]、星製薬の星一（星新一の実父）、鈴木商店の金子直吉[*10]、台湾塩業の専務・藤田謙一[*11]、王子製紙の藤原銀次郎[*12]らがいる。藤原は後藤の台湾時代、三井物産台湾支店の支店長であってまた茶人でもあり、後藤はその茶会にしばしば招かれている。

明治四十二年十月九日、大森の恩賜館で催された大倉喜八郎の浄瑠璃の会に、当時逓相であった後藤新平は出席。鶴沢仲助の三味線で、浄瑠璃「源平布引の滝」の一段を聞いた。このように、後藤は近代日本草創期の実業家たちと、かなり密接な交流を行っていたのである。

（にしのみや・こう）

＊7 **金杉英五郎**（1865–1942）医師・教育者。千葉出身。ドイツ留学帰国後、日本橋に開業。慈恵医科大学初代学長。貴族院勅選議員。

＊8 **近藤廉平**（1848–1921）実業家。阿波出身。吉岡鉱山事務長代理となり優良事業に。日本郵船三代目社長。他に多数の会社に関係。

＊9 **藤田伝三郎**（1841–1912）実業家。萩出身。藤田組創立者。西南戦争の軍需品調達で、長州閥を背景に大阪財界の指導者に。

後藤新平と渋沢栄一

千葉大学国際教育センター准教授　**見城悌治**
2012.7

「十五大名士の男爵渋沢評論」

後藤新平の十七歳年長に実業家・渋沢栄一がいた。渋沢は、無数の人と交わる中で、数奇な生涯を送り、多くの事業を成し遂げていくが、後藤とはどのような接点があったのだろうか。それが前景に出てくる場面として、後藤が台湾民政長官に就いていた一八九九年、台湾銀行と台湾鉄道会社が始動した際、渋沢が各々の創立委員になったこと、一九二〇年末、後藤の東京市長就任を渋沢が説得したこと、関東大震災の復興で連携したことなどがある。この小文では、後藤による渋沢評、震災時の連携の二つに焦点を当て、両者の関係性の一端を垣間見ることとする。

一九〇九年、古稀を迎えた渋沢が相談役をしていた会社が政界疑獄に関わったこと（日糖事件）で、渋沢は社会的批判を浴びる。それを受け、『実業之世界』一九〇九年五月号は、「日本第一の実業家であると言う世の定評は牢乎《ろうこ》として動かすべからざるものであるが、最近の男爵は、端なくも誹譏《ひき》紛々たる衆評の火中に樹っている」との前口上を置き、「十五大名士の男爵渋沢評論」という特集を組んだ。後藤新平はこの「十五大名士」の一人として登場し、「（渋沢は）自ら進んで非常な難局に立ち、非

＊10 **金子直吉**（1866–1944）実業家。土佐出身。貿易商鈴木商店に入る。樟脳精製業、製糖業に進出、神戸製鋼所の経営なども。
＊11 **藤田謙一**→ 233 頁。
＊12 **藤原銀次郎**（1869–1960）実業家・政治家。長野出身。王子製紙社長。諸社を合併し、洋紙業における独専的地位に。藤原工業大設立。

1922年9月16日　東京市政調査会の顧問として来朝したCh・ビーアド博士招待の晩餐会（右から後藤新平、2人おいてビーアド、渋沢栄一）。

常な面倒を引受けて居る。（略―個人的なことではなく、いつも天下のため、国家のためを考えているので）彼は立派な国士という事が出来る。ただ、彼が八方に好意を表せんとする処から、十分なる責任を尽す事の出来ない場合がある。しかしながら、これは彼の罪というよりも、むしろ社会の罪である」との弁護的見解を寄せている。

この文を執筆した時の後藤は、第二次桂内閣の逓信大臣を務めていたのだが、台湾総督府民政長官や満鉄総裁としての経験、あるいは一八九三年の相馬事件[*1]に巻き込まれた過去などを想起してか、渋沢を、天下を考え、行動する「国士」に他ならないと礼賛した。

関東大震災での後藤との連携

それから十四年経った一九二三年、内務大臣に就いた後藤は、類例のない「非常な難局」たる関東大震災を乗り切るため、渋沢を招き、火

＊1 相馬事件→154頁。

災保険処理と経済界の安定を要請した。さらに、渋沢に対し「協調会副会長」の立場からの援護策も講ずるよう懇請した。渋沢は、「協調会が出るべき資格があるか否かは問題であったが、そんな事を議論している時間はないので、『いわゆる拙速を貴び、責任は私が持ちます。間違ったら叱られる覚悟でやりましょう。出来るだけは尽すという覚悟でやりましょう』」と即決快諾し、一週間にわたる炊出し、新聞再発行ができるまでの「情報案内所」設置、三つの病院建設などを迅速に行った。渋沢は、「これらは協調会の仕事でありますが、特に内務大臣のお勧めを承って、十分に力を入れました」と、後藤の意に応えた旨を後の回想でわざわざ明記している（『竜門雑誌』一九二四年一月号）。震災という「非常な難局」の中で、全責任を負って、復興に邁進する「国士」としての意気は、確実に通じ合っていたようである。

後藤新平と渋沢栄一の接点は、そのほかにも、東京市養育院[*2]、中央慈善協会、済生会[*3]などの社会事業系諸団体、日露協会、日米関係委員会、国際連盟協会など国際交流系諸団体などに及ぶ。これらも併せ、後藤と渋沢の関係性を再吟味する中から、両者の個性が改めて認識できる、あるいは新たな相貌を発見できるように思われるのである。

（けんじょう・ていじ）

＊2 **東京市養育院**　1872年設立。窮民救済施設。渋沢栄一が終生院長職。貧富格差解消は公益との趣旨で、巣鴨・板橋など多くの分院設立。
＊3 **済生会**　1911年明治天皇の済生勅語と宮廷費の下付を基金に設立。渋沢栄一、大倉喜八郎、浅野総一郎、安田善次郎らが大口寄付。

共有する弱者への眼差し——渋沢栄一と後藤新平

後藤新平プロジェクト　**市川元夫**
2013. 5

後藤を動かした渋沢の言

一九二〇（大正九）年の年末近く、乱脈を極めた東京市政刷新のために、新市長への出馬要請がきたのは、後藤新平にとって寝耳に水であった。当時、後藤は大調査機関設立[*1]につき、原敬[*2]首相、高橋是清[*3]蔵相説得に奔走していた。後藤が仕事をするとき、いつも調査研究の機関が随伴していたが、第一次世界大戦後、世界の物心両界の大変化を直観した後藤の調査機関構想はこれまでのものとはスケールの大きさで段違いであった。

市長就任要請を断られた東京市議会は、後藤の「自治」への熱意を熟知し、すでに実業界を退き、社会・公共事業に専念している渋沢栄一（当時八十歳）に後藤の翻意を依頼する。渋沢の懇請にも回答を留保した後藤は、原首相と会見し、大調査機関の始末につき、ある種の口約束を得たのであろう、市長就任を承諾する。（『正伝　後藤新平』第七巻）

しかし、ここに内務省で地方庁を巡任し、後藤市長によって東京市助役に任ぜられた前田多門による回顧的証言がある。「（後藤新平伯が）市長に選《マ》ま《マ》れてその受諾を躊躇して居られた時、渋沢子爵は切々

＊1 **大調査機関設立**　第一次大戦後の後藤の欧米視察から、科学技術と情報の重要性を痛感。その中枢機関設立を原敬などに提言。
＊2 **原敬**→ 68 頁。
＊3 **高橋是清**（1854–1936）政治家・財政家。日銀総裁を経て、蔵相を歴任。1921 年首相。政友会総裁。二・二六事件で暗殺された。

の言を以て……市の養育院長として、憐れな人達に代って御願すると言われた。後藤さんを動かしたのはこの一語であったと思ふ。」(『渋沢栄一伝記資料』第三〇巻)

養育院の沿革

松平定信による寛政の改革の際、困窮町人救済のため設立された江戸町会所の蓄積金(七分積金)が明治維新後に東京府に引き継がれ、東京のインフラ整備に投下された。その執行機関として東京会議所が発足し、生活困窮者の保護施設として明治五(一八七二)年に養育院[*]が創立された。渋沢は当初から養育院と深く関わり、明治十二(一八七九)年から昭和六(一九三一)年まで半世紀以上院長職でありつづけた。この間、井の頭学校(非行少年を農工業で更正)、巣鴨分院(保護者のいない幼少年を保護)、千葉県の安房分院(呼吸器系疾患児童の保養)など、養育院の福祉医療活動の基盤が確立した。

渋沢栄一が、この養育院を管轄する東京市の長として、後藤を措いて他にはいないと言ったのは何故か。衛生局技師時代からの後藤による数々の社会政策建白についてよく知っていたからだ。さらには、後藤が相馬事件[*4]に関わるきっかけとなった、瘋癲患者をほしいままに監禁することの非を説き、人権問題として提起したことまでも思い出したかもしれない。

後藤と渋沢　二人の「公共」意識

後藤の「衛生」の原理は、人誰しも互いに「生を衛る」という公共の概念に基づいていた。後藤は、「公共」意識を育む「自治」活動をどのように考えていたのか。後藤にとって「自治体というのは

＊4　**相馬事件**→154頁。

……府県郡市町村の団体〔筆者注─行政機関〕をいうだけでなく、農会、同業組合、産業組合等の公共団体より、青年団にいたるまで……各地にあって、その一郷一里の福利のために、各員が相集まって……自分たちの仕事を処理していこうとする団体を指す」のであり、人間同士が切り離された所で相競うのではなく、地域において顔の見える人と人とが結びついて生活していく所で「公共」意識が育まれるというのである。そして「公共」が成立してこそ健全な国家が成り立ち得ると言う。

一方、渋沢栄一は「公益」と「起業」とをどう捉えていたか。彼の唱える「合本主義」は、誰でも利益を求めて投資行動に参加できる、しかし、たとえその会社がうまくいかなくなりそうと思っても、資金をすぐに引き揚げず、長い目で見ていこう、つまり会社は公共のものであるから……というものである。また渋沢は地域で起業が必要となると、自ら出資するとともに地元の人たちからたくさんの出資者を募り、地域企業を支えた。

「公共」─「自治」を追究しつづけた後藤新平と社会企業家渋沢栄一──二人の志は通底していたのである。

＊養育院は現在、地方独立行政法人東京都健康長寿医療センターの運営となり、高齢者の福祉医療総合施設として受け継がれている。

（いちかわ・もとお／フリー編集者）

益田孝と後藤新平

東京大学　粕谷　誠
2014. 1

益田孝と三井物産

益田孝[*1]は一八四八（弘化五）年に佐渡の地役人の子供として生まれた。父が幕臣に栄達すると、一八六三（文久三）年には幕府の遣欧使節団の一員としてパリを訪れ、西洋文明に触れた。帰国後は幕府の騎兵となったが、幕府が崩壊し、アメリカ商館のウオルシュ・ホール商会の職員となり、貿易実務を身につけ、のちに横浜で商売を始めた。

こうして商売をしていたところ、井上馨[*2]にスカウトされ、大蔵省に出仕したが、すぐに井上とともに大蔵省を辞し、井上が始めた商業を営む先収会社に参加した。ところが井上が政府に復帰することになり、先収会社は解散、業務は三井物産に引き継がれた。こうして益田は三井物産の社長となる。

三井物産は当初、政府米や官営の三池炭礦が産出する石炭を取り扱う政商としての色彩が強かったが、益田の指導の下に機械、綿花、綿糸布、生糸など数多くの商品をヨーロッパ・アメリカ・アジアなど世界中と取引する総合商社へと成長していった。

益田は三井物産の指導者であったが、一九〇二（明治三十五）年には三井家同族会事務局管理部の専

＊1 **益田孝**（1848–1938）実業家。新潟出身。三井財閥創業期の経営者。1876年三井物産社長として大貿易会社に育てる。
＊2 **井上馨**→ 360頁。

務理事となり、三井物産・三井銀行・三井鉱山などからなる三井財閥の指導者となっていった。三井同族とともに三井家の家産管理の方法を欧米の資産家に学ぶために欧米を視察し、その成果をもとに一九〇九（明治四十二）年に設立された三井合名会社の顧問となった。しかし一九一四（大正三）年に三井物産が海軍に贈賄したシーメンス事件[*2]が発生すると三井合名会社の相談役となり、ビジネスの第一線から退くこととなった。

後藤との三つの接点

このように益田は三井の専門経営者であったわけであるが、後藤新平との接点が確かめられるのは、後藤が台湾総督府の民政長官であったときの台湾製糖の設立過程が最初である。植民地とした台湾の産業振興を図るために、台湾総督府は製糖業に力を入れることにした。後藤は児玉源太郎[*3]総督の意を受けて一八九九年から一九〇〇（明治三十二―三十三）年にかけて上京して益田と面会し、近代的製糖業を発展させる必要を説き、三井にその中心を担ってほしいと要望した。益田はこの意見に賛成し、調査をおこなった。

結局、台湾製糖は数多くの財界人の出資を得て資本金一〇〇万円で一九〇〇年に設立されたが、三井物産は一二・五％を出資する筆頭株主となり、益田は取締役に就任した。そして翌年の一月には大株主協議会が後藤と益田も出席して東京で開かれ、台湾製糖が甘藷栽培用の土地を購入することが決議されている。後藤はこの会議の席上、土地の買収、工場建築のための材料供給、その他全般にわたって台湾総督府が便宜を図ると述べている。

＊2 **シーメンス事件**　1914年に発覚したドイツのシーメンス社と日本海軍の贈収賄事件。これにより第一次山本権兵衛内閣は総辞職。
＊3 **児玉源太郎**→70頁。

二番目に確認できる接点は、一九〇六（明治三十九）年に後藤が南満洲鉄道の初代総裁となるが、益田が満鉄の創立委員となったことである。満鉄は三井物産から二人の取締役が就任するなど、三井との関係が深かった。

三番目の接点は茶道に関わる。益田は茶人として有名であるが、後藤も茶をたしなんだ。一九二二（大正十一）年に後藤らが三井物産の常務取締役であった岩原謙三の茶会に招待されたのであるが、その後益田が後藤とたまたま列車で会ったときに、岩原が後藤らを茶会の正客扱いしていなかったと出入りの道具屋から聞いたと後藤に話して、岩原と後藤の争いをけしかけるという茶目っ気たっぷりなことをおこなっている。後藤と益田の関係がかなり親しいものであったことが推測される。

（かすや・まこと）

後藤新平伯と安田善次郎

安田不動産顧問　**安田　弘**

2007.4

大正十（一九二一）年九月二十八日、私の曽祖父安田善次郎は大磯の別荘で奇禍にあって不慮の死を遂げた。享年満八十三歳だった。その号外を握りしめた後藤伯は、「しまった！　安田のおやじさんが亡くなっては万事は終わりだ。もっと国家社会の為に金を使わせたかった」と長嘆されたと、そばにいた第一助役の永田秀次郎氏[*1]が伝えたそうである。

安田善次郎は富山の下級武士の家に生まれ、江戸に出て両替商を始め、一代で日本の四大財閥の一つに数えられるフィナンシャルグループを築き上げた人であるが、事業に対する投資に際して、最も重要視した要件はその事業に当たる人物の能力と熱意であった。善次郎が一生の間に融資、投資によってバックアップした人は多数いるが、中でも後藤新平伯の東京市政調査会[*2]その他に対するバックアップは善次郎の晩年に行われたもので、最も熱意を持ってあたったのであるが、これは下記のいきさつによるものである。

大正九（一九二〇）年十二月十一日、都市研究会[*3]の会長であった後藤伯（当時は男爵）は市民の自治につき、工業倶楽部で講演を行なった。両者は台湾銀行創立委員、満鉄創立委員であったことから旧知の間柄であったが、善次郎はこの講演に大きな感銘を受け、終了後、別室にて後藤伯と会い、計画に対する協力を約束した。二人はその後会見を重ね、益々肝胆相照らす様になった。二人が気の合った理由は考え方の合理性と先見性に大いに符合するところがあったことと、至誠の心を信奉し、実行力を重んじ、そして何より公共のために尽くそうという目的が合致していたためと思われる。

或る時、後藤伯は善次郎にニューヨーク市政調査会の話をし、その資料を見せた。同調査会は米国の大富豪カーネギー[*3]とロックフェラー[*4]の援助で設立され、従って政党の干渉を受けずに全く独立した形で市政の運営の改善を果たした機関である。後藤伯はこの制度を東京市に応用するため、東京市政調査会の設立を計画していたが、善次郎はこの趣旨に大賛成で次のように述べている。

「寄り合い世帯にして色々の意見が出て、あなたが思う存分仕事が出来ないような形にするより、

＊1 **永田秀次郎**→ 25 頁。
＊2 **東京市政調査会**→ 53 頁。
＊3 **カーネギー**（1835–1919）米国の実業家。鉄鋼業で成功し、鉄鋼王と称される。引退後、教育・文化・平和事業に尽力。

私が微力を尽くす以上は資金は私一人で負担しましょう」

善次郎は更に、

「あなたには総理大臣の呼び声が高いが、もしそうなったら、この市政調査会はどうなりますか?」

と尋ねたところ、後藤伯は言下に、

「その時は内閣は他の人にやって貰い、私は市政調査会の仕事に全力を傾ける覚悟です」と答えたとのことである。後藤伯と善次郎はその後具体案を詰め、ここに三五〇万の寄付が確定したのである。

後藤伯は大正十年四月、東京市の大改造計画案を発表された。道路の新設、上下水道の完備、港湾河川の改良、大小公園の新設等一六項目を一〇年ないし一五年かけて行なうというものだが、これに要する費用は八億という膨大なものであった。大正十年に議会に提出された一般会計の歳出が一四億円余であったことから見て、当時の新聞や経済学者が財政のバランスを失うと騒ぎたてたのも判らなくはない。しかし、善次郎は直ちに後藤伯を訪れ、開口一番、

「あなたの計画は小さ過ぎはしませんか?」といったので、さすがの後藤伯も度肝を抜かれて
「何故そう思われますか?」と尋ねた所、

「築港はどうなっていますか?」

後藤伯は築港には更に五億はかかるので計画には入っていないと答えると、善次郎はいささか落胆の態であった。それもそのはず、東京湾築港は善次郎が明治三十二年に市に申請して以来二〇数年の宿願だったからである。善次郎は、

「八億円計画については一〇年の計画とすれば一年に必要な額は八千万程度です。この程度なら安

＊4 **ロックフェラー**（1839–1937）米国の実業家。スタンダード石油会社を設立。大財閥を築く。引退後、財団を設立するなど社会事業に尽力。

田の財を傾けるまでもありません」と言って必要資金を一手に引き受けたのだった。

善次郎は卑俗な表現をすれば、後藤伯の人柄と信念に「男惚れ」してこの都市計画に非常な共感を覚えたようである。その証拠に善次郎は後藤伯に、

「いかにして金を集め、いかにしてたくみに使うかとなると、集める人、使う人ともに求めやすくないものです。あなたが使う人ならば、私は集める人になりましょう」と言っている。

善次郎の死後、大磯の別荘の手箱の中から東京市政調査会設立に対し三五〇万の寄付をする旨の書付けが出てきて、二代目善次郎は父の遺志を継いで大正十一(一九二二)年一月十五日付で東京市政調査会設立者、男爵後藤新平宛に寄付申込書を提出した。後藤伯個人宛になっていることは、善次郎の後藤伯に対する強烈な信頼感を表しているのだが、このことが後に市会で問題になった。しかしこの説明は紙面の都合上割愛する。

八億円計画は結局後藤伯在世中は日の目を見なかった。やはり後藤伯の計画と人物を信じ八億もの資金を集める力は、初代善次郎以外には誰も持ち合わせていなかったのである。しかし一方、死の直前まで、後藤伯を信じ、その人に夢を託して世を去った善次郎は極めて幸福な人だったと言えよう。

(やすだ・ひろし)

後藤新平に将来をかけた銀行王、安田善次郎

三井文庫常務理事・文庫長　由井常彦
2012. 10

後藤の構想の資金面の幹事

大正時代になって後藤新平が考えた東京市の近代化の構想は、今からみればいずれは不可避のプランであった。当時の東京の大半は下町（現在の千代田、中央、台東、江東、墨田の各区）で、水道、電燈と市内電車こそ普及していたものの、江戸時代以来の零細な家屋の密集地帯で、網の目のような無数の小路から成り立っていたからである。丸の内のビジネスセンターも完成していなかった。問題は、むしろ資金で、八億円という金額が途方もないと思われていた。当時の政府は、日露戦争以来の膨大な国債の返済が至上の課題で、財政支出は思いもよらないことであった。

だが、銀行王と称されるようになっていた安田善次郎は、ひとり例外であった。彼は、後藤の構想は、魅力に富み、資金的に実現が可能と考えていた。安田善次郎は、インフラ関連の長期的な公共事業は、いかに資金が多額でも（むしろ多額になればなるほど）、リスクは低下するということを、半世紀以上にわたる彼の経験から信じていたからである。もちろん金利も低くなるが、彼の金融のノウハウとスキルをもってすれば、コスト安に耐えうるのが、銀行王たる安田の強味と考えていた。事実彼は、

安田の寄付により作られた東京市政会館の定礎式（右奥・後藤新平）

明治末年の大阪市築港市債においても、低利かつ一手にひきうけて成功したところであった。

後藤が一九二〇（大正九）年末に東京市長に就任するや、善次郎は、後藤の構想の資金面の幹事たらんとして行動している。日記などの史料をみてゆくと、翌年早々から安田善次郎は、後藤市長の都市計画にコミットすべく腐心している。そして四月末には後藤市長を訪ね、「研究会」にたいする援助を申し出た。これにたいし後藤から、第一段階として調査・研究のための施設の建設を含めて当面三〇〇万円を要すると聞き、善次郎は「益々乗気となった」といわれる（『安田善次郎全伝』巻之七、一三一五頁、由井『安田善次郎』三一二頁）。

その後善次郎は、盟友の浅野総一郎[*1]に乞われ、八十四歳の高齢をおして、浅野が社主の東洋汽船の大型船に乗船して東南アジアの視察旅行に出かけているが、その間にも東京都市計画プロジェクトが頭から離れなかったであろう。

幻の後藤・安田プロジェクト

考えてみれば、第一次大戦いらいのバブル景気は過去のものとなり、当時の日本では有望な投資先

＊1 浅野総一郎→383頁。

は乏しくなっていた。その反面、善次郎の積極方針のもとで、安田系銀行は内外で十数行に達し、資金量は厖大な額に達していた。したがって日本の国土を離れ、洋上からみると、増大一途の預金をかかえる、安田金融財閥の将来にとって、後藤新平の東京都市計画の一大プロジェクトこそ、この上ない投資先とみえたに相違ない。

帰国すると善次郎はすぐに後藤新平に面会を求め、彼との間で「市政調査会[*2]」の寄付行為について約束をえている。この文言のなかには、「個人の後藤男爵を加える」が明文化され、仮に後藤が市長を退いても、後藤・安田コンビが継承することが配慮されている（同上）。

ところで、はからずもこの年の九月二十八日善次郎は右翼テロリズムの犠牲となって他界した。後継者の二代善次郎によって市政会館建設の寄付（三五〇万円）は実現したが、翌年の関東大震災もあって、後藤・安田コンビによる東京都市計画は消滅した。

安田善次郎と浅野総一郎コンビの東京湾埋立のプロジェクト（公的資金はえられなかった）は、既に軌道にのっており、善次郎の死後、昭和年代まで継続され、現在の京浜工業地帯の形成に大いに貢献した。幻におわったとはいえ、後藤・安田プロジェクトは、歴史には残しておきたい事実である。

（ゆい・つねひこ）

＊2 **市政調査会**→ 53 頁。

ふたりの大アジア主義者——後藤新平と大倉喜八郎

東京経済大学名誉教授　**村上勝彦**
2013.9

二人の出会い

後藤新平は大倉喜八郎より二十歳若く、官僚・政治家と実業家という違いもあって、両者の関係はさほど長く深くはないが、両者の思想、考えには似た面がみられる。後藤は伊藤博文と他人を避けて談論したいとき、たびたび大倉の向島別邸に厄介になり、大倉が目立たないように裏方として心を尽くしたお膳立てをしてくれたことに、大倉追悼録で感謝の言葉を述べている。その伊藤は大倉にとって、実業活動に大きな影響力をもつ大政治家としてだけでなく、心底から尊敬する人物でもあり、両者の個人的関係もきわめて密接だった。そのため向島別邸は密談の場所としては最適だったのであろう。

後藤はまた大倉追悼録で、台湾民政長官のとき、大倉組の大きな利益源であった台湾樟脳の専売を断行して大倉組に多大の打撃を与えたが、大倉は後藤にいっさい愚痴を言わなかったとも述べている。もっともこの点は、大倉が伊藤を通じて後藤に陳情したが専売制を撤回できなかったというのが実相だろう。

ところで後藤と大倉との最初の出会いは、日清戦時の軍用達業務で多くの軍夫を使っていた大倉が、軍夫救護組織を立ち上げるべく後藤に援助を求めたときと思われる。またその出会いは、大倉が後藤の大恩人である石黒忠悳《ただのり》*1と同郷のよしみで以前から親しかったことからして、石黒が仲介役となった可能性がある。

防貧の思想

四年前に日本で民主党政権が成立したとき、日本経済新聞は「自助」が近代日本の精神的基盤であり、大倉がその精神を保持した代表的実業家だったとする記事を掲げた。大倉は「慈善事業には消極的と積極的の二つがあり、真に不幸な境遇にいる貧民に金品を与えるのは消極的な慈善事業であるが、打ち捨てておけば貧民になるべきものを貧民にならぬように、新しき教育を施すのが積極的な慈善事業である」として、三つの商業学校創設などに力を注いだ。

石黒忠悳（1845-1941）

消極的な慈善事業を救貧、積極的なそれを防貧と仮に区別すれば、大倉は防貧に力点をおき、「自助」の精神からとくに教育を重視した。他方の後藤は軍夫救護問題を機に、救貧病院、労工疾病保険などより広い下層階級保護の政策を構想し、時の首相、伊藤博文に明治恤救基金案*2を建議した。それが、伊藤が後藤をはじめて知る機会となった。後藤は救貧に言及してはいるが、疾病保険や労働者保護政策

*1 **石黒忠悳**（1845–1941）医学者・軍医。伊達出身。陸軍軍医総監・陸軍省医務局長となり、日本の陸軍軍医制度の基礎を構築。
*2 **明治恤救基金案**　衛生局長・後藤の社会政策案。清国からの賠償金を用いる策で、伊藤首相に建白。しかし実現には至らず。

の真意は明らかに防貧の思想に根ざしている。大倉は教育、後藤は労働者保護とアプローチは異なるが、「自助」を重んじた大倉と「自治」を重んじた後藤の考えは同じ方向を目指していたといえよう。

アジア主義と大アジア主義

近代日本の実業家のなかで大倉ほど中国にかかわり、日中経済提携論にもとづき投資先を中国大陸に傾斜させた者はいない。第二次大戦後の財閥解体後に、大倉財閥が企業グループとしての再建が不可能になった理由の一つがそこにある。そうまでした大倉の考えの基底にはアジア主義的発想があったものと思われる。

他方でロシアを加えた日・中・露の大アジア主義を抱懐していた後藤が、「大倉はいつも口頭親善ではなく経済親善を実行し、一貫した国家観念を保持していた」と大倉追悼録で述べていることを思うと、二人はきわめて実践的なアジア主義者あるいは大アジア主義者であり、その差はきわめて少ないものと思われる。

（むらかみ・かつひこ）

浅野総一郎と後藤新平——大風呂敷を広げた同志

作家　新田純子

2012. 9

東洋汽船設立の経緯

今、私の手元の本（『図説　中村天風』海鳥社刊）の一頁に浅野総一郎、尾崎行雄[*1]、後藤新平、中村天風[*2]、九条武子[*3]らが一堂に会し、講演会を開いている記事と写真がある（次頁）。時は大正十四（一九二五）年五月十八日。場所は尾崎行雄別邸。その日の演目は、「健康法」で、皆、百二十五歳まで生きる意気込みであった。

さて、浅野総一郎と後藤新平との間には太い信頼関係があったが、世間はこのことに意外と気付いていない。浅野が九歳人生の先輩だが、その交遊を遡ってみよう。例えば、民間外国航路会社設立に浅野が駆け回っていた頃のことだ。明治二十八（一八九五）年に航海助成建議案他が制定され、翌年六月二日、四十九歳の浅野は念願の東洋汽船（株）を創立したが、蓋を開けると、国からの補助金は驚くほど少額で、一部のもののみに有利な仕組みと感じた。そのからくりに総一郎は憤然とし、それならば、と条件を満たすため株主たちを説得して資本金を増やしたが、政府側もなかなか了承しない。そんななか、事情を知った後藤新平は、伊藤博文の下で政務に当たっていた西園寺公望[*4]らの間を駆け

＊1 **尾崎行雄**（1858–1954）政治家。神奈川出身。文相・東京市長・法相などを歴任。護憲・普選・軍縮運動などに活躍。

＊2 **中村天風**（1876–1968）東洋思想家。日清・日露の戦役に軍事探偵。日本人初のヨーガ直伝者。1919年統一協会（現・天風会）を創立。

尾崎行雄別邸で講演する浅野総一郎（中央）と後藤新平（その右）（1925年5月18日）（『図説　中村天風』海鳥社、2005年より）

回り、総一郎の真意を伝え、浅野はこの困難を乗り切った。

　この頃の後藤はまだ政治家ではなく、二年前から衛生局長として、北里柴三郎の伝染病研究所の国有化や、救貧法案などの建白書を首相の伊藤博文へ提出する日々であった。良いことは良い、悪いことは悪いとして世の不条理を感じれば、持ち前の正義感で周囲に訴えたのだ。

安田・浅野の東京構想

　医師であった後藤新平の目は社会の「衛生」と「救貧」に向けられていた。振り返れば明治十五（一八八二）年、岐阜で暴漢に襲われた板垣退助の治療のため急行した後藤は彼の影響を強く受け、「人の脈をとるより国家の脈をとろう」と政界に進出した。後に浅野総一郎の長男は板垣退助の令嬢と結婚するが、人の縁は到る処で繋がっている。

　後藤新平の本来の性格は堅実型であったろう。

＊3 **九条武子**（1887–1928）歌人。京都出身。西本願寺法主・大谷光尊の次女。佐佐木信綱門下。仏教婦人団体幹部として社会事業に献身。

＊4 **西園寺公望**（1849–1940）政治家。政友会総裁、首相。パリ講和会議首席全権。山県・松方の没後、最後の元老として後継奏請を行う。

「後藤の大風呂敷」は有名だが、影響を与えたのは安田善次郎と浅野総一郎ではなかったか？　浅野の思考回路の規模の大きさは並外れている。それは理論に基づいた発想であり、どんな困難があろうが必ず実現する。その男らしさに惚れ、金融王安田が一番見込んでいた実業家であった。そして二人が真剣に考えていたのは東京市を世界の大都とする設計図であり、例えば、東京湾築港計画構想は明治四十（一九〇七）年から企画されていた。また、アスファルト舗装が普及しはじめ、「雨が降る度にぬかるむ東京の道路を舗装しなければならない」と明治四十三（一九一〇）年頃から浅野は明確な決意をし、広い幹線道路が経済に果たす重要性を力説していた。

大正九（一九二〇）年暮れに東京市長に就任した後藤新平は、国際都市東京の未来構想を練るために東京市政調査会[*5]を設立し、東京市の未来像を具体化しようと討議を重ねた。現代の私たちが暮らしている大都市東京の構想がすでに当時の彼らの頭にはあった。安田善次郎[*6]の金融的後押しも話し合われていた。安田からの寄付は後に東京市政調査会が置かれた日比谷公会堂の建設資金となった。後藤は「八億円かけてでも東京を大改造しなければ、国際都市として世界から置いていかれる」と述べ、「大風呂敷を広げて！」と、世間から驚かれた。

大正十二（一九二三）年九月一日、関東大震災が起きた。その混乱もまだおさまらぬ九月二十七日、山本権兵衛は、帝都復興院総裁に後藤新平内相を任命した。

大震災の復興を見事に成し遂げた陰には、都市計画という大きなコンセプトがあったのである。何もかも焼けてしまった跡に整然と道路が敷かれたことなどは、後藤新平たちの懸命の働きがあった。

（にった・じゅんこ）

＊5　**東京市政調査会**→ 53 頁。
＊6　**安田善次郎**→ 123 頁。

© Underwood & Underwood

終　祖父・後藤新平について

哲学者　**鶴見俊輔**
2005.4

後藤新平の言葉は、父母姉から

小学校に行くまで六年の間、私は後藤新平とほとんど毎日会っていたんですが、彼が何を話してくれたのか、その言葉は何も残っていません。何も。風貌とか、近いところに座っていて顔つきや何かは大変はっきり覚えているんですが。後になって、永田秀次郎[*1]という人の回想録を読んでいたら、ああ、これだと思ったんですよ。永田秀次郎という人は、後藤新平の後で東京市長をやった人です。彼はこういうふうに聞いたというんです。「後藤さん、あなたは子供に好かれていますが、どうしてですか。何かコツがあるんですか。子供を友達と思っておられるのですか」、そうすると後藤新平が「そんなことはないよ。友達などといっても、子供は僕のような年寄りを友達とは思ってくれないよ」。「ではどうしてですか」というと「僕は子供を自分の先生と思って話しているんだよ」というんです。上から話しかけられたことがないんです。ほとんど毎日会うんですけれどね。上から子供に教えるのではなくて、子供の言うことを聞いていて、子供の話題に沿って話していたんですね。ところが子供は、小さいときの言葉を脱ぎ捨ててしまうんです。だから後藤新平と何を話したかなんて、全然覚えていな

＊1　**永田秀次郎**→25頁。

いんです。そのために、後藤新平の言葉は全部間接に母親から、父親から、姉からということになります。これは、私の情報源がそうだったということです。

二番目は、私の母は後藤新平が心の底で理想としていたものを、暴力によって私に押しつけた人だったんです。生まれたときから私は、そのおふくろの教えることに承服しかねました。例えば「うちは貧乏だ」と言うんですよ。ところが今も残っている家で、今朝行ってみたんですけれども、前の五分の四は現在も残っている中国大使館です。後ろの五分の一は、表札をゆっくり見てみるとイスラム教会になっていました。元々はサウジアラビアの大使館です。その二つ合わせた家の中に住んでいたんですから、これが貧乏だってどういうことですか（笑）。三歳になったらわかりますよ、私は。三歳で、私はおふくろよりはるかに知能があったと思っています。要するにおふくろは暴力で私を縛るわけです。蹴ったり、殴ったり、そういうことですね。ダビデとゴリアテみたいな、そういう関係なんです（笑）。おふくろが私に押しつけようとした理想は、後藤新平が持っている理想とほぼ同じなんです。後藤新平も、貧乏でありたいと思っていたんです。

主観においては貧乏であって、子供を貧乏の中で育てたいと思っているんですよ。後藤新平の内部にそういう理想があった。だからその上部構造、家と土地以外は、金を蓄えなかったんです。だから彼が死んだとき、跡取りは非常に困ったんです。こんなに現金がないと思わなかったんだ。家を売らないと金ができないでしょう。売るのに、ものすごく困ったんですよ。あんなもの、買ってくれる人はいないんですよ。結局何かのつてをもって一年間か、もうちょっとかな、徳川義親[*2]侯に貸したんです。それで幾らか現金のさやで何とかつないだんですね。しまいに満州国が買ってくれて、母にのこ

＊2 **徳川義親**（1886–1976）植物学者。東京出身。貴族院議員。徳川生物学研究所・林政史研究所・徳川美術館などを設立。

された後ろの部分は戦後になってサウジアラビア大使館が買ってくれたんです。後藤新平の二人の子供には、金銭は渡っていません。生存中正力[*3]に渡した金も、後藤新平は借りたんです。

「愉快、愉快、愉快、明治の御世」

もう一つ。私の母は、ちょうど小学校一年ぐらいのころ後藤新平に呼び寄せられて、いとこ〔安場富美子〕と「歌を歌え」と言われるんですよ。一年生だけど歌える歌ですね。二人をこうやって前に立たせて「愉快、愉快、愉快、明治の御世」という、その前は忘れましたが。これは私のおふくろが死んだときに、遺されたいとこが弔辞に書いてきて読んだんです。とても愉快だったんでしょう。つまり彼は賊軍ですから家禄十石もとられてしまったので、本当の乞食。それが引き立てられてこんなになって。無邪気なものですよ。出発は貧乏書生だった。大した学校は出ていないんですよ。こんなところ〔東大〕なんて、断じて出ていません。彼は須賀川医学校[*4]という、皆さん名前も知らない学校。それで、彼は明治の御世になって引き立てられた。そのことを愉快に感じていた。爵位をもらった、これもとても愉快。勲章をもらったのも一々喜んでいるんですよ。

だけどそれは自分が優れているからもらったのであって、自分の子ども、自分の親族、そういう者が優れているとは限らない。そういう者をあまり大したやつではないと思うと、官吏やっていてもやめさせてしまう。家の中に別の家をつくって、金をやって置いておくんです。自分以外の子供に勲章が行くなんてことは、全然考えない。私のおやじ〔鶴見祐輔〕はこういうことを言うんです。「おじいさんは、自分をどんなにえらい人だと思っていたんだろうね」、ほとんど嘆き節だな。彼による『後

＊3　**正力松太郎**→ 151 頁。
＊4　**須賀川医学校**→ 261 頁。

藤新平伝』というでかい四冊の本が出ていますが（『正伝 後藤新平』として藤原書店から刊行中）、後ろにそういう嘆き節があったことを覚えていただきたい。つまり彼は一高一番なんだけれども、後藤新平はろくなポストをくれなかったんだと。それが後藤の倫理なんです。

彼は長州閥、鹿児島閥に生まれついたわけではなく、賊軍の末に生まれた。それも伊達みたいな大きな賊軍ではない、その中の小さい小さい部分で留守という、一万石なんですよ。身分は高いけれども中小姓ぐらいで、白米を食えなかったと思います。ダイコンをまぜてカラメシとして食っていた。うちでも百姓もやっていたし。後藤新平は、仕事によって地位にありついた。仕事を認められた明治は、ありがたい。そういう気分があって、小学校一年生を前に置いて、何度も何度も同じ歌を歌わせているんです。

後藤一族の秘話

私の姉〔和子〕は、私より四歳上なんですよ。なぜ彼女がここに現れていないかというと、脳出血で倒れて車いすで私のいる京都の方に来てしまったものですから。ただ、四歳上ですから言葉が幾らか入っているんですね。彼女を通して後藤新平の言葉として聞いたことは、覚えています。しかも今から四―五年前に電話で老人施設から私に教えてくれたことがある。

どういうわけだか私が三歳ぐらいのときに、あの家、今もあるわけですが、そこを出て、谷を隔てて向こうに更科というそば屋があるんですよ。そば屋の隣の、何か二間ぐらいしかない部屋に移ったんです。三歳の私にとってものすごく愉快だったんですよ。紙芝居が見られるし。「黄金バット」なんて、そこでやっているんだから。非常な開放感があって、私にとっては愉快だったですよ。なぜそういう仕儀になったかということを、私の姉が教えてくれたんです。

新平の細君というのは、早く死んでしまったんです。これもなかなかえらい人ですよ。というのは、結婚したらすぐに赤ん坊が連れられてきて、これはあなたの子供です、育ててくださいと。それを平気で育てているんだから、やはり明治の女はえらいですよ。私はえらいと思うけれども。大正になって跡取りの息子が怒ってしまってね、新平氏を張り倒してしまったんですね。ばんと。新平は張り倒されたことなんてないから、大変に怒って廃嫡するというわけです。そういうときにおふくろは、ゼロ歳のときから私をぶん殴ったりひっぱたいたり蹴ったりしていた、それと同じようにかっとなるんですね。おやじといえどもかっと怒っちゃってね、「そういうことは許されません」と。つまり後藤新平が、初めて私と同じ立場に立ったんですよ（笑）。

毎日、そんなことをがんがんやられると、ぐあいが悪いんですよ。夫人は死んでいますが、うちにおめかけさんを入れていて、そのおめかけさんの子供も置いているんだけれども、それこそいろいろな官吏が来たときに対応してもらうわけにいかないでしょう。正力だって何だって、みんな私のおふくろが対応した。だからそこで自分の娘にいつでも怒っていられると、新平としては非常に困るんです。それで、ついに譲ってしまったんです。廃嫡をやめたんです。そのかわりに逼塞という言葉が昔はあったんですね。谷の向こうのそば屋の隣に住むことになった。

私のおふくろはものすごく強い人なんですよ。ぶっ殺されるかと思うぐらいに、もう苦しい、苦しい、私は地獄の中の暮らしだったんだ。それから数年たつと、私のおふくろの説得についに効があらわれて、そば屋の二階に私の家の方が入ることになったんです。家の入れかえをやってしまったんです。長男は、私の今まで住んでいた家に戻ってきた。その事情は、つい四―五年前に老人施設から電話で聞いて、なるほど、そうだったのかと思いました。

私がこの席に呼ばれたのは系図上の位置からです。それ以外何にもない。系図の上で直系の孫がいます。新平の息子は一蔵[*5]というんですが、その長男は後藤新一といって、長野県の農業高校の教師として生涯を生きて、退職金で老人施設に入ったんです。私は、彼のところによく会いに行きましたよ。私は親類の中で最も偉大な人間だと、率直に言って私は後藤新平よりえらい人間だと思っています。彼はだんだんに調子が悪くなって終わりが近いと思うんだけど、景色を見ながら「この木にしても石にしても、自分のものではないと思うと楽しいね」と言ったんですよ。これは名言ですよ。そういうところまで来ているんですね。環境保全の運動と反戦平和の運動と、彼がやったことは農業学校をやめてからはそれだけです。

系図上のほかの子供は、おもしろいひとがいるんですよ。静の長男佐野碩なんかとてもおもしろい演劇運動をやったし、もう一人、河崎武蔵は敗戦のときに八路軍[*6]と戦ったんです。ものすごく勇気のある人間です。それから一人分かれて捕虜になってしまったんですが、捕虜の監視役の日本人（判沢弘[*7]）ととても仲良くなってしまって、ある日、中国人の監視役もついているんだけれどもそれがちょっと目配せするんです。これは危ない、きょうは殺されるんじゃないかと。彼は隊長ですからね。ずっと、歩いていった。ことによると職務によって自分が後ろから撃たれるかと思ったんだって。それで終わりのところまで来たら縁の下に隠れて、金だけは幾らか持っているものだから、軍隊の隊を率い

＊5 **後藤一蔵**→ 339 頁。
＊6 **八路軍**→ 298 頁。
＊7 **判沢弘**→ 298 頁。

ているわけですから、夜中に鴨緑江を渡って。夜中に監視しているから、ぱっと鉄砲の弾が。これはだめだと思ってあきらめて。今度は昼間にこっそり越えたんです。それから朝鮮半島をまっすぐにずっと歩いて、日本に一人で帰ってきたんですよ。日本に帰ってきてからも大変おもしろい生涯で、アスピリンの日本の会社の総支配人になったんです。だから傍系には大変おもしろい人が日本国じゅうにいっぱいいるに違いない。

ですがそれよりもっと広げて、十河信二[*8]にしても正力松太郎にしても、そういう人たち全部を子供や孫として考える視点が必要なんじゃないでしょうか。それで、川上武という、これは医者で医学史もやるんですが、彼が言うには、後藤新平というのはイソモルフ、異種同型で形だけで見れば国崎定洞[*9]に似ているというんです。国崎定洞はこの東大の助教授だったんですがずっと抜け出してソ連の方に行って、ソ連で怪しまれて捕まって、スターリンの粛清にかかって、獄死したんです。やはりやり方としてみたら、形としては非常に国崎定洞に似ている。それだけの気骨を持っていたことは確かですね。

後藤とロシアの関わり

彼は大正末に二度脳溢血をやって、もう自分は総理大臣になるのはだめだと思ってあきらめてしまったんですよ。その後少年団[*10]とか「政治の倫理化」とかをする。少年団も、子供が好きで、子供が先生と思っているから喜んでやったんです。それを政治的に利用しようということはない。

ただ、ソビエトの関係で一遍挫折しますね。それはシベリア出兵を外務大臣としてただ一人で決定

＊8 **十河信二**→ 290 頁。
＊9 **国崎定洞**（1894–1937）社会医学者・社会運動家。熊本出身。伝染病研究所に入る。社会衛生学研究でドイツ留学中、ドイツ共産党入党。
＊10 **少年団（ボーイスカウト）**→ 72 頁。

しているんですから、これは間違いですよ。元々あの人にはイデオロギーという考えがない。まずいと思ったら今度は自分で責任を持って赤色ロシアの代表を日本に呼んで、いろいろ下ごしらえをして。今度は冬、伸ばすと脳溢血で倒れるかもしれないでしょう。冬のロシアに自分で行くんです。そのときは、死ぬと覚悟していたんですね。それで、家の中の文字を読める程度の人に「韮露《かいろ》の金」と称してずっと渡した。私は文字を読める段階になっていなかったのでもらっていない。私の姉はもらっているが、カイロの金というのは、何だかわからないんですよ。これも自分が脳出血で施設に入ってからわかった。それは漢の田漢の死をいたんで門人のつくった「韮露行」という挽歌があって、人生なんて短くて、韮《にら》にしばらく宿る露に過ぎないと。もう自分が死ぬかもしれませんから、幾ばくかの金を一人一人にやったんですよ。ところが彼は死なないで帰ってきて、もう少し持つんですけれどね。とにかくロシアに行ってスターリンと話をして、日露交渉の下ごしらえをするんです。これが、わずか一〇年足らず前に赤色ロシアに自分で決めて出兵して戦った同じ人間なんですよ。これは、支離滅裂じゃないですか。偶然彼は東大など出ていないのでイデオロギーというものを知らないんだ。

だから、彼は日露戦争の後にすぐ、いま負けなかったロシアとすぐに手を結ばなければいけないと直観を持ったんです。そして偶然宮島に伊藤博文がいたので、伊藤博文のところに行ってそれを説いた。自分の宿にかえった。すると夜中に戸をたたくやつがいて、何だと思ったら伊藤博文がもう一遍来たんです。身分が違うからみすぼらしいほどの宿屋に伊藤博文が来たんですね。「もう一遍聞かせてくれ」と。要点は、いま負けないで済んだんだから、ここで日露が手を結ぶ。伊藤博文はその考えを受け入れて、ロシアとの交渉に向かって安重根[*14]に殺された。そのときに伊藤博文は「おれを殺して、

＊13 **「政治の倫理化」**→163頁。
＊14 **安重根**（1879–1910）朝鮮の独立運動家。黄海道海州出身。乙巳条約に憤激、鎮南浦で敦義学校を創設。死後独立運動の象徴的存在に。

ばかなやつだ」と言って死んでいるんですよ。

自分が伊藤博文を殺したんじゃないかという自責の念があって、彼は後で赤色ロシアのヨッフェ[*15]を呼ぶのと、さらに自分で行ってスターリンと交渉する。このときに、ヨッフェの墓に参ったそうですね。こういうのは講談の「清水次郎長談」とか、ああいうのと同じですよ。イデオロギーなんてものではないんです。マルクス主義なんてもの、そんなものわかっちゃいないですよ。ただ、自分の孫がマルクス主義者として大正時代、女装して逃げ回っていたんですからね、おもしろいじゃないですか。そういうことをとても喜んでいた。それで、私はただ一人先生がいるんだけど、都留重人[*16]。都留重人が旧制高校で捕まったときに、お巡りさんが言ったんだって。「だめじゃないか、すぐに捕まってしまって。佐野碩だったら、便所に入ったらすぐに女になって出てきたり、いろいろなことやったんだぞ」と言ってしかられたそうだ。やはりそういう精神が後藤新平にあったことは確かです。それだけです。

（つるみ・しゅんすけ）

＊15　**ヨッフェ**→ 116 頁。
＊16　**都留重人**→ 49 頁。

後藤新平　略年譜（1857–1929）

年号	齢	後藤関連主要事項	日本の動向
一八五七（安政4）	0	6・4（戸籍上は5日）、陸中国胆沢郡塩釜村（現在の岩手県奥州市水沢区）吉小路に生まれる。	5・26 下田条約（日米約定）を結ぶ。 12・14 江戸・大阪・兵庫・新潟の四港開港を米に約す。
一八六四（元治1）	7	3 武下節山の家塾に通い漢学を修める。	6・5 池田屋騒動。
一八六九（明治2）	12	9 立正館に通いながら、旧留守家家老職、吉田種穂の推薦により斎藤実らと共に安場大参事の学僕となり、三カ月後に岡田（阿川）に預けられる。	1 横井小楠、刺客に襲われ落命。 5・18 戊辰戦争終わる。 6・17 版籍奉還。 8・12 府藩県が設置され、胆沢県庁が水沢旧城内に置かれる。大参事安場保和（横井小楠門下四天王の一人）、史生岡田俊三郎（後の阿川光裕）らが赴任。
一八七一（明治4）	14	4・9 この日付で家郷の父から処世訓を寄せられる。	この年、安場保和、熊本県権小参事となる。年末には岩倉使節団に加わり、米欧回覧の旅に出る（翌年5月に単身帰国）。
一八七三（明治6）	16		安場保和、福島県立須賀川病院・医学所設置に力を致す。
一八七四（明治7）	17	2・2 県立須賀川病院付属須賀川医学校へ入学、生徒寮に入る。	1・17 板垣退助ら民選議院設立建白書を提出。
一八七六（明治9）	19	3・28 須賀川医学校内外舎長（月給八円）となる。 8・25 愛知県病院三等医として医局診察専務（月給一〇円）となる。	

一八七七（明治10）	20	7 大阪陸軍臨時病院（院長石黒忠悳）に赴き自費見学する。9・3 西南戦争の負傷者を収容する大阪陸軍臨時病院の雇医（日給六〇銭）となる。9・15 医術開業免状を取得。	2・15〜9・24 西南戦争。
一八八一（明治14）	24	1 愛知・岐阜・三重の三県「連合公立医学校設立の議」を国貞愛知県令に呈し長与専斎に評価される。10・19 愛知医学校長兼病院長（月給七〇円）となる。	
一八八二（明治15）	25	4・7 招電により岐阜に急行、負傷した板垣退助を手当。この年、海水浴についての意見書や資料をまとめた『海水功用論 付海浜療法』を出版。	4・6 自由党総理板垣退助が岐阜で襲われる。
一八八三（明治16）	26	1・6 内務省出向。1・13 父実崇逝去。9 安場保和の二女和子と結婚する。10・4 衛生局内部改革の意見書を長与局長に提出する。	この年、北里柴三郎、内務省衛生局へ。
一八八九（明治22）	32	8・28『国家衛生原理』を発行（後藤の思想的根幹）。	2・11 大日本帝国憲法・衆議院議員選挙法・貴族院令公布。皇室典範制定。12・24 内閣官制公布。第一次山県内閣成立。
一八九〇（明治23）	33	4・5 渡独。衛生制度学を中心に黴菌学、自治衛生、市町村の自治と衛生との関係などを学ぶ。特に黴菌学は北里柴三郎について学ぶ。	1・18 富山で米騒動（このの ち各地で頻発）。7・1 第一回総選挙。10・9 帝国議会召集令公布。
一八九二（明治25）	35	11・17 内務省衛生局長となる。30 伝染病研究所（所長 北里柴三郎）建設始まる。	
一八九三（明治26）	36	7・17 錦織剛清、相馬家側を相手取り誠胤謀殺の訴を起こす。9・23 長男一蔵生まれる。11・16 神田中猿楽町の街路で拘引され、17 鍛冶橋監獄署に収監される。	

一八九四（明治27）	37	5・3 相馬事件、東京地裁より無罪判決。25 保釈出獄。	8・1 清に宣戦布告。 10・22 日米通商航海条約調印。
一八九五（明治28）	38	2・24 解傭軍夫病院（会長近衛篤麿）理事となる。26 日清戦争からの帰還兵検疫に関して児玉源太郎、石黒忠悳と会見協議する。 4・1 臨時陸軍検疫部（部長児玉源太郎）事務官長に任ぜられ、高等官三等に叙せられる。9 広島に着任。 7・12 長女愛子生れる。	1・20 石黒忠悳、内務大臣に軍隊検疫を建言。 4・17 日清講和条約調印（下関条約）。 7・19 台湾領有権宣言。
一八九七（明治30）	40	7・15 労働者疾病保険の新営および救療病院その他社会施設を完成させる恤救事務局の設置を内務大臣に建議。	4・1 台湾銀行法公布。伝染病予防法公布。
一八九八（明治31）	41	3・2 台湾総督府民政局長となる。 4・28『台湾日日新報』を創始。 6・20 新官制により民政局長改め民政長官となる。 7 この月、台湾地籍・土地調査規則公布。	1・26 児玉源太郎、第四代台湾総督就任。 4 台湾協会設立。会頭桂太郎。
一八九九（明治32）	42	1・25 台湾銀行創立委員となる。この月、台湾協会台湾支部長となる。 3・30 台湾銀行定款認可。	5・23 安場保和、心臓病のため逝去。
一九〇〇（明治33）	43	8・15 桂陸相は児玉総督に宛て南中国に陸兵派遣の密令を発す。23 奉勅訓令あり、実行に着手。この日、厦門に急行。 28 厦門進撃中止との廟議通告あり、派兵中止、児玉総督は辞意を固める。 12・8 設立間もない台湾協会学校で演説。	3・10 治安警察法公布。 9・14 津田梅子が女子英学塾を開校（のちの津田塾女子大学）。
一九〇一（明治34）	44	5・24 台湾総督府専売局官制が発布される。 6・1 台湾総督府専売局長となる。 10 台湾旧慣調査会規則発布、調査会会長になる。	岡松参太郎京都帝大教授、旧慣調査会第一部長となる。 新渡戸稲造、台湾総督府技師となる。

一九〇二（明治35）	45	6 新渡戸の意見に基づく台湾糖業奨励規則・施行細則を発布。糖務局を設置。13 横浜出帆、米国へ。7・3 ニューヨーク着。以後、欧州各地を視察。	1・30 ロンドンで日英同盟協約に調印。
一九〇三（明治36）	46	6・17 樟脳専売法公布。母国民の経済的利益と台湾の財政的独立を促した。	
一九〇四（明治37）	47		2・10 宣戦布告、日露戦争勃発。
一九〇五（明治38）	48	9・4 奉天の満洲軍司令部で児玉源太郎と会談。この時日露講和後の「満洲経営策梗概」を児玉に示す。	9・5 日露講和条約に調印。
一九〇六（明治39）	49	11・13 満鉄総裁、兼台湾総督府顧問、兼関東都督府顧問となる。 12・8 阪谷蔵相と満鉄外債についての協定を結ぶ。満鉄の経営方針（満鉄10年計画）は後藤が計画し、具体的な仕事に関しては中村是公を満鉄副総裁として委任。	3・2 伊藤博文初代韓国統監着任。 11・26 南満洲鉄道株式会社を設立。
一九〇七（明治40）	50	9・27 厳島に参拝。28 来島した伊藤と激論を交し、新旧大陸対峙論を提唱、実行を迫る（「厳島夜話」）。 11・3 後藤肝いりの『満洲日日新聞』初号発刊。	7・28 日露通商航海条約・漁業条約に調印。30 第一回日露協約調印。
一九〇八（明治41）	51	5・3 ハルビン発、露都に向かう。18 露帝ニコライ二世に拝謁する。 7・14 第二次桂内閣が成立し、逓信大臣となる。 12・5 新鉄道院総裁を兼任する。	
一九〇九（明治42）	52	6か7 大倉喜八郎の向島別邸で伊藤博文と密談。 10・14 伊藤博文、後藤の論により露国宰相ココフツォフと会談のためハルビンへ。伊藤を大磯駅で見送る。	10・26 伊藤、暗殺される。 ［独］ハンザ同盟が創設される。
一九一〇（明治43）	53	9 鉄道院総裁として出雲大社訪問。	5・25 大逆事件の検挙始まる。 8・22 韓国併合につき日韓条約調印。

一九一一（明治44）	54	12 ヨゼフ・オルツェウスキー『官僚政治』翻訳刊行。 この年ごろ、新橋芸者の河﨑きみと出会う。	1・18 大審院で大逆事件に判決を下す。
一九一二（明治45／大正1）	55	7・22 桂と共に露国首相ココフツォフを訪問し、重要会談。 28 帰国の途につく。 11 鶴見祐輔と愛子（後藤の長女）結婚。 12・21 第三次桂内閣が成立、再度、逓信大臣兼鉄道院総裁兼拓殖局総裁となる。 この年、フリードリッヒ・パウルゼン『政党と代議制』翻訳刊行。	2・12 ［中］宣統帝が退位して清朝滅亡。 7・30 明治天皇崩御。 9・13 明治天皇御大葬。
一九一三（大正2）	56	11・8 河﨑きみとの間に三郎生まれる。	10・6 中華民国を承認。 10・10 桂太郎死去。
一九一六（大正5）	59	2『日本膨張論』を出版。 8 通俗大学講演会のために長野県地方を巡回。 10・9 寺内内閣成立、内務大臣兼鉄道院総裁。 11・21 大隈内閣の対中政策の打開策を図る覚書を起草。	
一九一七（大正6）	60	1 財団法人信濃通俗大学会設立。会長は新渡戸稲造。 夏、「大正七年度財政計画ニ対スル私見」なる建策の文を首相に提出。後藤の財政計画意見の全貌を窺える。 8 信濃木崎夏期大学、開始。 10 内田嘉吉らが都市研究会を発足させ、その会長に就任。	
一九一八（大正7）	61	4・8 和子夫人永眠。 8・2 寺内内閣、シベリア出兵を決定、中外に宣言。	6・7 英仏伊、ロシアの領土保全・ロシア内政不干渉・与国派遣軍をできる限り西方への三条件で、シベリア出兵を日本に要請。 9・21 寺内内閣総辞職。
一九一九（大正8）	62	2・20 ハルビン日露協会学校創立委員長となる。この日、『自治生活の新精神』発行。24 拓殖大学第三代学長に就任。 3・4 欧米視察の途に。新渡戸随行。	8・12 斎藤實、朝鮮総督となる。

一九二〇（大正9）	63	5・25『大調査機関設置の議』を印刷発表。9・24 日露協会、日露協会学校を設立。12『自治生活の新精神』（内観社）を刊行。7 東京市会にて市長に選挙される。22 市会で後藤の推薦による永田秀次郎、池田宏、前田多門の三助役を決定。	4・5 ウラジオ、ニコリスク間鉄道を占領し、日露交戦状態に入る。
一九二一（大正10）	64	1・26 市長俸給全額を市に寄付する。4・27「新事業及び其財政計画綱要」（いわゆる8億円計画）を市参事会に提出。	9・28 安田善次郎、朝日平吾に刺殺される。11・4 原首相、東京駅頭で中岡良一に刺殺される。12・13 ワシントン会議で日英米仏四国協約に調印（日英同盟廃棄）。
一九二二（大正11）	65	1・15 安田家より東京市政調査会設立費三五〇万円の寄付を申出る。2・24 財団法人東京市政調査会の設立認可される。3・20『江戸の自治制』を発行する。4・15 全国少年団総裁として、少年団と共に赤坂離宮に英皇太子ウェールズを奉迎。16 財団法人東京市政調査会会長となる。6・12 東京連合少年団団長となり、後、少年団日本連盟総裁となる。9・14 東京市政調査会顧問ビーアド博士来朝。	6・24 北樺太を除くシベリア派遣軍撤退を声明。10・1 東京自治会館、上野公園内にオープン。
一九二三（大正12）	66	1・16 モスクワ労農政府極東代表ヨッフェ招致。2・1 ヨッフェ来日、築地精養軒で後藤と長時間会談。26 母利恵没す。5・30 後藤の斡旋で日ソ漁業条約調印。9・2 山本内閣成り、内務大臣となる。復興費を三〇億円と見積もる。4 帝都復興の議を作成。6 閣議に提出。29 帝都復興院総裁を兼任。10・6 ビーアド博士再来日。	9・1 関東大震災起こる（死者九万一三四四人、全壊焼失四六万四九〇九戸）。16 憲兵大尉甘粕正彦が大杉栄・伊藤野枝らを殺害。12・27 虎ノ門事件起こる。29 山本内閣が虎ノ門事件で引責総辞職。

一九二四 （大正13）	67	3・5 東北帝大で「国難来」と題し講演。 9・4 上野自治会館における震災復興記念講演会で「自治精神」と題して講演。15 駐日仏大使ポール・クローデルと自邸で会談。 10・16 社団法人東京放送局初代総裁となる。	4・15 ［米］新移民法を可決（排日条項を含む）。
一九二五 （大正14）	68	3・19 姉初勢没す。22 東京放送局仮放送に際し挨拶を放送する。26 東京発、満鮮の旅に。 4・2 奉天に到着、張作霖と会見。 7・12 芝愛宕山新築放送局で本放送を開始、挨拶を放送。 『自治三訣　処世の心得』安国協会出版。	1・20 日ソ基本条約に調印（国交回復）。 5・5 衆議院議員選挙法改正公布（男子普通選挙）。
一九二六 （大正15 ／昭和1）	69	2・11 第一回目の脳溢血。 4・1 政治の倫理化運動を開始し、20 青山会館において第一声。以来、全国を遊説、翌年2月に至る。 9・20 小冊子『政治の倫理化』を百万部発行。 10 日独協会を再生し会頭に。 11・30 政友会と政友本党の提携斡旋。	12・25 大正天皇崩御、摂政裕仁親王が践祚。
一九二七 （昭和2）	70	8・4 第二回目の脳溢血に襲われる。 12・5 ロシア訪問の途に上る。随行者は田中清次郎、八杉貞利、前田多門、森孝三、関根斎一、引地興五郎、佐藤信。	
一九二八 （昭和3）	71	1・7 党書記長スターリンと会談。21 漁業条約調印決定の電報に接する。 8・7 床次竹二郎と会見する（新党樹立の風説飛ぶ）。 11・10 京都で天皇即位式参列。伯爵となる。 12・5 帝国ホテルで独大使ゾルフの送別会があり出席。	6・4 関東軍河本参謀ら列車爆破により奉天引揚げ途上の張作霖を爆殺。
一九二九 （昭和4）	72	4・3 夜、日本性病予防協会講演のため岡山に向けて東京駅発西下。4 米原付近の列車中で三回目の脳溢血発病、京都に下車して府立病院に入る。13 午前五時三〇分、死去。享年72。	

「細川家と安場家と後藤新平」細川佳代子　『機』2013年7月号。

後藤新平の魅力

「大胆にして細心」小林英夫　『環』29号、2007年4月。

「不思議な縁」森繁久彌　『環』29号、2007年4月。

「『シチズン』と命名した後藤新平」梅原誠　『機』2005年12月号。

「人間、この奥深きもの」小島英記　『機』2009年3月号。

「今なお色褪せない後藤新平の言葉」阿部直哉　『機』2011年7月号。

「後藤新平の『心ばえ』」春山明哲　『機』2013年2月号。

「威風堂々のズウズウ弁」冠木雅夫　『機』2012年2月号。

「底知れぬ危うさと魅力」関厚夫　『機』2012年3月号。

「『後藤新平文書書翰史料』の世界」檜山幸夫　『機』2010年11月号。

「『私は東京拘置所で後藤新平に助けられた』」佐藤優　『機』2011年2月号。

ゆかりの同時代人

「ふたつの植民地——後藤、斎藤ふたりの政治家」佐々木隆男　『環』29号、2007年4月。

「後藤新平と新渡戸稲造——『衛生・パブリック』と『公共・ソシアリティ』」湊晶子　『機』2007年9月号。

「後藤新平と新渡戸稲造」内川頴一郎　『機』2010年6月号。

「ふたりの『手の人』——徳富蘇峰と後藤新平」米原謙　『機』2010年8月号。

「後藤新平と内藤湖南」小野泰　『機』2009年2月号。

「星一と後藤新平」最相葉月　『機』2007年11月号。

「後藤新平を支えた異才、岸一太」能澤壽彦　『機』2013年3月号。

「後藤新平のビーアドへの注文」開米潤　『機』2010年9月号。

「後藤新平の謎——堤康次郎との接点」辻井喬　『機』2007年10月号。

「後藤新平と伊藤野枝」堀切利高　『機』2008年12月号。

「尾崎秀実の肩越しに見え隠れする後藤新平」篠田正浩　『機』2006年9月号。

実業家との交流

「渋沢栄一／益田孝／安田善次郎／大倉喜八郎／浅野総一郎——後藤新平と実業家たち」西宮紘　『機』2012年6月号。

「後藤新平と渋沢栄一」見城悌治　『機』2012年7月号。

「共有する弱者への眼差し——渋沢栄一と後藤新平」市川元夫　『機』2013年5月号。

「益田孝と後藤新平」粕谷誠　『機』2014年1月号。

「後藤新平伯と安田善次郎」安田弘　『環』29号、2007年4月。

「後藤新平に将来をかけた銀行王、安田善次郎」由井常彦　『機』2012年10月号。

「ふたりの大アジア主義者——後藤新平と大倉喜八郎」村上勝彦　『機』2013年9月号。

「浅野総一郎と後藤新平——大風呂敷を広げた同志」新田純子　『機』2012年9月号。

終　「祖父・後藤新平について」鶴見俊輔　『環』21号、2005年4月。

「後藤新平と同潤会アパート」大月敏雄　『機』2012年12月号。

「震災前に生まれていた復興小学校」吉川仁　『機』2011年8月号。

「東日本大震災の直後に」波多野澄雄　『機』2011年4月号。

「後藤新平の震災復興」丸茂恭子　『機』2011年5月号。

「関東大震災の資料から」北原糸子　『機』2011年6月号。

「敗北の美学」山岡淳一郎　『機』2012年4月号。

「帝都復興から八〇年を控えて」川西崇行　『機』2008年8月号。

「『くにたち大学町』の誕生と後藤新平」長内敏之　『機』2013年6月号。

医療・衛生

「後藤新平のルーツ」平野眞一　『機』2006年6月号。

「海水浴と後藤新平」小口千明　『機』2009年5月号。

「厚生行政の先輩」新村拓　『機』2008年5月号。

「後藤新平と北里柴三郎——日本の公衆衛生の先覚者」大村智　『機』2006年7月号。

「『建設的社会制度』の構想」宮城洋一郎　『機』2009年1月号。

「日本人女性の寿命を延ばした男」養老孟司　『環』29号、2007年4月。

人材育成

「教育者、後藤新平」草原克豪　『機』2006年1月号。

「拓殖大学への貢献」福田勝幸　『環』29号、2007年4月。

「笈を負ふて都に出づ」中島純『環』29号、2007年4月。

「わが国初の『大学拡張』事業」岡田渥美　『機』2010年5月号。

「後藤新平の心を次世代に」及川正昭　『機』2008年4月号。

「『そなへよつねに』——少年団の使命と自治の精神」春山明哲　『機』2013年2月号。

「ボーイスカウト誕生秘話」新元博文　『機』2013年8月号。

人——後藤新平を生み育てた人と風土

ふるさと（水沢・須賀川）

「ふるさと水沢と後藤新平」平澤永助　『機』2011年12月号。

「少年は大志を抱いていた」梅森健司　『環』29号、2007年4月。

「水沢の三偉人」吉田瑞男　『機』2006年10月号。

「自治の町・須賀川と後藤新平」菊地大介　『機』2013年10月号。

「後藤新平を師と仰いだ十河信二」梅森健司　『機』2011年9月号。

家族・親族

「わが父・後藤新平」河﨑武蔵　『環』29号、2007年4月。

「“平成の後藤新平”待望論」藤原作弥　『機』2007年6月号。

「『無償の愛』を書き終えて」河﨑充代　『機』2010年1月号。

「時代を超える『作品』」椎名素夫　『機』2006年4月号。

「二人の和子、武家の女の系譜」赤坂憲雄　『機』2007年12月号。

「後藤新平と鶴見祐輔」上品和馬　『機』2011年11月号。

地――後藤新平の仕事

後藤新平の“流儀”

「後藤新平のミッションに学ぶ」片山善博　『機』2007年8月号。

「後藤の構想ロジックと情報作法」三神万里子　『機』2010年10月号。

「客観性のある調査研究の大切さを教えた後藤新平」片山善博　『環』29号、2007年4月。

「後藤新平と東京駅」小野田滋　『機』2013年1月号。

「後藤新平と出雲大社」玉手義朗　『機』2009年7月号。

内政・公共の精神

「後藤新平の『大風呂敷』」中田宏　『機』2008年2月号。

「ふたりの『大風呂敷』」尾崎護　『機』2009年9月号。

「偉大な行政官――構想力と実行力」榊原英資　『機』2008年7月号。

「『放送開始！』あの気宇を」吉田直哉　『機』2006年2月号。

「鉄道の先駆者、後藤新平」葛西敬之　『環』29号、2007年4月。

「後藤新平と東京自治会館」中島純　『機』2008年6月号。

「『格差』をおそれず『画一』をおそれよ」笠原英彦　『機』2011年3月号。

「後藤新平が『入閣』したら？」五十嵐敬喜　『機』2009年9月号。

「後藤新平と小沢一郎」山田孝男　『機』2010年4月号。

「後藤新平と政党政治」千葉功　『機』2009年10月号。

「「政治の倫理化」とは何か――企画展「政治とは何ぞや――自治三訣と政治の倫理化」」髙橋力　『機』2012年11月号。

外交・植民地経営

「『科学的植民地主義』の先駆者」ウヴァ・ダヴィッド　『機』2007年4月号。

「後藤新平を憶う」松岡滿壽男　『機』2006年5月号。

「日露協会学校と後藤新平」小林英夫　『機』2008年3月号。

「ロシアから見た後藤新平」ワシーリー・モロジャコフ　『機』2007年1月号。

「伊藤博文からみた後藤新平」上垣外憲一　『機』2009年11月号。

「劇中劇としての『厳島夜話』」堤春恵　『機』2009年12月号。

「後藤新平とドイツ」サーラ・スヴェン　『機』2011年10月号。

「台湾とのつながり」松原治　『環』29号、2007年4月。

「台湾協会学校と後藤新平」福田勝幸　『機』2008年11月号。

「阿里山と後藤新平」藤森照信　『機』2008年1月号。

「八田與一から後藤新平を想う――いま、彼の何が必要なのか」加来耕三　『機』2012年1月号。

「後藤新平と私」李登輝　『後藤新平の会　会報』No.3、2007年6月。

震災復興・都市計画

「優れた都市行政の先達」鈴木俊一　『環』29号、2007年4月。

「後藤新平の足跡を辿った都庁時代」青山佾　『環』29号、2007年4月。

初出一覧

「はしがき」青山佾
序　「石をくほます水滴も」鶴見和子　『機』2004年12月号。

天――後藤新平の思想

先覚者・後藤新平

「文明の創造者」粕谷一希　『環』29号、2007年4月。

「二十一世紀にこそ求められる真のリーダー、後藤新平」増田寛也　『機』2005年11月号。

「現実を踏まえた構想力」榊原英資　『環』29号、2007年4月。

「構想力が求められる時代」岩見隆夫　『機』2006年8月号。

「後藤新平、大人の魅力」塩川正十郎　『機』2006年11月号。

「渇望される卓越した指導力」大星公二　『環』29号、2007年4月。

「後藤新平の遠眼鏡」加藤聖文　『環』29号、2007年4月。

「国家経営者のモデルとしての後藤新平」三谷太一郎　『環』29号、2007年4月。

「『大きな絵』と『後藤流“政治力”』」竹中平蔵　『機』2012年5月号。

「鶴見祐輔による『幻』の後藤新平論」春山明哲『機』2013年11月号。

「『開発支援』に生きる後藤新平の思想」緒方貞子『後藤新平の会 会報』No.8/9、2012年2月。

自治の思想と都市の構想

「『自治三訣』の心」加藤丈夫　『機』2005年10月号。

「熊沢蕃山と後藤新平」鈴木一策　『機』2013年4月号。

「“公”の人、後藤新平」大宅映子　『機』2007年7月号。

「科学的精緻と宗教的情熱の人」橋本五郎　『機』2007年2月号。

「中央に頼らぬ『自治』の精神」川勝平太　『機』2014年3月号。

「『本能』としての自治」三砂ちづる　『機』2009年6月号。

「『生活』こそすべての基本」中村桂子　『機』2013年12月号。

「東京の未来と後藤新平」下河辺淳　『環』29号、2007年4月。

「後藤新平の自治論と都市論」青山佾　『機』2010年2月号。

「細部に宿る後藤新平の精神」鈴木博之　『機』2010年3月号。

「後藤の複眼的『ものの見方』」西澤泰彦　『機』2010年7月号。

「文明の素養をもった政治家」松葉一清　『機』2012年8月号。

世界認識

「国際関係の先駆者、後藤新平」西澤潤一　『機』2006年3月号。

「“国際開発学の父”としての後藤新平」渡辺利夫　『機』2006年12月号。

「後藤新平の衛生国家思想」姜克實　『機』2010年12月号。

「闘争と調和――後藤新平の国家観と国際秩序観」苅部直　『機』2008年9月号。

「アジア観の転換のために」小倉和夫　『機』2011年1月号。

「後藤新平の高い知性と広大な視野」三宅正樹　『機』2007年5月号。

ま 行

や 行

ら 行

わ 行

な 行

は 行

さ 行

た 行

人名索引

あ 行

か 行

時代《じだい》が求《もと》める後藤新平《ごとうしんぺい》　自治《じち》／公共《こうきょう》／世界認識《せかいにんしき》

2014年6月30日　初版第1刷発行©

編　者　藤原書店編集部

発行者　藤　原　良　雄

発行所　株式会社　藤　原　書　店

〒162-0041　東京都新宿区早稲田鶴巻町523
電　話　03（5272）0301
FAX　03（5272）0450
振　替　00160－4－17013
info@fujiwara-shoten.co.jp

印刷・製本　中央精版印刷

落丁本・乱丁本はお取替えいたします
定価はカバーに表示してあります

Printed in Japan
ISBN978-4-89434-977-3

後藤新平の全生涯を描いた金字塔。「全仕事」第1弾！

〈決定版〉正伝　後藤新平

（全8分冊・別巻一）

鶴見祐輔／〈校訂〉一海知義

四六変上製カバー装　各巻約700頁　各巻口絵付

第61回毎日出版文化賞（企画部門）受賞　　**全巻計49600円**

波乱万丈の生涯を、膨大な一次資料を駆使して描ききった評伝の金字塔。完全に新漢字・現代仮名遣いに改め、資料には釈文を付した決定版。

1　**医者時代**　前史〜1893年

医学を修めた後藤は、西南戦争後の検疫で大活躍。板垣退助の治療や、ドイツ留学でのコッホ、北里柴三郎、ビスマルクらとの出会い。〈序〉鶴見和子

704頁　**4600円**　◇978-4-89434-420-4（2004年11月刊）

2　**衛生局長時代**　1892〜1898年

内務省衛生局に就任するも、相馬事件で投獄。しかし日清戦争凱旋兵の検疫で手腕を発揮した後藤は、人間の医者から、社会の医者として躍進する。

672頁　**4600円**　◇978-4-89434-421-1（2004年12月刊）

3　**台湾時代**　1898〜1906年

総督・児玉源太郎の抜擢で台湾民政局長に。上下水道・通信など都市インフラ整備、阿片・砂糖等の産業振興など、今日に通じる台湾の近代化をもたらす。

864頁　**4600円**　◇978-4-89434-435-8（2005年2月刊）

4　**満鉄時代**　1906〜08年

初代満鉄総裁に就任。清・露と欧米列強の権益が拮抗する満洲の地で、「新旧大陸対峙論」の世界認識に立ち、「文装的武備」により満洲経営の基盤を築く。

672頁　**6200円**　**在庫僅少**◇978-4-89434-445-7（2005年4月刊）

5　**第二次桂内閣時代**　1908〜16年

逓信大臣として初入閣。郵便事業、電話の普及など日本が必要とする国内ネットワークを整備するとともに、鉄道院総裁も兼務し鉄道広軌化を構想する。

896頁　**6200円**　◇978-4-89434-464-8（2005年7月刊）

6　**寺内内閣時代**　1916〜18年

第一次大戦の混乱の中で、臨時外交調査会を組織。内相から外相へ転じた後藤は、シベリア出兵を推進しつつ、世界の中の日本の道を探る。

616頁　**6200円**　◇978-4-89434-481-5（2005年11月刊）

7　**東京市長時代**　1919〜23年

戦後欧米の視察から帰国後、腐敗した市政刷新のため東京市長に。百年後を見据えた八億円都市計画の提起など、首都東京の未来図を描く。

768頁　**6200円**　◇978-4-89434-507-2（2006年3月刊）

8　**「政治の倫理化」時代**　1923〜29年

震災後の帝都復興院総裁に任ぜられるも、志半ばで内閣総辞職。最晩年は、「政治の倫理化」、少年団、東京放送局総裁など、自治と公共の育成に奔走する。

696頁　**6200円**　◇978-4-89434-525-6（2006年7月刊）

1989年11月創立　1990年4月創刊

一九九五年二月二七日第三種郵便物認可　二〇一四年六月一五日発行（毎月一回一五日発行）

月刊
機
2014
6
No. 267

発行所　株式会社 **藤原書店**©
〒一六二-〇〇四一　東京都新宿区早稲田鶴巻町五二三
電話　〇三・五二七二・〇三〇一（代）
FAX　〇三・五二七二・〇四五〇
◎本冊子表示の価格は消費税抜きの価格です。

編集兼発行人
藤原良雄
頒価 100円

その実像を描きえた唯一の伝記。比類なき精神は、どのように生まれたか。

世界精神マルクス

ジャック・アタリ

カール・マルクス（1818–1883）

マルクスについては、これまで余りにも多くの書物が書かれてきた。『世界精神マルクス』はマルクスの伝記であるが、イデオロギーでもアカデミックでも単なる伝記的事実を並べただけのものでもなく、『所有の歴史』『金融危機後の世界』の著者アタリが、「グローバリゼーションを予測したマルクス」という観点でその実像に切り込み、まさに現代においてこそなお持続している精神そのものとしてマルクスの生涯を抉った、稀有な著作である。7月上旬刊。　**編集部**

● 六月号目次 ●

影響力をもちながら拒絶された

二十世紀において、カール・マルクスほど読者をもった作家はいない。彼以上に希望を集めた革命家もいない。彼の著作ほどに注釈が書かれたイデオローグもいない。何人かの宗教の教祖をのぞけば、彼に比較できるほどの影響力をこの世界に与えた人物はいない。

しかしながら、彼の理論、世界概念は、われわれの今いる二十一世紀が、今まさに明けようとするそのとき、世界中で拒絶されてしまったのである。彼の名前で作られた政治的世界も、歴史のゴミ箱の中に棄てられてしまった。今日、彼のことを学ぶものはほとんどいない。マルクスの間違いは、資本主義は死滅しつつあり、社会主義が出現するであろうと考えた点であった。多くの人々の目にとって、マルクスは歴史上の最大の罪のいくつか、とりわけナチズムからスターリニズムといった二十世紀最後を特徴づける最悪の異常性についての、最大の責任者である。

しかし、マルクスの作品を詳細に見るならわかるが、マルクスはそれ以前の疎外から解放された世界を、とりわけ資本主義の中に見ていて、その断末魔について考えたわけでもないし、一国で社会主義が実現できると考えたわけでもない。自由貿易とグローバリゼーションを弁護し、そして革命は、たとえ起こったとしても、資本主義をすべて乗り越えねば、実現などしないだろうと予言していたのだ。

なぜ、今マルクスなのか

彼の生涯を追って見れば、さまざまな矛盾の中で育まれる異常な運命が生み出す、極端な現実状況が理解できるだろう。

第一に、彼が過ごした世紀が驚くほどわれわれの世紀に似ているからだ。今日同様、世界は人口的に見るとアジア優勢で、経済的にはアングロ＝サクソン優勢であった。今日同様、民主主義と市場が地球を侵略しつつあった。今日同様、技術がエネルギーや素材の生産、コミュニケーション、芸術、イデオロギーを革命化し、労働にともなう苦痛も、驚くほどの軽減を告げていた。今日同様、市場がかつてない成長の波に入る直前にあり、その矛盾が絶頂期にあったかどうかを知るものなどどこにもいなかった。今日同様、もっとも力のあるものと、もっとも貧しいものとの不平等もひどい状態であった。今日同様、しばしば暴力的で、さらに絶望的な圧力グループが、市場の勃興、グローバリゼーション、民主主義の勃興、宗教の世俗化と対立していた。今日同様、人々は、貧困、疎外、苦痛から人間を解放することより、別の友愛的世界の中に希望を託していた。今日同様、人々を必然的に友愛的世界に導く道を見つけたという名誉をめぐって、多くの作家や政治家が言い争っていた。今日同様、勇気ある人々、とりわけマルクスのようなジャーナリストが、演説の自由、執筆の自由、思考の自由のために命を落としていた。最後に、今日同様、資本主義がわがもの顔に支配し、いたるところで労賃に重石をかけ、ヨーロッパの国民国家にあわせて、世界組織を作ろうとしていた。

▲J・アタリ（1943-　）
photo ©Niccolò Caranti

マルクスは最初の「グローバル」な思想家であり、「世界精神」をもった人物である。とりわけ資本主義の中にそれ以前の疎外からの解放の世界を、彼が見ていたことがわかる。

　第二の理由は、マルクスの活動の中には、われわれ現代にとって不可欠ともなる活動の源泉があったことである。社会民主主義が生まれるのは、彼が創設した制度のひとつ、すなわちインターナショナルにおいてである。彼の思想を歪曲することで、二十世紀最悪の独裁者たちの何人かが生まれる。まだその後遺症に悩む大陸が多くある。われわれの歴史と国家の概念を作り上げたのは社会科学だが、マルクスは社会科学の父の一人であった。世界がつねに了解され、それゆえに変化をこうむるのは、ジャーナリズムのおかげであるが、マルクスはもっとも偉大な職業的ジャーナリストであった。

　最後の理由は、マルクスが、西欧的近代人を構成するすべてのものに出会える好都合な位置にいたことである。マルクスは、ユダヤ教から、貧困を許さず、生命が価値を持つのは人間の運命を改善する場合だけであるという思想を受け継いでいる。キリスト教からは、人間は隣人愛をもつという、解放者としての未来の夢を受け継いでいる。ルネサンスからは、合理的に世界を考察するという野心を受け継いでいる。プロイセンからは、哲学は第一の科学であること、国家はあらゆる権力の脅威的中心であるという確信を受け継いでいる。フランスからは、革命は人民解放の条件であるという自負を受け継いでいる。イギリスからは、民主主義、経験主義、政治経済学の情念を受け継いでいる。最後にヨーロッパからは、自由と平和という情念を受け継いでいる。

すべての中で世界を理解する

マルクスは、こうした遺産を時には前提にしたり、時には否定したりすることで、普遍的思想家となり、貧しきものの擁護者となる。たとえ彼以前に、全体としての人間を考えた哲学者が他にもいたとしても、政治、経済学、哲学、科学、すべての中で世界を理解しようとしたものは他にはいなかった。最初の思想の領主ヘーゲルに倣って、マルクスは現実をグローバルに読み込もうとする。しかしヘーゲルと違うところは、現実を神の支配の中に見るのではなく、人間の歴史の中にしか見ないことである。信じられないほどあらゆる分野、あらゆる言語獲得に触手を伸ばしたマルクスは、死の直前まで、世界の全体性、人間の自由の活力を抱き続けようとする。彼こそ世界精神である。

ここ数世紀の中で唯一の新しい宗教を創設した、この追放者の軌跡をたどれば、現在を作ったのは、こうした稀な人物なのだということが、全体として理解できよう。こうした稀な人々は、たとえ権力グループへの道が開けていたとしても、よりよき世界を夢見る権利の方を維持すべく、場末での貧しい生活を選ぶものなのである。われわれには、彼らに感謝を述べる義務がある。と同時に、マルクスの作品の運命には、最高の夢が、最悪の野蛮に変わったのはなぜかという問題が含まれている。

私がこう言っているのは、何も郷愁や誇張の意味からではない。私自身は、言葉のどんな意味においてもマルクス主義者であったことはないし、今でもそうではない。私は青年期にマルクスの作品を読んだこともなかった。信じられないかもしれないが、科学、法学、哲学、経済学を学んでいた間、彼の名前がそこで語られるのを聞いたこともなかった。初めてマルクスの名前に真剣に触れたのは、遅ればせながら彼の書物を読んだときからであり、それは『マルクスのために』の著者、ルイ・アルチュセールと文通していたからであった。以来、この人物とその作品は私の心を魅了してやまない。マルクスに魅せられた原因は、彼の思想の確かさ、弁証法の力、彼の推論の能力、彼の分析の明晰さ、彼の批判の激しさ、彼の筆致のユーモア、彼の概念の正確さからであった。研究を進めるにつれてますます頻繁に、マルクスは市場、価格、生産、交換、権力、不正、疎外、商品、人類学、音楽、時間、医学、物理学、所有、ユダヤ教そして歴史についてどう考えたのかを知りたいという欲求が増してきた。今日、マルクスのエピゴーネン〔模倣者〕の結論を否定すれば、マルクスの漠然とした部分がたえず意識されてくる。マルクスならどう考えただろうということをつねに自問しなければ、とりかかれない主題である。そして、そこに彼を読む大きな意味があるのである。

マルクスを真剣に語る時が来た

この驚くべき精神に関してこれまで数万の研究、数十の伝記が書かれてきた。しかしそのたいていは、聖人伝となるか、そうでなければ批判的なものとなるかであった。適当な距離を置いたものなど、ほとんどなかった。その数百頁の注釈書の一行たりとも怒りと当惑を引き起こさなかったものはない。マルクスを政治的冒険者、経済的成金、家庭内の独裁者、社会的パラサイトだとしているものさえあった。またマルクスの中に一人の預言者、一人の宇宙人、偉大な経済学者の一人、社会科学、新しい歴史、人類学（中には心理学さえ）の父を見出すものもいた。また彼の中に最後のキリスト教哲学者を見出すにいたったものもいた。今日、共産主義が地球の表面から永遠に消えてしまい、マルクスの思想がもはや権力と関係しなくなったように見えてはじめてマルクスを冷静に、真剣に、したがって有効に語ることが可能になったのである。

だから、マルクスの信じられないような運命とその異常なまでの知的、政治的軌跡を、見せかけではなく、近代的な手法で語れるときが今やっと来たのだ。この若き亡命ドイツ人がいかにして三十歳たらずで、宗教界を除いて人類史上もっとも読まれたテキストを執筆することが可能であったのかが理解できるだろう。貨幣、労働、女性と彼の独特の関係もわかるだろう。類まれな風刺家も発見できよう。同時に、ロマン主義の勃興、ブルジョワ小説の香気、オペラの豪華さ、ベルエポックの舞台裏とはまったく違った、暴力と闘争、殺戮と苦悩、専制と抑圧、貧困と伝染病によって作られた、我々の直接の先駆者である、この十九世紀を再解釈することが可能となろう。

（Jacques Attali／経済学者・思想家）　的場昭弘訳

世界精神マルクス 1818–1883
ジャック・アタリ　的場昭弘訳
A5上製　予五八四頁　図版多数　四八〇〇円

現代に生きるわれわれは、後藤新平に何を思い、何を託すのか。

時代が求める後藤新平

青山 佾

現代人が語る後藤新平とは

本書は、『時代が求める後藤新平——自治／公共／世界認識』と題し、第一次世界大戦百年を機に出版するものである。各界の現代人が後藤新平を中軸に据えて近代化過程の日本を語ることにより、現代日本を論じ、これからの日本を考える縁《よすが》を提供することを目的としている。

現代人が後藤新平を語るとき、そのジャンルは、政治・外交・経済・都市・衛生・防災から文化・文明さらには人生・リーダーシップ論まで多岐にわたる。後藤新平を語る人たちの専門分野もまた、市民活動家・実業家・政治家・ジャーナリスト・作家・学者そのほか広汎にわたる。

後藤新平は、日本が日清・日露戦争を経て産業革命を果たし、本格的な近代化への道を歩んだ時期に、台湾総督府民政長官、満鉄総裁、逓信大臣、内務・外務大臣、東京市長、帝都復興院総裁、東京放送（現ＮＨＫ）初代総裁などを務めて、常にその最前線に身を置いて活躍した。

経済のグローバル化や貧困問題、領土問題、安全保障のあり方など、日本の社会や進路をめぐって難しい問題が山積し議論が混迷しているかのように見える今だからこそ、日清・日露戦争、関東大震災、対ソ連外交、世界不況、植民地紛争など国難に正面から対処した後藤新平を論じることは日本の未来を論じることにつながっていく。

明治維新後しばらくの間、日本の国家としての基本路線は、殖産興業と富国強兵のバランスをどうとるかというところに路線対立があったという切り口でみると、この時代の対立軸がわかりやすい。大久保利通は殖産興業に重点をおき、西郷隆盛は富国強兵に力を入れていた。後藤新平は専ら殖産興業路線であり、それ故に台湾でも満鉄でも軍部とはしばしば対立した。

後藤新平から日本の近代を考える

後藤新平は生涯を通じて自治・公共・

世界認識を説いた。この場合の自治とは、自分たちのことは自分たちで責任をもって処理するということである。公共とは、後藤新平の言葉によれば、他人のお世話をするということでもある。そして日本は世界の中で常に微妙な位置に置かれている。この点は百年前も今も変わらない。日本人には、ほかの国の人以上に、世界を強く意識して生きていくことが求められている。この教えはそのまま現代に通用する。

▲後藤新平（1857-1929）

　殖産興業の立場を貫いた後藤新平の交流は広い。原敬・桂太郎など政治家や児玉源太郎・山本権兵衛など軍人に限らず渋沢栄一・安田善次郎・大倉喜八郎・浅野総一郎・益田孝ら経済人、さらにはチャールズ・A・ビーアドや新渡戸稲造ら学者など幅広い分野の人たちと連携しながら仕事をした。

　海外にも後藤新平の足跡は残されている。今日、台北では日本の統治時代に使っていた総督府がそのまま総統府として使用されている。台湾の書店で売られている一般書物にも、日本統治時代に上下水道施設が完備されていたことが写真入りで紹介されている。台湾南部の高雄市立博物館は近年大改修されたが、後藤新平らの業績を展示する部屋が新たに設けられた。

　中国の大連市中心部にある旧満鉄本社ビルは現在、大連市交通局が使っているが、後藤が使っていた満鉄総裁室が秘書室等を含めて当時のままに展示されている。歴代総裁の写真も当時のままに掲示されていて、総裁室の横には日の丸が掲げられている。

後藤新平の足跡を辿っていく作業は同時代に生きた人々の事跡を調べることにもなり日本の近代史全体に及ぶだけでなく、当時の世界史にまで視野が広がっていく。

日本は後藤新平が生きた時代に欧米の文化・文明をキャッチアップしつつ、独自の文化・文明を発展させた。成熟段階に達した日本は、日本人自身が感じている以上に世界各国の中で特色ある社会を形成している。現代日本を考えるとき、近代史の現場にいた後藤新平の殖産興業路線の軌跡をひとつの軸に据え、その延長線上に現代があると考えるとわかりやすい。

後藤新平が残したもの

私たちはいま、高度経済成長時代につくった日本の社会のさまざまな仕組みを、成熟社会に適合したものにつくり変えていかなければならない場面に遭遇している。政治、経済、社会、行政といった仕組みを変えるために私たち自身の意識や生活様式も自己改革を迫られている。

成熟社会は低成長・人口減少・高齢少子化といったマイナス面があるが、一方で個人生活の尊重というプラス面もある。後藤新平が生きた時代の日本の人口は五千万人台だった。私が生まれた頃の日本の人口は七千万人くらいだった。数十年後に一億人割れすると言って大騒ぎしている現代人を見て、日本の近代に生きた人たちは何と思うだろうか。

後藤新平はソ連外交を自分がやるほかないと言って東京市長を辞職した。しかし関東大震災の発生によりソ連外交を担うことができなかった。今日の日本は近隣諸国との外交関係に様々な問題を抱えている。後藤新平は東京を近代都市にすると言って震災復興計画をつくった。しかし予算が大幅に削減されて、幹線道路の一部しか実現せず、住宅地における生活道路をつくることができなかった。結果として現代の私たちは、住宅密集地の改善という課題をかかえている。後藤新平がやり残したことは現代人が取り組むほかはない。

後藤新平が生きた時代は日本が成長する時代だった。私たちは日本が成熟しようとする時代に生きている。だから後藤新平のやり方とは違うやり方が求められているが、そのためにも、後藤新平と同時代の人たちがどのようなやり方で社会の変革を乗り切って来たかを学ぶことに意義がある。本書はそのために編まれた。

（明治大学教授・元東京都副知事）

時代が求める後藤新平
——自治／公共／世界認識

藤原書店編集部＝編
A5判　四三二頁　三六〇〇円

はしがき　青山佾
序「石をくほます水滴も」　鶴見和子

天——後藤新平の「思想」

■先覚者・後藤新平　粕谷一希／増田寛也／榊原英資／岩見隆夫／塩川正十郎／大星公二／加藤聖文／三谷太一郎／竹中平蔵／春山明哲／緒方貞子

■自治の思想と都市の構想　加藤丈夫／鈴木一策／大宅映子／橋本五郎／川勝平太／三砂ちづる／中村桂子／下河辺淳／青山佾／鈴木博之／西澤泰彦／松葉一清

■世界認識　西澤潤一／渡辺利夫／姜克實／苅部直／小倉和夫／三宅正樹

地——後藤新平の「仕事」

■後藤新平の〝流儀〟　片山善博／三神万里子／片山善博／小野田滋／玉手義朗

■内政・公共の精神　中田宏／尾崎護／榊原英資／吉田直哉／葛西敬之／中島純／笠原英彦／五十嵐敬喜／山田孝男／千葉功／髙橋力

■外交・植民地経営　ウヴァ・ダヴィッド／松岡満壽男／小林英夫／モロジャコフ・ワシーリー／上垣外憲一／堤春恵／サーラ・スヴェン／松原治／福田勝幸／藤森照信／加来耕三／李登輝

■震災復興・都市計画　鈴木俊一／青山佾／大月敏雄／吉川仁／波多野澄雄／丸茂恭子／北原糸子／山岡淳一郎／川西崇行／長内敏之

■医療・衛生　平野眞一／小口千明／新村拓／大村智／宮城洋一郎／養老孟司

■人材育成　草原克豪／福田勝幸／中島純／岡田渥美／及川正昭／春山明哲／新元博文

人——後藤新平を生み育てた人と風土

■ふるさと（水沢・須賀川）　平澤永助／梅森健司／吉田瑞男／菊地大介

■家族・親族　河﨑武蔵／藤原作弥／河﨑充代／椎名素夫／赤坂憲雄／上品和馬／細川佳代子

■後藤新平の魅力　小林英夫／森繁久彌／梅原誠／小島英記／阿部直哉／春山明哲／冠木雅夫／関厚夫／檜山幸夫／佐藤優

■ゆかりの同時代人　佐々木隆男／湊晶子／内川頴一郎／米原謙／小野泰／最相葉月／能澤壽彦／開米潤／辻井喬／堀切利高／篠田正浩

■実業家との交流　西宮紘／見城悌治／市川元夫／粕谷誠／安田弘／由井常彦／村上勝彦／新田純子

終　祖父・後藤新平について　鶴見俊輔

後藤新平略年譜／人名索引

文学とは何かを問い続けてきた韓国を代表する批評家、日本初紹介。

闘争の詩学

金明仁

なぜ韓国文学に興味を失ったか

私は一九八五年から二〇〇五年ごろまで二〇年余りの間「文芸評論家」として活動してきました。ですが、二〇〇五年ごろからは文芸評論を書いていないので、現在は「前」文芸評論家であるといえます。二〇〇五年に大学の教員になりましたが、大学の教員になったから文芸評論をやめたわけではありません。今でも私は文学が好きで、学生たちにも文学を熱心に教えています。ただ文芸評論家というものが、自らの同時代の作家が作り出した文学作品を評価して、これを読者たちに知らせる仕事をする人間であるならば、そのような点で私は、現代の文芸評論家ではないということです。

私にとって文学は世の中を変える方法や道具の一つですが、少なくとも私が文芸評論を始めた一九八〇年代の韓国文学は、まさにそのようなものでした。文学とは美しさを追求する芸術領域ですが、その美しさは世の中の変革の中で最も輝かしいものだと私は信じていたので、世の中を変えようという自分の考えと文学を一つに結び付けることができました。

ですが、九〇年代が去り、二〇〇〇年代へと進むうちに、韓国社会において文学は、いつの間にか世の中を変えることからますます遠ざかり、そのために韓国文学はますますその美しさを喪失するに至りました。世の中と対抗することの美しさを示し、今とは異なる世の中をみちびく熱い啓示でぎっしり埋まった文学が、いまやただ醜悪な世の中の一部として、ただ卑陋な兆候としてのみ残ることになったのです。

私にはこのような文学に頼りながら、世の中を変える夢を見て、行動することはできませんでした。だから私は、同時代の韓国文学に興味を失うことになったのです。したがって今、私は、文学などに頼らずに世の中を変えることを夢見ます。そしてその夢を、私の言葉と私の文章で表現しようと日夜努力しています。世の中でいうところの文学が変わったのであるとすれば、私は、自分の言葉と自分の文章で自分の文学をするということです。

闇と憂鬱と悲観の中で

　本書でみなさんが読むことになる文章は、私がまだ文芸評論家であった時のものです。私が同時代の韓国文学に対して幻滅を感じ始めていた時期であり、まだ同時代の韓国文学に対する未練を払拭してしまうことができなかった時期、つまり文芸評論家としての私の最後の時期の文章です。

▲金明仁（1958-　）

　同時にその時期は、韓国社会が民主化の疲労に突入し始めた時期です。民主化がすべてを変えると信じた純真さを、新自由主義の支配秩序があざ笑い始めた時期でした。二〇〇七年に私が韓国で出した評論集のタイトルのように、この時期は「幻滅の文学、背反の民主主義」の時期でした。ですから、ここに掲載された文章は概して憂鬱で悲観的です。

　ですが、今になってあらためて読んでみると、これらの文章にはそれでもロマンチックな楽観主義がいくらかは残っているようです。この時期はそれでも盧武《ノム》鉉《ヒョン》大統領が政権にあった「民主政府」の時期でした。その後、詐欺師まがいの李明博《イミョンバク》氏や、独裁者の娘・朴槿恵《パククネ》が政権を連続してにぎり、韓国社会はそれ以前の時期よりはるかに悪化し、はるかに憂鬱かつ悲観的になりました。ですが、闇が深くなれば夜明けも近いのだとすれば、もしかしたらこの闇と憂鬱と悲観は、ふたたび希望の火がともされる前兆なのかもしれません。

　私は韓国社会を支配するこの闇と憂鬱と悲観を、みなさんの国、日本社会を支配している闇と憂鬱と悲観のとなりに並べて、これをみなさんと分かち合いたいと思います。そしてまた、そのなかで、困難ではあるけれど希望の前兆を見出すことを、ともにやっていきたいと思います。

（構成・編集部）

（キム・ミョンイン／文芸評論家・コラムニスト・季刊『黄海文化』編集主幹）

闘争の詩学
民主化運動の中の韓国文学
金明仁　渡辺直紀訳
四六上製　三二〇頁　三二〇〇円

真の人間を描きぬいたゴッホの人と画を、弟テオ宛の書簡から読み解く。

書簡で読み解くゴッホ

――逆境を生きぬく力――

坂口哲啓

生命力に満ちあふれた作品

ゴッホは三十七歳で自らの胸に銃弾を撃ち込んで自殺した。しかし、彼は、普通人の百年分、いやおそらくそれ以上を生ききった。

ゴッホは周囲からほとんど理解されず孤独に生きた。だが、そんな彼のなかに、想像を絶する途方もない創造のエネルギーが充満していた。画家を志してから死ぬまでのわずか十年のあいだに、二千点を超す厖大な作品を残した。それはすべて彼の血みどろの生の証である。それは

しかし、そこには激烈な闘いを超越して澄みきった青空が広がっている。まったく信じられないほどの清澄な世界が支配しているのだ。ひとりの絵描きが残した無数の作品のなかに、どんな逆境や困難や絶望にもへこたれず、おのれを信じて絵の道にすべてを捧げた男の生命力が満ちあふれているのである。(…)

創造のエネルギーは悲しみと共感

『馬鈴薯《ばれいしょ》を食べる人びと』、『ムーラン・ド・ラ・ギャレット』、数多くの『自画像』、『タンギーじいさんの肖像』、『ジョゼフ・ルーランの肖像』、『アルルの跳ね橋』、『ひまわり』、『夜のカフェ』、『種まく人』、『ゴッホの寝室』、『子守女』、『アイリス』、『糸杉』、『星月夜』、多くのミレーやレンブラントやドラクロワの模写、『オリーヴ園』、『花咲く巴旦杏《はたんきょう》の枝』、『オーヴェールの教会』、『ガシェの肖像』、『烏の群れ飛ぶ麦畑』……。思いつくままに挙げても傑作の多さに思わずため息がもれる。油彩画だけでも約八七〇点。これに千数百点にのぼる素描と水彩画が加わるのだ(散逸した作品も含めればその数はさらに増えるだろう)。人間業とは思えない量と質だ。

これほど多くの傑作群を目の前にしたときに、私たちを襲う深い感動。その感動はいったいどこから来るのだろうか。その理由を、私は本書を通じて解明していきたいと思う。

▲ゴッホ『灰色のフェルト帽をかぶった自画像』

ゴッホはまぎれもなく画家であるが、その前に、ひとりの人間である。人間ゴッホを理解するキーワードは二つ。〈悲しみ〉と〈共感〉だ。生きることの悲しみを、彼は死の瞬間まで感じ続けた。臨終の床で、彼が弟に言った最後の言葉は「悲しみは永遠に続く」というものだった。そんな彼は、また、他者、とりわけ、社会の底辺で生きる人びとに、限りない共感を寄せる愛の人でもあった。悲しんでいる者、虐げられている者への共感と愛、これがゴッホ芸術の根底を支えている。

私たちはみな、日々の生活を生きている。幸・不幸、喜び・悲しみ、辛いこと、苦しいこと、さまざまな思いを抱えこみながら、だれもがそれぞれの生活の場で精一杯生きている。今から百数十年前、ゴッホという人も、放浪生活を続けながら、孤独な絵描きとして辛く苦しい毎日を送り、しかし、そのなかから次々と珠玉の作品を生み出していった。それらは、柳宗悦《やなぎむねよし》の言葉を借りれば、「苦しい文明に生まれた燃え上がる浄《きよ》い魂」から生まれたものだ。その「浄い魂」が日々ぶつかる苦難と、にもかかわらず、それをはね返して作品を生み出し続けるとてつもないパワーに、私たちは圧倒され、同時に感動する。

ゴッホの絵を見るとき、私たちは知らず知らずのうちに、このものすごい力の波動を感じ取っているのである。それは自分の前に立ち塞がるあらゆる困難を乗り越えて生き抜こうとする生命のエネルギーにほかならない。私たちはゴッホの絵を見ることで、このエネルギーを自分の魂に充電することができる。その意味でゴッホの作品とは、私たちにとって〈魂の充電装置〉だと私は思っている。

〈悲しみ〉と〈共感〉を創造のエネルギーとするゴッホ作品と、それを生み出したゴッホというひとりの絵描きの魂の旅に出てみたい。

（さかぐち・のりあき／早稲田大学等非常勤講師）

書簡で読み解くゴッホ
逆境を生きぬく力
坂口哲啓
カラー口絵八頁
四六上製　二八八頁　二八〇〇円

「匿名者の日常史」としての教育史を、いかに創るか?

フィリップ・アリエスとの出会い

中内敏夫

パリ滞在記から

一九七九年十二月十三日（木）

社会科学高等研究院で、アリエスの「セクシャリテの歴史」の講義。エレベーターのなかで一緒になる。挨拶する。…今日は記念すべき日となった。アリエスに直接会って話を聴くという渡欧の目的に、ついに到達したからだ。教室は院生で超満員。…子ども像の研究にはじまり、死の歴史をへて性の研究へ。アカデミズムの外で、自己の研究史を開拓してきたこの人に、深い親近感をおぼえる。

一九八〇年一月十日（木）

午前中、アリエスの講義。一時間四〇分、愛の感情《サンチマン》について、はなしつづける。その執念の如きもの、どこから沸いてくるのか。デモグラフィは、政治・経済構造以上に「心性をあばきたてる」と、かってアリエスは論じた（「心性史とは何か」一九七八年）。こうのべて、アリエスは、デモスのグラフを「心性《マンタリテ》」の次元で明らかにしようとした。かれの社会史開拓者としての功績はこの点にある。

一九九一年九月三十日（月）

…モンルージュへ行き、新教育技術部のディレクターのバロンに会う。…ここでやっているニュー・テクノロジー研究の理論的源泉はフレネだというのである。そういわれれば、そのとおりで、そうと気づかなかったのは、日本でのフレネの紹介の仕方、受け取り方が、それをそうさせたのだ。…アリエスの『〈子供〉の誕生』の紹介の仕方についても同じことがいえる。原本は、子どものこの歴史研究が、著者の「デモグラフィ」研究と密接な関係のもとにあることが強調されている。しかし、日本へ入ってからは、その日本語訳（一九八〇年、みすず書房刊）の序文でさらにくりかえし強調されているにもかかわらず、なぜか、この点がすっかりおとされてきたのである。これではアリエスの提起したデモスのグラフを心性の次元で云々の議論のまえに、グラフ研究を深める途がとざされてしまうので、歴史研究は、せいぜい社会史どまりのものになってしまう。……

同十月一日(火)

……日本では「デモグラフィ」を、必要にせまられると「人口学」と訳してきた。しかし、アリエスによれば、デモグラフィが秘めているのは、人びとの生、死、性などに対する「生活態度」であり、その自らに課す「価値感情」である。だからデモグラフィは「心性」の研究へと発展しえたのである。デモグラフィを「人口学」と訳していたのでは、この分野は開けてこなかっただろう。

▲フィリップ・アリエス (1914-84)

アリエスを追って

一九七九年八月十九日、パリへむけての出発とその後の日録のかたちではじまる本書は、当時、約一〇年にわたり同地で記されたものを、ほぼそのまま若干の解説を加えながら再現したものである。内容は多方面にわたっているが、主目的は、社会史の柱のひとつとして知られ、文中にもしばしばでてくるデモグラフィ(デモス〈ひとびと〉のグラフ)という概念のひろがりを探り、かねてその使用者であったフィリップ・アリエスの世界をあきらかにすることにあった。

わたしが、この概念とアリエスにひかれたのは、その問題にする人口動態の奥に、史実を表層の選良たち、当然のことながら男たちだけの間の事件史の次元ではなく、深層の、匿名者たちの、日常史としてとらえてゆく手掛かりがあるように思われたからである。「デモグラフィ」は人口の統計学以上のものではないようにみえる。しかし、使いようによっては、これを、いままで手のとどかなかったデモスのグラフとして活用し、制度史でなければ抵抗の歴史になりがちだった「教育史」の未知の次元をあらわにすることができる。さらには、民俗学と少しちがった「常民」史を拓くことができる、と思われたのである。(構成・編集部)

(なかうち・としお／一橋大学名誉教授)

心性史家アリエスとの出会い
〝二十世紀末〟パリ滞在記
中内敏夫
四六上製 二二四頁 二八〇〇円

戦争や差別に毅然と立ち向かってきた岡部伊都子さんの七回忌

第六回　伊都子忌

（四月二九日　於・京都　紫明　卯菴）

大阪友の会　多田和子

　岡部伊都子を偲ぶ七回忌が四月二九日、今年も「卯菴」で藤原社長が開いて下さった。いつも思うことながら社長のご挨拶のなんとあたたかいことだろうか。つづいて三〇数人のゆかりの人々が、それぞれの思い出を語ってくださった。あつまって

くる方たちすべてが同じ志、同じ方向を向いていらっしゃる方ばかり、お話しは岡部の生き方、思想に共感する語りで、姉ちゃんが天井のあたりで(オオキニ　オオキニ)と喜んでいるのが目に浮かんだ。戦争でなくした岡部の婚約者の妹である私は、十歳のころから七十数年「姉ちゃん」「和ちゃん」と言い慣わしていたので他の呼び方がどうしてもできないので、すみません。

　よく姉ちゃんの話に出てきた池田画伯や履き物の「ない藤」様にもお目にかかることができました。まだ婚約中にもかかわらず姉ちゃんは下駄箱を船場の我が家の蔵に運び込み、センスのいい草履、下駄は心斎橋の「てんぐ」や「おき宗」のよりすぐりの物ばかり。三月の大阪大空襲で焼けてしまいましたが、私はこっそり蔵の二階にあがって見るのを楽しみにしていましたので、姉ちゃんが京都で「ない藤」さんと巡りあい喜んでいました。

　岡部は晩年「文章が過激すぎる」と連載をストップされ四面楚歌の時代がありました。其の時救いの手を差し伸べて下さったのが藤原社長で、それ以後一六冊も出版して戴きました。採算を無視してのご後援にいつも感謝していました。其の方が七回忌までしてくださいます。ありがたいことです。

　ここでご報告があります。姉ちゃんの遺言の一つが叶えられました。三月二七日国会で「水循環基本法」が成立しました。この成立により「健全な水循環の維持、回復」を「河川流域全体を対象に進める」という、縦割り行政の解消に一歩踏み出しました。中国からの北海道の土地買収、その地下の水取得も禁止されることになります。発案者稲場先生からこの基本法成立に当たり、その背後に大阪友の会の一連の支援活動があったことに心からお礼申し上げますと感激の言葉が届きました。

　穀田恵二代議士がこの伊都子五回忌に参加し、その後挙党態勢で七年を費やした議案が無事成立にいたったと伺うにつけ、伊都子忌の御縁に感謝せずにはおられません。

（ただ・かずこ）

『資本論』にハムレットの〝悶え〟があった！と看破した野心作

鈴木一策著『マルクスとハムレット』出版記念の夕べ

（五月二十日　於・きよ香）

四月に刊行された鈴木一策氏著『マルクスとハムレット――新しく『資本論』を読む』の出版を祝う夕べが、去る五月二十日、東京・高円寺にて開催された。

著者鈴木氏の新旧の友人・知人、約二十名が駆けつけ、刊行を祝って杯を干した。

冒頭、小社社長の藤原が乾杯の音頭をとり、本書刊行に至るまでの長い道のりを振り返った。三五年前の出会いの折、『資本論』のマルクスの注には間違いがある」と指摘した鈴木氏の強烈な印象から始まり、以来、何千枚もの原稿を反故にして、ついに本書の刊行に至ったことには万感の想いがあると述べた。

五十年近い交遊となる小原哲郎氏は、その何千枚ものボツ原稿に全部目を通してきたことを回想。時間の経過のなかで、生活綴方の佐々木昂から心理学者のアンリ・ワロンなど、論じる対象が移り変わりはしたが、最終的に、二〇〇頁強まで頁数を抑えたことで、論の全体を鳥瞰できるようになったと述べた。

同じく大学生の頃から鈴木氏との付き合いがある楠原彰氏は、読後感のメモを朗読した。『資本論』にも『ハムレット』にも馴染みがなかったが、土俗と文明、近代以前と近代、あるいは江戸期と明治以後の日本社会との往還を考えることは、マルクスでもシェークスピアでもなく、我々自身の問題だ、と指摘。汚物、異物、害虫、雑草の世界から抜け出すことで、自分は、そして日本社会はいかなる致命的な欠落、いかなる「悶え」を抱え込んだのか、と問いかけた。

楠原彰氏

鈴木一策氏

最後に鈴木氏から返礼。藤原良雄という「化け物」と出会ったことが、自分の「生き甲斐」となった、やれることを全部やって死のうと思っている、という言葉に、熱い拍手が鳴りやまなかった。

（編集部・記）

リレー連載　近代日本を作った100人 3

井上毅――明治国家のグランドデザインを描く

松本健一

憲法・教育原理・皇室をデザイン

明治国家のグランド・デザインを描いたのは、井上毅である。なるほど、大久保利通はその独裁的権力によって明治国家の運営をおこない、伊藤博文はそれを内閣システムのほうに移行した。しかし、大久保はその伊藤を補佐し、ばあいによっては伊藤を超えて明治国家のデザインを描きうる人物として、予め井上毅を選んでいたのである。

井上は、伊藤博文のもとで『大日本帝国憲法』の草案をつくり、『教育勅語』の草案もつくり、『皇室典範』まで作成した。明治国家のアイデンティティとしての憲法、その国家を支えるべき国民の教育原理、そうして日本に特異なる政治的・文化的システムとしての皇室、それらすべてを井上毅がデザインしたのである。それゆえわたしは、「代表的日本人一〇〇人を選ぶ」という選考座談会（『文藝春秋　特別版』二〇〇六年八月刊）で、その日本人一〇〇人に伊藤博文を入れるなら、「国家設計の実務をやった」井上毅を「対にして」入れなければならない、と強く主張したのである。明治国家における井上の役割を高く評価したのは、わたし以前には松田道雄、神島二郎ぐらいのものだろう。

『大日本帝国憲法』の草案をつくったのは井上毅だが、それを枢密院（議長・伊藤博文）で説明したのも井上（枢密院書記官長）だった。伊藤の『憲法義解』という著作があるが、これも井上が書いたものである。もっとも、伊藤博文はある意味で公正な政治家で、明治国家の重要法案の「九割方」は井上毅によって起草され、じぶんの「唯一の相談相手であった」とも回顧している。

欧州に倣った立憲君主の憲法

井上毅はもと熊本藩士で、「五箇条の御誓文」の原案をつくったともいえる横井小楠門下の俊秀である。ただ、大久保利通（薩摩藩士）の十四歳下、伊藤博文（長州藩士）の三歳下で、明治維新のとき数え二十五歳にすぎなかった。師の小楠がはやく暗殺されてしまった（明治二年）ため、伯楽役となったのは大久保である。大久保の『甲東逸話』に、次のようにある。

「明治七年八月、甲東（大久保）が（台湾問題で）全権弁理大臣として清国に赴いたときのことである。甲東は渡清の途次、神戸から電報を発して東京より井上毅を呼び寄せ、随行の一人に加へたのであった。井上は、甲東の出発前支那問題に関し、一文章（「試草呈大久保公」）を認《したた》め、甲東の閲覧に供し（中略）、甲東は船中で之《これ》を一読し俄《にわか》に招き寄せて随員を命じたのである。後、清国に到って、北京政府といよ〳〵談判を開くに及び、其《その》往復会照（照会）等の文書作成については起草に当らしめ、彼は初て世に其材幹を認られるに至った。」

井上はこのときはまだ、司法省七等出仕の最下級役人にすぎない。その後、右大臣・岩倉具視に認められた。明治十四年の政変（大隈重信以下が罷免）にさいして、岩倉が提出した「憲法制定に関する意見書」も、井上が作成したものである。

憲法草案の作成にあたっては、井上のほかに伊東巳代治、金子堅太郎がこれを担当したが、憲法制定後の明治二十二年三月六日に授与された勲章は、井上が勲一等瑞宝章、伊東が勲三等瑞宝章、金子が勲五等瑞宝章と大きな開きがあった。

▲井上毅（1844-1895）
熊本藩家老米田家の中小姓格飯田家に生れる。江戸に遊学し、戊辰戦争に従軍。大久保利通に認められ日清交渉に随行。岩倉具視、伊藤博文らの国会開設の詔勅の基本方針策定を助ける。大日本帝国憲法の起草、清国・朝鮮との外交交渉にも参画。憲法制定の総仕上げと教育勅語の制定に尽力した。

この憲法については、第一条「大日本帝国は万世一系の天皇之を統治す」とあるように、プロシャ型で、統治の全権を天皇に与えたものとして批判されることが多い。しかし、伊藤博文が「憲法起草の方針」（明治二十一年四月）でのべているように、――これは欧州諸国に倣った「純然たる立憲君主的の憲法」であり、その「立憲政治の実を挙げん」と欲すれば、「国民の権利及び自由を十分に保護せざるべからず」、そのためには「天皇の大権を制限せざるべからず」、と考えたものである。

天皇を「万世一系」と規定する問題点もふくめて、こういった『大日本帝国憲法』の全体構想すなわち明治国家のデザインを考えることと、そこで井上毅が果たした大いなる役割を考えることとは、別のことではないのである。

（まつもと・けんいち／麗澤大学教授）

Le Monde

■連載・『ル・モンド』紙から世界を読む　135

地政学の犠牲　ｗａｇｙｕ

加藤晴久

Ｇ８は一九七五年、米・英・仏・独・伊、それに日本、民主主義の諸価値を共有する先進六カ国のトップが石油危機後の世界の経済・金融、政治を話し合う場としてつくられた。翌七六年、カナダが参加してＧ７。ソ連崩壊後のロシアが九七年に参加を認められＧ８。

Ｇ20はアジア通貨危機後の一九九九年、Ｇ８と、中・韓・印・メキシコ・ブラジル・アルゼンチン・インドネシア・トルコ・南アフリカなど新興国の財務相、中央銀行総裁が集まったことに始まる。参加国の政治・社会体制が多様だし、利害の不一致も大きく、意思決定や実行力の確保に問題を抱えている。

三月二四日、オランダのハーグで開催されていた核保安サミットに出席していたロシアを除くＧ７首脳は、クリミアを併合したロシアを牽制する手段として、六月にソチで開催されることになっていたＧ８をボイコットし、ロシアを排除してブリュッセルで会合することを決めた。

おなじ日、やはりハーグに集まっていたＢＲＩＣＳ(ブラジル・ロシア・インド・中国・南アフリカ)の外相が共同コミュニケを発表した。一一月にオーストラリアのブリスベンで開催されるＧ20会議の運営は「すべての加盟国の権限に属するものである。いかなる国も会議の本質と性格を一方的に左右することは許されない。」

数日前、議長国オーストラリアのジュリー・ビショップ外相がロシアを排除する可能性に触れたことに反撥したもの。世界経済・政治で力を増大させつつある新興諸国がＧ20はＧ８とはちがう、いまや世界はＧ８の思惑では動かない、と宣言したのである。

こうした背景のもと、四月七日、ロシアは成長ホルモンを使用しているという口実で、オーストラリア産牛肉、特に最高級品であるｗａｇｙｕの輸入を禁止した。ヴィクトリア州の牧畜農家がウクライナをめぐる地政学のとばっちりを食わされている(『ル・モンド』四月八日付)。

オーストラリアの高級牛肉はｗａｇｙｕというのだ！　名前からしておいしそう。それに和牛より安い？

(かとう・はるひさ／東京大学名誉教授)

リレー連載　今、世界は　3

インドは歴史のない文明

岡田英弘（歴史家）
宮脇淳子（東洋史家）

歴史は、時間と空間の両方の軸で人間の世界を説明するもので、文化の一種である。歴史という文化が成立するためには、直進する時間の観念と、時間を管理する技術と、文字で記録をつくる技術と、物事の因果関係の思想の四つがそろっていなければならない。

時間を一定不変の歩調で進行するものと考え、日・月・年に一連番号をふって暦をつくり、時間軸に沿って起こる事件を、暦によって管理し、記録にとどめるという技術は、きわめて高度に発達した技術であって、人間が自然に持っているものではない。だから、人間がいるからといって、どこでも歴史が書かれたわけではないのである。

また、高度な文明であっても、歴史がない文明もある。たとえばインドには、ひじょうに古い時代から都市生活があり、文字の記録もあって、商業、工業、その他の産業が盛んだった。それにもかかわらず、歴史という文化は、イスラム文明がインドに入ってくるまでなかった。それはなぜかというと、インド文明に特有な、輪廻の思想のためである。

日本に伝わった仏教用語で説明すると、衆生（生物）には、天（神々）、阿修羅（悪魔）、人間、畜生（動物）、餓鬼（幽霊）、地獄の六種類がある。来世でどんな種類の生物に生まれ変わるかは、今生でどんな行為（業）を積んだかによって決まる。前世が原因で、今生が結果、今生が原因で、来世が結果なのだ。

こういう輪廻・転生の思想があるところでは、人間界だけに範囲をかぎった歴史は成り立たない。人間界のある事件は、天上界の事件の結果かもしれないし、魔界の事件の結果かもしれないからである。

さらに、輪廻思想の基本には、時間は直線的に進行するものではなく、くりかえし原初にもどるものだ、という感覚がある。時間をこういうふうに感じるところでは、時間軸に沿って物事の筋道を語るという、歴史という文化は意味を持たなかったのだ。

（おかだ・ひでひろ）（みやわき・じゅんこ）

連載　女性雑誌を読む　74

「新しき女」松井須磨子
——『女の世界』28

尾形明子

松井須磨子

一九一八（大正七）年一月号の『女の世界』は、「大正七年に於いて本誌は誰を推賞すべきか」として読者投票を呼び掛けた。「新しき女の中」から一名の氏名を葉書に記し、締め切りは三月末日、発表は五月号。総数一万通余が届き、記念の銀製置時計は森律子、松旭斎天勝、松井須磨子の三人に贈られた。女優、芸能人の人気投票の感があり、作家は中條（宮本）百合子、尾島菊子がわずかにはいった。六月号は「三女史に捧ぐ」として特集が組まれた。

現在の私たちが納得できるのは松井須磨子くらいだろうか。坪内逍遥の文芸協会で「ハムレット」オフィーリア、「人形の家」のノラを演じ、さらに島村抱月と共に芸術座をおこし新劇普及に各地を興行。「復活」の「カチューシャの唄」は全国を風靡した。華やかに活躍する女優とその指導者との恋は、不倫ではあっても、世間は抵抗をもたなかったようだ。女優や芸人は、芸者と同じく「玄人」とみなされていたのかもしれない。すでに『女の世界』（大正六年四月号）は「松井須磨子の生立ち」を載せている。筆者の三楽流子は不明だが、父母のこと、二度の結婚、須磨子の性格等々、かなり詳しい。

一九一八年二月号の須磨子のエッセイ「競争者が欲しい」が面白い。山川浦路、林千歳ら文芸協会出身の女優が次々と引退し、近代劇協会出身の衣川孔雀も引退、もはや「競争者として励まされるやうな方」がいないことの寂しさを訴えている。地方公演では「伊藤燁子さま——この方は柳原伯爵のお妹様で、九州の素封家伊藤伝衛門さんの奥様」に始終お世話になっていると記し、秋になったらアメリカに渡りたいと書いている。

その八カ月後の一一月五日、島村抱月はスペイン風邪で急逝し、須磨子は翌年一月五日、自死した。『女の世界』は、一九一九年二月号を「須磨子号」として追悼した。秋田雨雀・仲木貞一によって書かれベストセラーとなった『恋の哀史須磨子の一生——伝記・松井須磨子』（日本評論社）は、「松井須磨子の生立ち」をベースにしている。三楽流子は仲木貞一なのかもしれない。

（おがた・あきこ／近代日本文学研究家）

連載　ちょっとひと休み　15

最初で最後の「女狂言」(1)

山崎陽子

故七世野村万蔵さん、(当時、五世野村万之丞さん)から、至急会いたいという連絡があったのは二〇〇一年初頭のことだった。

万之丞さんは、長男の親友で幼なじみの腕白仲間だった。「お母様に、たってのお願いが……」という伝言に、二十数年ぶりの再会となった。

狂言界の異端児といわれた万之丞さんの活躍ぶりは、ジャンルを超えた芸術団体とのコラボレーションや、長野パラリンピック、国民文化祭のプロデューサー、NHKの大河ドラマの総合時代考証等々目をみはるばかりであった。私には、幼少時のコウスケクンの姿が鮮やかすぎて、テレビや雑誌で目にする万之丞さんと重ならなかったが、指定の場所で顔を合わせたとたん、威風堂々とした狂言師が破顔一笑。それは、まさに遠い日の腕白坊主の無邪気な笑顔だった。

万之丞さんは、単刀直入に「狂言を書いて頂きたい、それも女だけの……」と口をきった。能も狂言も、基本的に男性のみによって演じられる演劇である。能は中世から近世初頭にかけて女性の能の座がもてはやされた記録が残っているそうだが、狂言を女性が演じた記録は無いという。しかし一五五七年(弘治三年)春、今川義元の城下(現在の静岡)の新光明寺の庭で「女房狂言」の興行があり、かなりの見物人を集めたという記録があるらしい。

その「女房狂言」から四百数十年を経た今年の雛祭りの日に、二十一世紀女狂言を旗揚げしたい。これまでの狂言は、男性が男性社会を風刺したものしかない。女狂言は、女性の視点からみた風刺を表現してほしいので、作者も出演者も演奏者も全て女性、裏方だけを男性がひきうけることにする。これが万之丞さんの構想だった。

目を輝かせて熱く語る万之丞さんに、心動かされたが、私は狂言についての知識は皆無だといったら、「無知でいいんです。お母様の自由な発想がほしいんだから」。お母様といわれるとどうにも断りにくく、思わず「叩き台なら」と口走ってしまった。

(次号に続く)

(やまざき・ようこ/童話作家)

■〈連載〉生命の不思議　3

池の中の生きものたち

生物物理学　大沢文夫

五十年前には名古屋大学の近くの池に行ってバケツ一杯池の水を汲んでくると、いろいろ奇妙な形の原生動物などがいて見あきなかった。二十年経ったらそのような池はなくなり、藻さえ探さねばならなくなった。研究によく使う車軸藻《シャジクモ》が宝塚の池にいるのを元阪大・黒田清子さんが見つけて、採って送って下さった。

水槽の底に土をうすく敷いて車軸藻を入れて光の中でエサも少し加えて培養する。一カ月も経つと水槽いっぱいに車軸藻が茂る。

車軸藻は細長い太さ一ミリ余りの細胞のつながりで、数センチごとに節があり、枝分れしている。節から節までが一個の細胞である。その中を原形質がかべに沿って下から上へ、上から下へと、断面図にして半分ずつ流れつづけている。

節のところで切って一個の細胞の中の原形質流動を顕微鏡で見る。何と動いていないではないか。そうだ思い出した。車軸藻の細胞に手でさわると流動が止まる。数分経つとまた動き出す。この細胞には触覚があった。

水槽の中にメダカか何か魚を入れる。魚は視覚も触覚も鋭敏で藻の間をぬってすいすい泳ぐ、ときどきは藻にさわったり当ったりするがすぐによける。藻はそれを感じるはずである。そのとき藻は何か応答しているであろうか。それとも慣れっこになっているか。藻と魚はお互いにわかり合っているという感じであろうか。

「余談」。車軸藻は培養するとどんどんふえると書いた。これは上手な人がやったときの話で、下手な人（？）がやるとなかなかふえない。

私はかつて学生の生物実験のテーマとして、ゾウリムシと粘菌とシロイヌナズナを学生一人ずつが別々に一週間かけて培養してくるということをやった。ゾウリムシの培養に失敗して、二回やってもだめだったという学生がいた。ところがその同じ学生がナズナの種をまいて成長させると、誰よりも早く芽が出てまっすぐ伸びるのも速かった。

生きものを相手にすると、〝相性《あいしょう》〟というのがあるなあとつくづく思った。

（おおさわ・ふみお／名古屋大学・大阪大学名誉教授）

連載　帰林閑話　230

日本人の苗字

一海知義

日本人の苗字には、読みにくいものがすくなくない。

山田、川村、鈴木といったよくある苗字は、読みまちがえることはない。だが私のような変った苗字の場合、なかなか正確（?）に読んでもらえない。

その理由の一つは、漢字には音と訓があること、そしてその音にも呉音、漢音、唐音などの区別があり、さらに訓にもいろいろな読み方があることである。

私の苗字は「一海」と書いて「イッカイ」と読む。しかし「一」には呉音「イチ」、漢音「イツ」があり、「ひと」という訓がある。「海」は「カイ」と音一つだが、訓は「うみ」と「み」がある。

したがって「一海」は、

イツカイ
イッカイ
イチカイ
イチうみ
ひとうみ
ひとみ

と六つの組み合わせがある。さすがに「ひとカイ」と読む人はいない。「人買い」とまぎらわしいからだろう。

ところで、「服部」というのはよくある苗字で、「はっとり」と読むが、なぜなのかよくわからない。これは、機織すなわち「はたおり」が「はとり」となまったものらしい。

文字はやさしいが、どう読めばよいのかわからぬ、というのが、苗字の一つの特徴であろう。

たとえば、

三枝　さいぐさ
愛宕　あたご
石河　いしこ
海村　あまむら
日下　くさか
谷内　やち
長谷川　はせがわ

むかし私が中学生の時、「一口」という苗字の下級生がいた。まさか「ひとくち」ではあるまいとは思ったが、「いもあらい」だと聞いて、驚いた。日本人の苗字は、むつかしい。

（いっかい・ともよし／神戸大学名誉教授）

五月新刊

石牟礼道子はいかにして石牟礼道子になったか

〈石牟礼道子全集・不知火〉（全17巻・別巻一）

別巻 自伝 完結

「母はるのは、『宮野河内の人方の御恩を忘れまいぞ』と言い続けて亡くなった。私がかの地で生まれた時、村をあげて誕生祝いをしていただいたのだそうだ。」（石牟礼道子）

戦後日本文学の金字塔、十年の歳月をかけて遂に完結。

詳伝年譜＝渡辺京二

［附］未公開資料・年譜

A5上製布クロス装貼函入

四七二頁 八五〇〇円

「からだ」を超える「ことば」を求めて

セレクション 竹内敏晴の「からだと思想」（全4巻）

4 「じか」の思想 完結

寄稿＝内田樹

真にことばを摑んだ瞬間の鮮烈な経験を記したロングセラー『ことばが劈かれるとき』著者として、「からだ」から「生きる」ことを考え抜いた稀有の哲学者の精選集！ 口絵一頁

月報＝名木田恵理子・宮脇宏司・矢部顕・今野哲男

四六変上製 三九二頁 三三〇〇円

名編集者の珠玉の文章群を精選

粕谷一希随想集（全3巻）

1 忘れえぬ人びと 発刊！

解説＝新保祐司

日本近代が育んだ良質な教養に立脚する編集者として、また高杉晋作、吉田満、唐木順三らの評伝を手掛けた評論家として、時代と人物の本質を剔抉する随想を紡いできたジャーナリストのエッセンスを精選！ 口絵二頁

月報＝鈴木博之・中村稔・平川祐弘・藤森照信・森まゆみ

四六変上製 四〇〇頁 三二〇〇円

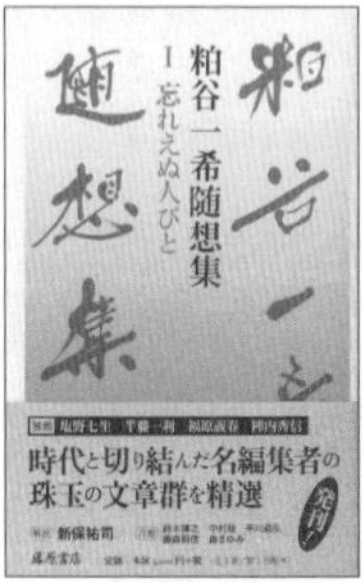

なぜ、「中国」ではなく「シナ」か？

岡田英弘著作集（全8巻）

4 シナ（チャイナ）とは何か

秦の始皇帝の統一以前から明、清へ。「都市」「漢字」「皇帝」を三大要素とするシナの特異性とは。日本文明とシナ文明の違いは、〝漢字〟の役割が異なる点にある。 口絵二頁

月報＝渡部昇一／湯山明／R・ミザーヴ／E・ボイコヴァ

四六上製布クロス装 ［第4回配本］

五七六頁 四九〇〇円

読者の声

大田堯自撰集成3　生きて■

▼1、2巻にひきつづいての感想の一端を申せば、まさに氏の思索と行動とのせめぎあい、そして循環を常に運動として捉え、表現してゆこうとする指向に多くを教えられます。その意味で著者は真のアーティストたる条件をそなえうる稀有なる教育者の一人とも言えます。

（香川　西東一夫　77歳）

マルクスとハムレット■

▼すばらしかったです。

（大学教員　松本潤一郎　40歳）

花の億土へ■

▼この歳になり、『苦海浄土』をはじめ石牟礼さんの著書を主に図書館を通じ読んでいます。

いつも感銘を受けながら、その思いの深さと掛けがえのないものへの慈しみにあふれた世界に心酔賛同する次第。

石牟礼さんのご健康を案じつつ、まだまだ著作につとめていただきたいことを希望します。

ぜひ、よろしくお伝えください。

（東京　公務員（非常勤）　竹之内康夫　67歳）

「大和魂」の再発見■

▼古代史には無知ですので読み通すのに時間がかかった。時間をおいてもう一度、時間かけて読み直したい。

（大阪　名倉芳隆）

▼京都NHK文化教室で著者の上田正昭先生のお話をずっと拝聴して参りました。歴史の中に日本人の心を語られます。常々日本人の心を語られ日本人に生れたことに感謝しています。

丁度このタイトルに出会えて拝読。嬉しい限りです。ありがとうございました。

（兵庫　主婦　林輝子　71歳）

葭《よし》の渚■

▼石牟礼さんの本はなかなかいい加減な気持では手が出せない気持で書店で背表紙を眺めているだけでしたが、今回新聞広告で自伝とあり、漸く手にとることができました。後半一気にひきこまれ生れるべくして生れて来たひとと思いました。

（東京　岡本寛子　80歳）

▼大変感激して読みました。水俣病について国民が知っていただきたいと同時に石牟礼道子さんの作品を六五〇〇円～八五〇〇円でなくより低価格で発売していただきたい。小遣いで本を読んでいますので！（老人より）

（埼玉　吉田和央　81歳）

▼私が熊本出身という事もあり「方言」でしか伝ええない言葉の力に共感を覚えました。

読んだ後、うまく表現できませんが、整備されたグランドを、スニーカーで歩く様な本が多い中、蓮根畑を裸足で一歩又一歩進むような気持でした。

（京都　近藤哲雄　67歳）

▼貴社の出版本は数冊購入して持っているが読者に媚を売らない本づくりに感銘する。今後もこの姿勢で本以外文化に接することのない地方に住む読者を満足させて下さい。

（鳥取　会社員　山下正博　72歳）

全釈　易経 ㊤㊥㊦■

▼わかり易かった。

（大阪　大阪ゼミナール　岡本青城　60歳）

稀代のジャーナリスト　徳富蘇峰■

▼徒らに齢を重ねて九〇年余、幼年～青春時代は戦争時代に明け暮れ、

敗戦～復興～繁栄の今日を迎え、今又周辺諸国と不穏なる状況下、日本国民一人一人如何にあるべきかが問われている只今、言論人に巣喰う自虐史観を抹消すべき正論人として蘇峰的ジャーナリストの出現を期待する事切なり。

（大阪　**玉越善禮**　91歳）

大田堯自撰集成1 生きることは学ぶこと■

▼思ったよりとても読みやすい本ですね。多くの方に手にとってもらいたいと思いました。できるだけていねいに読みたいと願っております。

（福島　牧師　**佐々木茂**　77歳）

新版 **親鸞から親鸞へ■**

▼時代考証や、野間・三國師の信念が伝わって来た。映画でのフィクションや、歴史・精神的背景がよく出ていた。丸山師の話しも久々に深く読ましてもらいました。

三〇年程前に鹿沼市へ行って「明石順三」氏の足跡をたずねたが、「静子夫人」？から遺稿「浄土真宗門」を読ませてもらえなかった事が今だに残念である。出来れば、世に出してほしい。

（新潟　本立寺住職　**渡辺真証**　64歳）

広報外交《パブリック・ディプロマシー》の先駆者　鶴見祐輔■

▼鶴見祐輔の英雄論を読むこと五十二年、大分年を取ったなあと思います。最初読んだのは「英雄待望論」でした。熊工の図書館にあった三冊の史伝から受けた影響というものはぼくに人生の指針を与えてくれました。十五歳の心はそれによって変化しました。

この書にあるように、英雄にあこがれた青年時代、それはまさにぼくの人生そのものでした。まさに「性格革命」でした。その中でも特に影響を受けたのは、「ナポレオン」でした。抉るが如き心理描写とは、まさにこのことです。「ナポレオン」だけでなく、ビスマーク、バイロンも同じです。プルターク英雄伝も面白かったですが、それなりに感銘を受けました。鶴見祐輔こそ近代稀にみる英雄ではなかったかと思います。半生の師匠が、一生の師匠となりつつあります。これからも彼の本の出版をお願いします。

（熊本　**永村幸義**　67歳）

※みなさまのご感想・お便りをお待ちしています。お気軽に小社「読者の声」係まで、お送り下さい。掲載の方には粗品を進呈いたします。

書評日誌（四・一一～五・一七）

（書）書評　（紹）紹介　（記）関連記事
（テ）紹介、インタビュー

四・一一　（書）THE JAPAN TIMES「水俣事件」（「Man who documented Minamata outbreak wins Domon Ken Award」／Keiji Hirano）
（記）THE JAPAN TIMES「水俣事件」（「Mizuta Museum of Art offers glimpse of daily life in Edo」）

四・一二　（書）図書新聞「価値の帝国」（「学術」／「一般均衡理論を特殊ケースとして包摂する新たな経済理論」／原田裕治）

四・一三　（書）熊本日日新聞「稀代のジャーナリスト・徳富蘇峰」（「身をもって国民に残した戒め」）
（書）読売新聞「葭の渚」「花の億土へ」（「よみうり堂　本」／『生ける』ものの言葉」／若松英輔）

四・一七　（記）毎日新聞「水俣事件」（「土門拳賞授賞式」）
（記）中国新聞「水俣事件」（「土門拳賞　桑原史成さん」／「津和野出身　水俣病を取材」／石川昌義）
（記）中国新聞「水俣事件」（「こ

の人」／『水俣』半世紀追い続ける」／石川昌義）

四・一八　(記)毎日新聞「水俣事件」（「ひと」／岸桂子）

四・二〇　(書)毎日新聞「不均衡という病」（「フランスを家族類型の人口統計で分析」／鹿島茂）

(紹)朝日新聞「葭の渚」（「著者に会いたい」／「泣きなが原を　ひとり歩む」／白石明彦）

(書)長崎新聞「葭の渚」（「読書」／『近代とは何か』問う」／佐木隆三）

四・二二　(紹)公明新聞「生きる言葉」

四・二五　(紹)週刊朝日「葭の渚」（「水俣病を記録した作家の魂の形成過程」／芹沢俊介）

四・二七　(書)北海道新聞「震災考」（「言葉の無力さとの苦闘」／熊谷達也）

(書)琉球新報「卑弥呼コード　龍宮神黙示録」（「読書」／「沖縄民衆思想の再興」／仲程昌徳）

四月号　(紹)ＵＰ「白い城」（「東大教授が新入生にすすめる本」／林徹）

(紹)婦人画報「葭の渚」（「おすすめ新刊リコメンド」）

(紹)望星「震災考」（「新刊紹介」）

五・四　(書)毎日新聞「内田義彦の世界」

(紹)日本経済新聞「ケインズの闘い」（「半歩遅れの読書術」／「ケインズ再読　卓越した時局評論家の品格」／中西寛）

(紹)中国新聞「生きる言葉」（「新刊選」）

(紹)熊本日日新聞「葭の渚」（「文化」／「石牟礼道子自伝『葭の渚』読む」／「決定的に失ってしまったもの描く」／町田康）

(記)ＯＪＯ「セレンディピティ物語」（「広告日和」／『セレンディピティー』で〝偶然の傑作〟を呼び込む」／澤本嘉光）

五・八　(記)中国新聞「水俣事件」（「水俣病の現実　厳選64枚」／石川昌義）

五・一一　(記)京都民報（岡部伊都子）（「反戦の遺志引き継ごう」／「ゆかりの人ら旧邸で誓う」）

(記)熊本日日新聞（石牟礼道子）（「文化」／「悩み、戸惑い恩師へ切々と」／「戦後日本への憂いも」／浪床敬子）

(紹)日本経済新聞「メドベージェフvsプーチン」（「今を読み解く」／「秩序揺るがすロシア　世界認識の再考迫る」／袴田茂樹）

五・一三　(紹)朝日新聞（夕刊）「大田堯自撰集成」（「文芸・批評」／『命おろそかにする社会』に問題提起」）

五・一七　(書)図書新聞「渋沢栄一の国民外交」（「渋沢栄一が外交に果たした役割に焦点を当てる」／見城悌治）

五月号　(書)ＷｉＬＬ「稀代のジャーナリスト・徳富蘇峰」（「石井英夫の今月この一冊」／石井英夫）

(書)ロシア文化研究「満洲浪漫」（伊東一郎）

(紹)ル・キノビジュ「岡本太郎の仮面」「ウクライナの発見」『画家』の誕生」「芸術の規則」「黒衣の女ベルト・モリゾ」「ゴッホはなぜゴッホになったか」「自由-交換」「ゾラ・セレクション⑨美術論集」「国際／日本　美術市場総観」「美術批評の先駆者、岩村透」

(書)史学雑誌「清朝史叢書　康熙帝の手紙」（山本明志）

七月新刊

＊タイトルは仮題

環 学芸総合誌・季刊【歴史・環境・文明】Vol.58 '14夏号

【特集】「匠」とは何か

〈寄稿〉石牟礼道子／宮脇昭／永六輔／奥田瑛二／青山佾／内田純一／大沢文夫／神崎紫峰／作間順子／鈴木一策／松居竜五／宮内貴久
〈インタビュー〉松本遊人／山口敏雄／櫻間金記
〈コラム〉吉岡幸雄／二九良三／上原美智子／小美濃清明／鈴鹿千代乃／結城幸司（予定）

〈寄稿〉
日本版中華思想の課題　上田正昭
集団的自衛権と安全保障　小池政行
ウクライナをめぐるマルクスの見解　的場昭弘
初期内部被曝の徹底検証から「避難計画」を見直す　山田國廣
なぜ〈ジョルジュ・サンド〉と名乗ったのか？　持田明子

『岡田英弘著作集』発刊記念シンポジウム
〈特別講演〉岡田英弘　〈シンポジウム〉田中克彦＋木村汎＋杉山清彦＋倉山満＋宮脇淳子

〈書物の時空〉上田正昭／芳賀徹／森崎和江／上田敏海勢頭豊／坂本直充／鈴木一策／朴才暎／山下範久
〈連載〉「〈対談〉〝生命〟の視点から」川勝平太＋本庶佑／石牟礼道子／金子兜太／玉野井麻利子／石井洋二郎／山田登世子／小倉紀蔵／三砂ちづる／新保祐司／河津聖恵／能澤壽彦

唯一マルクスの実像を描きえた伝記

世界精神マルクス

ジャック・アタリ
的場昭弘訳

「二十世紀にマルクスほど読者をもった作家はいない。希望を集めた革命家もいない。注釈が書かれたイデオローグもいない。（…）共産主義が永遠に消え、マルクスの思想がもはや権力と関係しなくなったように見えてはじめて、真剣に、したがって有効に、冷静に語ることが可能になった。」（本文より）

多文化共生社会の実現に何が必要か。

別冊『環』⑳ なぜ今、移民問題か

編集協力＝宮島喬・藤巻秀樹・石原進・鈴木江理子・

現在、益々論議の高まっている「移民問題」を、歴史的かつ総合的に捉える初の試み！

〈座談会〉「なぜ今、移民問題か」
中川正春＋宮島喬＋石原進＋鈴木江理子　（司会）藤巻秀樹

〈移民の現在〉
李善姫／井口泰／イシカワ　エウニセ　アケミ／大石奈々／岡本雅享／郭潔蓉／柏崎千佳子／金朋央／近藤敦／佐藤信行／塩原良和／鈴木江理子／関本保孝／高橋恵介／趙衛国／旗手明／森千香子／山下清海／横田雅弘／善元幸夫

〈移民の歴史〉
明石純一／石原進／猪股祐介／嘉本伊都子／二宮正人／二文字屋修／藤井幸之助

〈移民の未来〉
安里和晃／石川えり／石原進／榎井縁／佐藤由利子／鈴木江理子／鈴木佑司／チャオ埴原三鈴／坪谷美欧子／樋口直人／藤巻秀樹／松岡真理恵／水上洋一郎／宮島喬／毛受敏浩／李惠珍／エレーヌ・ルバイユ

先月末急逝した名編集者の珠玉の文章群

粕谷一希随想集（全3巻）

推薦＝塩野七生・陣内秀信・半藤一利・福原義春

II 歴史散策 ［第2回配本］

解説＝富岡幸一郎　内容見本呈

月報＝加藤丈夫・塩野七生・清水徹・中村良夫・芳賀徹・水木楊

高杉晋作、後藤新平、河合栄治郎、和辻哲郎、内藤湖南ほか、及び『環』誌好評連載「明治メディア史散策」所収。

教育とは何かを問い続けた集大成

大田堯自撰集成（全4巻）

4 ひとなる―教育を通しての人間研究　完結

推薦＝谷川俊太郎／中村桂子／まついのりこ／山根基世

著者が集成全体のキーワード「教育はアート」などを解説。「選びながら発達することの権利」など重要論考を収録。

月報＝岩田好宏・畑潤・横須賀薫・福井雅英・中森孜郎・碓井岑夫・久保健太

6月の新刊

タイトルは仮題、定価は予価。

時代が求める後藤新平 ＊
自治／公共／世界認識
藤原書店編集部編
赤坂憲雄／緒方貞子／苅部直／川勝平太／佐藤優／塩川正十郎／森繁久彌 ほか
A5判 四三二頁 三六〇〇円

闘争の詩学 ＊
民主化運動の中の韓国文学
金明仁 渡辺直紀訳
四六上製 三二〇頁 三二〇〇円

なぜ〈ジョルジュ・サンド〉と名乗ったのか？
M・リード 持田明子訳
四六上製 三三六頁 三二〇〇円

書簡で読み解くゴッホ ＊
逆境を生きぬく力
坂口哲啓 カラー口絵8頁
四六上製 二八八頁 二八〇〇円

心性史家アリエスとの出会い ＊
〝二十世紀末〟パリ滞在記
中内敏夫
四六上製 二二四頁 二八〇〇円

7月刊予定

『環 歴史・環境・文明』58 14・夏号 ＊
〈特集「匠」とは何か〉
石牟礼道子／宮脇昭／永六輔／奥田瑛二／櫻間金記／上田正昭／岡田英弘ほか

好評既刊書

世界精神マルクス *1818-1883* ＊
J・アタリ 的場昭弘訳

別冊『環』20 なぜ今、移民問題か ＊
編集協力＝宮島喬・藤巻秀樹・石原進・鈴木江理子

粕谷一希随想集（全3巻）
2 歴史散策 ＊
解説＝富岡幸一郎

大田堯自撰集成（全4巻） 完結
4 ひとなる――教育を通しての人間研究 ＊

石牟礼道子全集・**不知火**（全17巻・別巻1） 完結
別巻 **自伝** ＊ ［附］年譜
A5上製布クロス装貼函入 四七二頁 八五〇〇円

セレクション
竹内敏晴の「からだと思想」（全4巻） 完結
4 「じか」の思想 ＊
寄稿＝内田樹
四六変上製 三九二頁 三三〇〇円

粕谷一希随想集（全3巻） 発刊
1 忘れえぬ人びと ＊
解説＝新保祐司
四六変上製 四〇〇頁 三二〇〇円

岡田英弘著作集（全8巻）
4 シナ（チャイナ）とは何か ＊
月報＝渡部昇一／湯山明／R・ミザーヴ／E・ボイコヴァ
四六上製布クロス装 五七六頁 四九〇〇円

『環 歴史・環境・文明』57 14・春号
〈特集 今、「国家」を問う〉
小倉和夫＋宮脇淳子＋小倉紀蔵＋倉山満／ブルデュー／宇野重規／苅谷剛彦ほか
菊大判 四六四頁 三六〇〇円

グリーンディール
自由主義的生産性至上主義の危機とエコロジストの解答
A・リピエッツ 井上泰夫訳
四六上製 二六四頁 二六〇〇円

マルクスとハムレット
新しく『資本論』を読む
鈴木一策
四六上製 二一六頁 二二〇〇円

転換期のアジア資本主義
植村博恭・宇仁宏幸・磯谷明徳・山田鋭夫編
A5上製 五〇四頁 五五〇〇円

大田堯自撰集成（全4巻）［第3回配本］
3 生きて――思索と行動の軌跡
四六変上製 三六〇頁 二八〇〇円

内田義彦の世界 *1913-1989*
生命・芸術そして学問
編集協力＝山田鋭夫・内田純一
A5判 三三六頁 三二〇〇円

花の億土へ
石牟礼道子
B6変上製 二四〇頁 一六〇〇円

＊の商品は今号に紹介記事を掲載しております。併せてご覧戴ければ幸いです。

書店様へ

▼現在放送中のNHK連続テレビ小説「花子とアン」で、主人公の村岡花子（吉高由里子さん）の生涯の友として登場する葉山蓮子（仲間由紀恵さん）のモデル柳原白蓮の白蓮事件を描いた**永畑道子『恋の華・白蓮事件』**が話題沸騰、第2刷。「花子とアン」関連コーナーで大きくご展開を。「花子とアン」新オビやPOP、パネル等拡材もご用意。▼4／20(日)『毎日』で**鹿島茂**さんが絶賛書評された**H・ル・ブラーズ＋E・トッド『不均衡という病』**が5／25(日)『日経』で**山田鋭夫**さんに絶賛書評！ 6／8(日)『朝日』、6／15(日)『読売』でも紹介され大反響。「グローバルビジネスの時代、各国各地をその心性の根底にまで降り立って理解することが求められている。そのための必読書」（5／25『日経』山田鋭夫氏）▼5／4(日)『毎日』では**『内田義彦の世界』**が絶賛書評！「こんなにも内田の言葉の射程が広く深いものであったことに、今更ながら驚かされる」。生誕一〇〇年記念！ 経済思想だけでなく哲学・思想、社会、エッセイ・一般読みものとしても大きくご展開を。 （営業部）

後藤新平の会シンポジウム

今、日本は何をなすべきか

【第一次世界大戦百年記念】

後藤新平の『自治』『世界認識』から考える

厳島で伊藤博文と激論を交わした後藤の「自治」や「世界認識」から現在を考える。

〈パネリスト〉

海勢頭豊（沖縄、ミュージシャン）

小倉紀蔵（東アジア哲学／京都大学教授）

片山善博（地方自治／元総務大臣）

水野和夫（政治経済／日本大学教授）

〈司会〉**橋本五郎**（読売新聞特別編集委員）

【日時】7月19日(土)12時半開場　13時開会　＊自由席、先着300人

【場所】日本プレスセンターABCホール

【会費】一般二〇〇〇円　学生一〇〇〇円

＊お申込・お問合せは藤原書店内「後藤新平の会」事務局まで

『石牟礼道子全集』完結記念

石牟礼道子全集 不知火（全17巻・別巻一）

完結記念シンポジウム

――いま、なぜ石牟礼道子か

〈第1部〉映画「花の億土へ」上映会　一〇時半開場　一一時開演

〈第2部〉シンポジウム「今、なぜ石牟礼道子か」一四時開場　一四時半開演

〈パネリスト〉

池澤夏樹（作家・詩人）

高橋源一郎（作家・評論家）

町田康（作家・詩人・ミュージシャン）

三砂ちづる（疫学者・作家）

〈コメンテーター〉**栗原彬**（政治社会学者）

【日時】7月21日(月・祝)＊自由席、先着350人

【場所】文京シビックホール・小ホール

【参加費①】二五〇〇円（1部＋2部）

【参加費②】一五〇〇円（1部のみ／2部のみ）

＊お支払い方法は郵便振替のみ。入金確認次第、チケットを送付します（払込手数料はお客様ご負担）

＊お申込みは藤原書店内「係」まで

郵便振替番号 00160-4-17013　株式会社　藤原書店

後藤新平賞決定!!

第8回後藤新平賞

本賞 **石牟礼道子氏**（作家、詩人）

授賞式

7月19日(土)午前11時～

日本プレスセンターABCホール

入場無料　＊自由席、先着200人

「花の億土へ」上映情報

UPLINK

【日時】6月28日（土）公開

【料金】一般一五〇〇円

【場所】東京都渋谷区宇田川町37―18

シネマスコーレ

【日時】7月26日（土）公開

【料金】一般一七〇〇円

【場所】愛知県名古屋市中村区椿町8―12

鶴見和子さんの「山百合忌」

山百合忌

鶴見和子さん命日の集い。学と芸の両面で見る鶴見思想。

【講演】R・ドーア（社会学者）

澤地久枝（作家）　＊予定

【日時】七月三一日(木)十二時半開会

【場所】山の上ホテル　本館（御茶ノ水）

【会費】一万円

＊申込み・問合せは藤原書店内　係まで

出版随想

▼出版会の大先輩、粕谷一希氏が亡くなられた。小社創業時のパーティにもお見え戴き、出発に当り身の縮む思いがした。その後、『選択』や『アステイオン』誌で小社のことを宣伝して戴き、あったかいお人柄に接することができた。

▼距離が一気に大きく縮まったのは、後藤新平の大企画に称賛の声をあげてご協力戴いてからである。他業界の大物も多くご紹介戴いた。粕谷さんは、上下の分け隔てなく、人間関係を大切にされた方だ。そんな粕谷さんが好きだった。ご冥福を祈る。　合掌　（亮）

●〈藤原書店ブッククラブ〉ご案内●

▼会員特典は、①本誌『機』を発行の都度ご送付／②（小社への直接注文に限り）小社商品購入時に10％のポイント還元／③送料のサービス。その他小社催しへのご優待等。詳細は小社営業部まで問い合せ下さい。

▼年会費二〇〇〇円。ご希望の方は、入会ご希望の旨をお書き添えの上、左記口座番号までご送金下さい。

振替・00160-4-17013　藤原書店